The Exeter Book

Early English Text Society.

The Exeter Book,

AN ANTHOLOGY OF ANGLO-SAXON POETRY

PRESENTED TO EXETER CATHEDRAL BY LEOFRIC, FIRST BISHOP
OF EXETER (1050–1071), AND STILL IN THE POSSESSION
OF THE DEAN AND CHAPTER,

EDITED FROM THE MANUSCRIPT,
WITH A TRANSLATION, NOTES, INTRODUCTION, ETC.,

BY

ISRAEL GOLLANCZ, M.A.,

LATE SCHOLAR OF CHRIST'S COLLEGE, CAMBRIDGE;
QUAIN STUDENT, UNIVERSITY COLLEGE, LONDON; EDITOR OF 'PRE-TUDOR TEXTS.'

'I. Mycel Englisc boc be gehwilcum þingum on leoðwisan geworht;'
'One Great English Book on all sorts of subjects wrought in verse.'
Leofric's Donations

PART I. POEMS I—VIII.

LONDON:

PUBLISHED FOR THE EARLY ENGLISH TEXT SOCIETY,
BY KEGAN PAUL, TRENCH, TRÜBNER & CO., LIMITED,
PATERNOSTER HOUSE, CHARING CROSS ROAD, W.C.

M DCCC XCV.

Price Twenty Shillings.

Early English Text Society.

The Early English Text Society was started by Dr. Furnivall in 1864 for the purpose of bringing the mass of Old English Literature within the reach of the ordinary student, and of wiping away the reproach under which England had long rested, of having felt little interest in the monuments of her early language and life.

On the starting of the Society, so many Texts of importance were at once taken in hand by its Editors, that it became necessary in 1867 to open, besides the *Original Series* with which the Society began, an *Extra Series* which should be mainly devoted to fresh editions of all that is most valuable in printed MSS. and Caxton's and other black-letter books, though first editions of MSS. will not be excluded when the convenience of issuing completed Texts demands their inclusion in the Extra Series.

During the twenty-eight years of the Society's existence, it has produced, with whatever shortcomings, an amount of good solid work for which all students of our Language, and some of our Literature, must be grateful, and which has rendered possible the beginnings (at least) of proper Histories and Dictionaries of that Language and Literature, and has illustrated the thoughts, the life, the manners and customs of our forefathers.

But the Society's experience has shown the very small number of those inheritors of the speech of Cynewulf, Chaucer, and Shakspere who care two guineas a year for the records of that speech. 'Let the dead past bury its dead' is still the cry of Great Britain and her Colonies, and of America, in the matter of language. The Society has never had money enough to produce the Texts that could easily have been got ready for it; and many Editors are now anxious to send to press the work they have prepared. The necessity has therefore arisen for trying whether more Texts can be got out by the plan of issuing them in advance of the current year, so that those Members who like to pay for them by advance Subscriptions, can do so, while those who prefer to wait for the year for which the volumes are markt, can do so too. To such writers, the plan will be no injury, but a gain, as every year's Texts will then be ready on the New Year's Day on which the Subscription for them is paid.

The success of this plan will depend on the support it receives from Members, as it is obvious that the Society's printers must be paid half or two-thirds of their bill for a Text within a few months of its production. Appeal is therefore made to all Members who can spare advance Subscriptions, to pay them as soon as they get notice that the Texts for any future year are ready. In 1892, the Texts for 1893 were issued; and those for 1894, 1895, and some for 1896, will be ready in 1893.

The Subscription to the Society, which constitutes membership, is £1 1s a year [and £1 1s. additional for the Extra Series], due in advance on the 1st of January, and should be paid either to the Society's Account at the Head Office of the Union Bank of London, Princes Street, London, E.C., or by Cheque, Postal Order, or Money-Order to the Hon. Secretary, W. A. Dalziel, Esq., 67 Victoria Rd., Finsbury Park, London, N., and crost 'Union Bank of London.' (United-States Subscribers must pay for postage 1s. 4d. a year extra for the Original Series, and 1s. a year Extra Series.) The Society's Texts are also sold separately at the prices them in the Lists.

The Exeter Book.

Oxford

HORACE HART, PRINTER TO THE UNIVERSITY

Original Series.

104

Early English Text Society.

The Exeter Book,

AN ANTHOLOGY OF ANGLO-SAXON POETRY

PRESENTED TO EXETER CATHEDRAL BY LEOFRIC, FIRST BISHOP
OF EXETER (1050–1071), AND STILL IN THE POSSESSION
OF THE DEAN AND CHAPTER,

EDITED FROM THE MANUSCRIPT,
WITH A TRANSLATION, NOTES, INTRODUCTION, ETC.,

BY

ISRAEL GOLLANCZ, M.A.,

LATE SCHOLAR OF CHRIST'S COLLEGE, CAMBRIDGE;
QUAIN STUDENT, UNIVERSITY COLLEGE, LONDON; EDITOR OF 'PRE-TUDOR TEXTS.'

'I. Mycel Englisc boc be gehwilcum þingum on leoðwisan geworht;
'One Great English Book on all sorts of subjects wrought in verse.'
Leofric's Donations.

PART I. POEMS I—VIII.

LONDON:
PUBLISHED FOR THE EARLY ENGLISH TEXT SOCIETY,
BY KEGAN PAUL, TRENCH, TRÜBNER & CO., LIMITED,
PATERNOSTER HOUSE, CHARING CROSS ROAD, W.C.
M DCCC XCV.

TO

DR. JOHN PEILE

MASTER OF CHRIST'S COLLEGE

THIS WORK

IS GRATEFULLY DEDICATED

PREFATORY NOTE.

It is proposed to issue the present edition of the 'Exeter Book' in three parts. Part II, completing the text will, in all probability, be ready for publication by January, 1894. Part III, containing notes, introductions, indexes, will follow in due course. The Manumissions, Charters, and other Documents prefixed to the MS. will form a supplementary *brochure*. The entire work will, it is hoped, be completed by the end of 1895. In accordance with the Society's present practice the accompanying instalment is published in advance. All the longer poems of the Codex will be found therein; in bulk it represents about three-fifths of the whole. The Editor begs leave to point out that the notes at the bottom of the page are strictly limited to variations from the MS., which has been scrupulously followed. Italic letters, when not otherwise commented on, represent the customary Anglo-Saxon contractions; the small clarendon type, used occasionally after stops, indicates that in the original the size of the respective letters is intermediate between ordinary small and capital letters. No attempt has been made to normalize the spelling of the text, and in matters of interpretation the reading of the MS. has been preferred to plausible emendations. It is surprising to find how often the MS. is correct. Difficult and doubtful passages will be duly discussed in the fuller 'Notes and Illustrations,' (Part III); meanwhile, the translation may perhaps serve as a fairly adequate commentary to the text.

I. G.

June, 1893.

CONTENTS OF PART I.

	PAGE
DEDICATION	v
PREFATORY NOTE	vii
I. CHRIST	2
II. SAINT GUTHLAC	104
III. AZARIAH	188
IV. THE PHŒNIX	200
V. SAINT JULIANA	242
VI. THE WANDERER	286
VII. THE ENDOWMENTS OF MEN	292
VIII. A FATHER'S INSTRUCTION	300

THE EXETER BOOK.

B

[I. CHRIST. A. THE NATIVITY.]

[I.]

° cyninge · °[fol. 8 a.]

ðu eart se weall-stan þe ða wyrhtan iu
wið-wurpon to weorce. wel þe geriseð
þæt þu heafod sie healle mærre 4
and gesomnige side weallas,
fæste gefoge, flint unbræcne,
þæt geond eorð-b[yri]g eall eagna gesihþe
wundrien to worlde, wuldres ealdor. 8
gesweotula nu þurh searo-cræft þin sylfes weorc
soð-fæst sigor-beorht and sona forlæt
weall wið wealle. nu is þam weorce þearf
þæt se cræftga cume, and se cyning sylfa 12
and þonne gebete nu gebrosnad is
hus under hrofa. he þæt hra gescop
leomo læmena. nu sceal lif-frea
þone wergan heap wraþum ahreddan 16
earme from egsan swa he oft dyde.
eala þu reccend and þu riht cyning
se þe locan healdeð lif ontyneð,
eadga us siges, oþrum forwyrned 20
wlitigan wil-siþes, gif his weorc ne deag

4. MS. heafoð. 7. MS. b [yri] g. The g just visible. After b there is
what I take to be the upper part of a curved y still traceable, resembling in
shape an o (certainly not a u). eagna; originally -nan, the erased n visible.
10. MS. forlęt (i. e. æ). 13. MS. cræstga. 14. hra can hardly be read
owing to the action of some liquid on 8 a, 8 b. 18. MS. þu. 20. eadga:

I. CHRIST. A. THE NATIVITY.

I.

. . . . to the King.
Thou art the wall-stone that the workmen once
rejected from the work : well it beseemeth thee,
that thou shouldst be head of the noble hall,   4
and join together with firm fastening
the spacious walls, the flint unbreakable,
so that, throughout earth's cities, all things endowed with sight
may wonder evermore, O Prince of glory !   8
Through thy skill let thine own work now appear
firm, gloriously bright, and forthwith leave
wall against wall. Now is there need for the work
that the Craftsman and the King Himself should come,   12
and should then restore the house beneath the roof,
which now is waste. He formed the body,
the limbs of clay ; now shall He, Lord of life,
deliver the abject band from foes,   16
the wretched ones from terror, as He oft did.
O thou Ruler and thou just King !
He who holdeth the locks, who openeth life !
bless us with victory, with a bright career;   20
denied unto another, if his work be worthless.

*after ga, which comes at the end of the line, a small piece of parchment has
been cut out: at most one letter could have been on it, but probably none at
all. 21. wil-sipea, the last two letters can scarcely be read, and all the letters
are barely visible.*

huru we for þearfe   þas word sprecað

[nu gemærst] giað   þone þe mon gescop

þæt he ne lete   · · · ceose sprecan

cearfulra þing   þe we in carcerne

sittað sorgende   sunnan wi[l]s]lð   24

hwonne us lif-frea   leoht ontyne

weorðe ussum mode   to mund-boran

and þæt tydre gewitt   tire bewinde.   28

gedo usic þæs wyrðe   þe he to wuldre forlet

þa we hean-lice   hweorfan sceoldan

to þis enge lond   eðle bescyrede   32

forþon secgan mæg   se ðe soð spriceð

þæt he ahredde   þa for-hwyrfed wæs

frum-cyn fira,   wæs seo fæmne geong

mægð manes leas,   þe he him to meder geceas·   °[8 b.]   36

þæt wæs geworden   butan weres frigum

þæt þurh bearnes gebyrd   bryd eacen wearð.

nænig efenlic þam   ær ne siþþan

in worlde gewearð   wifes gearnung   40

þæt degol wæs   dryhtnes geryne

eal giofu gæst-lic   grund-sceat geond-spreot

þær wisna fela   wearð inlihted

lare long-sume)   þurh lifes fruman,   44

þe ær under hoðman   biholen lægon

witgena woð-song   þa se waldend cwom,

seþe reorda gehwæs   ryne gemiclað

ðara þe geneahhe   noman scyppendes   48

þurh ho[r]scne (had)   hergan willað.

eala sibbe gesihð   Sancta hierusalem·

cyne-stola cyst,   cristes burg-lond

engla eþel-stol   and þa ane in þe   52

saule soð-fæstra   simle gerestað,

wuldrum hremge,   næfre wommes tacn

---

23. · · · · · giað. *Five or six letters are quite faded before -giað.* 24. hete
· · · ceose, *the MS. is hardly readable here; two or three letters are obliterated*

Verily in our need we speak these words,
(we beseech) Him who created man
that He may not choose to speak in hate   24
the doom of us so sorrowful, who in prison
sit yearning for the sun's bright course,
until the Lord of life revealeth the light to us,—
until He become our soul's protector,   28
and wreathe the feeble mind with splendour:
may He make us thus worthy, whom He hath admitted unto
     glory,
when we must needs depart in abject plight
unto this narrow land, bereft of home.   32

    Verily he may say it who speaketh truth,
that when the race of men was all depraved,
He saved it. Young was the maiden,
a damsel sinless, whom He chose for His mother.   36
It came to pass without man's wooing,
that the bride was great by child-conception.
Never before or after in the world
was any meed of woman like to that;   40
it was a secret mystery of the Lord;
all ghostly grace o'erspread earth's region;
then many a thing became enlightened
through life's Creator, precepts of ancient day,   44
which erewhile in darkness lay concealed,
the sages' songs prophetic, when the Ruler came,
He who enlargeth the course of every word
of those that, in their wisdom, wish   48
to praise enow the name of their Creator.

    O sight of peace! holy Jerusalem!
choicest of royal thrones! citadel of Christ!
the native seat of angels and of the just,   52
the souls of whom alone rest in thee ever,
exulting in their glories. Never the sign of crime

before oease.   26. wi[l-s]itð, *the italicised letters are almost obliterated.*
31. MS. þe.   33. *se ðe is hardly visible.*   49. *MS.* hoscne.

in þam eard-gearde eawed weorþeð.
ac þe firina gehwylc feor abugeð   56
wærgðo and gewinnes; bist to wuldre full
halgan hyhtes, swa þu gehaten eart.
sioh nu sylfa þe geond þas sidan gesceaft
swylce rodores hrof rume geond-wlitan   60
ymb healfa gehwone, hu þec heofones cyning
siðe geseceð and sylf cymeð
nimeð eard in þe, swa hit ær gefyrn
witgan wis-fæste wordum sægdon   64
cyðdon cristes gebyrd cwædon þe to frofre
burga bet-licast. nu is þæt bearn cymen
awæcned to wyrpe weorcum ebrea.
bringeð blisse þe, benda onlyseð.   68
niþum geneðde, nearo-þearfe conn   [9 a.]
hu se earma sceal are gebidan :— :7

               [II.]

EAla wifa wynn geond wuldres þrym.
     fæmne freo-licast. ofer ealne foldan sceat   72
þæs þe æfre sund-buend secgan hyrdon.
arece us þæt geryne þæt þe of roderum cwom
hu þu eacnunge æfre onfenge
bearnes þurh gebyrde and þone gebed-scipe   76
æfter mon-wisan mod ne cuðes.
ne we soð-lice swylc ne gefrugnan
in ær-dagum æfre gelimpan,
þæt ðu in sundur-giefe swylce befenge   80
ne we þære wyrde wenan þurfon
toweard in tide huru treow in þe
weorð-licu wunade nu þu wuldres þrym,
bosme gebære and no gebrosnad wearð   84
mægð-had se micla swa eal manna bearn

70. *One line space between the sections.*

shall in that dwelling-place be seen,
but every sin shall flee afar from thee,   56
all curse and conflict; thou art gloriously full
of holy promise, as thou art named.
See now thyself how the wide creation
and heaven's roof surveyeth thee all about   60
on every side, and how the King of heaven
seeketh thee in His course, and cometh Himself, —
and taketh His dwelling in thee, as erewhile in days of yore
the wisest prophets spake in words;   64
they made known the birth of Christ and told it for thy comfort,
thou best of cities! Now the Child is come,
awakened to destroy the Hebrews' works;
He bringeth thee joy; He looseneth thy bonds;   68
He hath adventured Him for men; He knoweth their dire need,—
how the wretched must await compassion.

II.

'Oh thou joy of women in the glory of glories!
maiden the fairest o'er all the region of the earth,   72
that the ocean-dwellers have ever heard tell of,
unfold to us the mystery that came to thee from the skies,
how thou didst ever receive increase—
by child-conception, and yet thou knewest not   76
communion after human fashion.
Truly we have not heard that ever
in days of yore the like hath happened,
such as thou in special grace receivedst,   80
nor may we hope the thing to come to pass
in future time. Verily the faith that dwelt in thee
was worshipful, since thou didst bear within thy bosom
the flower of glory, and thy great maidenhood   84
was not destroyed. All the children of men

sorgum sawað   swa eft ripað
cennað to cwealme   cwæð sio eadge mæg
symle sigores full   Sancta maria·   · 88
hwæt is þeos wundrung   þe ge wafiað
and geomrende   gehþum mænað
sunu solimæ   somod his dohtor
fricgað þurh fyrwet   hu ic fæmnan-had   92
mund minne geheold and eac   modor gewearð
mære meotudes suna·̗ forþan þæt monnum nis
cuð geryne   ac crist onwrah
in dauides   dyrre mægan·   96
þæt is euan scyld   eal for-pynded
wærgða áworpen and gewuldrad is
se heanra hád   hyht is onfangen
þæt nu bletsung mot   bæm gemæne   100
werum and wifum   á to worulde forð
in þam up-lican   engla dreame·
*mid soð-fæder   symle wunian·   *[9 b.]
eala earendel   engla beorhtast   104
ofer middan-geard   monnum sended ·
and soð-fæsta   sunnan leoma
torht ofer tunglas   þu tida gehwane
of sylfum þe   symle inlihtes·   108
swa þu god of gode   gearo acenned
sunu soþan fæder   swegles in wuldre
butan anginne   æfre wære·
Swa þec nu for þearfum   þin agen geweorc   112
hideð þurh byldo   þæt þu þa beorhtan us·
sunnan onsende and þe sylf cyme
þæt ðu inleohte   þa þe longe ǽr·
þrosme beþeahte and in þeostrum her   116
sæton sin-neahtes   synnum bifealdne
deorc deaþes sceadu   dreogan sceoldan·
nu we hyht-fulle   hælo gelyfað

---

91. *MS.* solimæ (*i. e. æ*). 112. byldo *corrected from* hyldo. 118. sceadu, d
corrected from ð.

as they sow in sorrow, so afterwards they reap,
they bring forth for death.' Spake the blessed maiden,
ever full of triumph, the holy Mary:— 88

 'What is this wonder which ye wonder at,
and bemoan and grievously lament,
thou son and thou daughter of Salem!
Ye ask enquiringly how I preserved 92
my maidenhood, my plighted troth, and yet became
great mother of the Creator's Son. Verily to men
the mystery is not known; but Christ revealed
in David's beloved kinswoman, 96
that the guilt of Eve is all concluded,
the curses overthrown, and the humbler sex
is glorified. Hope is gained —
that now for both alike, for men and women, 100
blessing may for evermore abide,
amid the harmony of angels high above,
with the Father of truth, to all eternity.'

 Lo! thou bright ray, brightest of angels 104
sent to men upon this middle-earth,
and sun-beam true and constant,
bright beyond the stars, thou from thyself
illuminest for ever all the tides of time. 108
Even as thou, God indeed begotten of God,
Son of the true Father, wast ever —
without beginning in the heaven's glory,
so now thine own work in its need— 112
prayeth thee boldly that thou send us
the bright sun, and that thou thyself come,
to enlighten those who long since
were wrapt in darkness, and here in gloom 116
sat the long night shrouded in sin:
death's dark shadow had they to endure.
Hopeful now, we trust the salvation

þurh þæt word godes   weorodum brungen   120
þe on frymðe wæs   fæder ælmihtigum
efen-ece mid god   *and* nu eft gewearð
flæsc firena leas   þæt seo fæmne gebær
geomrum to geoce   god wæs mid us   124
gesewen butan synnum   somod eardedon
mihtig meotudes bearn   *and* se monnes sunu
geþwære on þeode   we þæs þonc magon
secgan sige-dryhtne   symle bi gewyrhtum   128
þæs þe he hine sylfne us   sendan wolde ·
eala gæsta god   hu þu gleawlice
mid noman ryhte   nemned wære
emmanuhel   swa hit engel geowæð   132
ærest on ebresc   þæt is eft gereht
rume bi gerynum   nu is rodera weard
god sylfa mid us   swa þæt gomele gefyrn
ealra cyninga cyning   *and* þone clænan eac   136
sacerd soð-lice   sægdon toweard ·
swa se mære iu   melchisedech ·
gleaw in gæste   god-þrym on-°wrah   °[10 a.]
eces alwaldan   se wæs æ bringend   140
lara lædend   þam longe his
hyhtan hider-cyme   swa him gehaten wæs
þætte sunu meotudes   sylfa wolde
gefælsian foldan mægðe ·   144
swylce grundas eac   gæstes mægne
siþe gesecan   nu hie softe þæs
bidon in bendum   hwonne bearn godes
cwome to cearigum·   forþon cwædon swa   148
suslum geslæhte ⸠ nu þu sylfa cum
heofones heah-cyning   bring us hælo-lif
werigum wite-þeowum   wope forcymenum
bitrum bryne-tearum   is seo bot gelong   152
eal æt þe anum ····· ofer-þearfum

---

133. *MS.* est.   153. *About five letters obliterated after* anum.

brought to the hosts of men through the word of God,   130
which was in the beginning co-eternal
with the Almighty Father, with God, and is now become
flesh void of blemish, that the maiden bare,
as a help for the troubled. God was seen among us   134
without sin; together they dwelt,
the Creator's mighty Son and the son of man,
in peace among folk. Wherefore we must ever,
dutifully, say thanks unto the Lord triumphant   138
that He was willing to send to us Himself.

    Oh, God of all spirits! how wisely Thou
wast named with name aright
Emmanuel! as the angel spake the word   132
in Hebrew first, which fully in its secret meaning
is thus interpreted:—'Now is the Guardian of the skies,
God Himself, with us': even as in days of yore
old men declared aright that the King   136
of all kings and eke the pure priest was to come;
thus long ago the great Melchizedec,
the wise of spirit, revealed the majesty divine
of the eternal Ruler; he was the law-bringer,   140
the bringer of doctrine, unto those who long
hoped for His advent, for it was promised them
that the Son Himself of the Creator
would purify the races of earth,   144
and also in His course would seek the abyss,
by the might of His spirit. Patiently now
have they waited in their bonds until God's Child
should come to the afflicted; therefore spake thus   148
those cast in torments: 'Come thou now thyself,
high King of heaven, bring salvation unto us,
weary thralls, worn out with weeping,
with bitter burning tears. The remedy resteth   152
alone in Thee for the overmuch oppressed.

hæftas hyge-geomre   hider [*gessss*
ses læt] þe behindan ·   þonne þu heonan cyrre
mænigo þus micle   ac þu miltse on us   156
gecyð cyne-lice   crist nergende
wuldres æþeling   ne læt awyrgde ofer us
onwald agan ¡   læf us ecne gefean
wuldres þines   þæt þec weorðien   160
weoroda wuldor-cyning   þa þu geworhtes ær
hondum þinum   þu in hean-nissum
wunast wide ferh   mid waldend fæder: 7

[III.]

EAla ioseph min   iacobes bearn   164
    mæg dauides   mæran cyninges ·
nu þu freode scealt   fæste gedælan
álætan lufan mine ·   Ic lungre eam
deope gedrefed   dome bereafod ·   168
forðon ic worn for þe   worde hæbbe
sidra sorga   and sár-cwida ·
hearmes gehyred   *and* me *hosp sprecað   *[10 *b.*]
torn-worda fela   ic tearas sceal   172
geotan geomor-mod ·   god eaþe mæg
gehælan hyge-sorge   heortan minre
afrefran fea-sceaftne ·   eala fæmne geong
mægð maria ·   hwæt bemurnest ðu   176
cleopast cearigende   ne ic culpan in þe
incan ænigne   æfre onfunde ·
womma geworhtra   and þu þa word spricest
swa þu sylfa sie   synna gehwylcre   180
firena gefylled   ic to fela hæbbe
þæs byrd-scypes   bealwa onfongen ·
hu mæg ic ladigan   laþan spræce

Visit us here, captives sad in spirit,
nor leave behind thee, when thou turnst from hence,
so great a throng! but royally show forth   156
thy mercy unto us, Christ the Saviour!
Prince of Glory! let not the accursed
have power over us: grant us thy glory's
endless joy, that those may worship thee,   160
great Lord of hosts, whom thou first wroughtest
with thy hands. Thou in the high places
dwellest for ever with the all-ruling Father.'

III.

[Mary.] 'Lo, Joseph mine, child of Jacob,   164
kinsman of the great King David,
must thou forthwith renounce thy troth,
and leave my love!' [Joseph.] 'Very deeply
am I troubled, bereft of honour,   168
for because of thee I have heard, in words,
much great grief, many sorry speeches,
much insult, and they utter scorn against me,
and many angry words: sad in mind   172
I must shed tears. God may easily
heal the deep sorrow of my heart,
and comfort me distressed. Alas, young damsel,
Mary maiden!' [Mary.] 'Why mournest thou   176
and lamentest sorrowing? Never found I
fault in thee or any cause of blame
for evil done, and yet thou speakest such words,
as thou thyself wert filled with every sin   180
and all transgression.' [Joseph.] 'Too much bale
have I received from this conception.
How can I escape the hateful words,

oþþe andsware ænige findan·   184
wraþum to-wiþere, is þæt wide cuð
þæt ic of þam torhtan   temple dryhtnes
onfeng freo-lice   fæmnan clæne
womma lease·   and nu gehwyrfed is   188
þurh nat-hwylces ; me nawþer deag
secge ne swige, gif ic soð sprece·
þonne sceal dauides   dohtor sweltan
stanum astyrfed   gen strengre is   192
þæt ic morþor hele   scyle man-swara·
laþ leoda gehwam   lifgan siþþan
fracoð in folcum   þa seo fæmne onwrah·
ryht-geryno   and þus reordade·   196
Soð ic secge   þurh sunu meotudes
gæsta geocend   þæt ic gen ne conn
þurh gemæc-scipe   monnes ower
ænges on eorðan   ac me eaden wearð   200
geongre in geardum   þæt me gabrihel
heofones heag-engel   hælo gebodade.
sægde soð-lice   þæt me swegles gæst
leoman onlyhte   sceolde ic lifes þrym   204
geberan beorhtne sunu   bearn eacen godes
torhtes tir-fruma[n]   nu ic his tempel eam
gefremed butan facne   in me frofre gæst
ge-·eardode   nu þu ealle forlæt   *[11 a.]   208
sare sorg-ceare   saga ecne þonc
mærum meotodes sunu   þæt ic his modor gewearð
fæmne forð se-þeah   and þu fæder cweden
woruld-cund bi wene   sceolde witedom   212
in him sylfum beon   soðe gefylled·ᵘ
eala þu soða   and þu sib-suma
ealra cyninga cyning   crist æl-mihtig
ha þu ær wære   eallum geworden   216
worulde þrymmum   mid þinne wuldor-fæder

206. MS. tir-fruma.

or how can I find any answer 184
'gainst my foes? 'Tis widely known
that from the glorious temple of the Lord,
I joyfully received a maiden pure
and spotless; and now all is changed, 188
through whom I know not. Neither availeth me,
to speak or to be silent; speak I the truth,
then must David's daughter die,
slain with stones; yet is it harder 192
to conceal crime, to be doomed to live hereafter
perjured, hateful unto all the folk,
accursed 'mong men.' Then the maid unravelled
the true mystery, and thus she spake: 196
   'Truly I say, by the Son of the Creator,
the Saviour of souls, that yet I know not
in fellowship any man
anywhere on earth; but it was granted me, 200
while young and in my home, that Gabriel,
heaven's archangel, bade me hail,
and truly said that heaven's spirit
should with his ray illumine me, that I should bear 204
life's glory, an illustrious son, the mighty Child of God,
of the bright Creator. Now, without guilt, am I
become His temple; the spirit of comfort
hath dwelt within me. Dismiss thou then 208
all sorry care, and say eternal thanks
unto the Lord's great Son that I have become His mother,
nathless a maiden still, and thou, according to the hope,
art called His earthly father, should the prophecy 212
be fulfilled aright in Him Himself.'
   O thou true and thou peaceful
King of all kings, Christ Almighty!
how wast thou, with thy glorious Father, 216
existent before all the world's estates,

cild acenned ´þurh his cræft *and* meaht·
nis ænig nú eorl under lyfte
secg searo-þoncol to þæs swiðe gleaw·   220
þe þæt asecgan mæge sund buendum·
areccan mid ryhte hu þe rodera weard
æt frymðe genom him to freo-bearne
þæt wæs þara þinga þe her þeoda cynn   224
gefrugnen mid folcum æt fruman ærest
geworden under wolcnum þæt witig god
lifes ord-fruma leoht *and* þystro
gedælde dryhtlice *and* him wæs domes geweald 228
and þa wisan abead weoroda ealdor·
nu sie geworden forþ a to widan feore·
leoht lixende gefea lifgendra gehwam
þe in cneorissum cende weorðen "   232
and þa sona gelomp þa hit swa sceolde
leoma leohtade leoda mægþum
torht mid tunglum æfter þon tida bigong
sylfa sette þæt þu sunu wære   236
efen-eardigende mid þinne engan frean
ær þon oht þisses æfre gewurde·
þu eart seo snyttro þe þas sidan gesceaft
mid þi waldende worhtes ealle·   240
forþon nis ænig þæs horsc ne þæs hyge-cræftig
þe þin from-*cyn mæge fira bearnum *[11 *b*.]
sweotule geseþan cum nu sigores weard
meotod mon-cynnes *and* þine miltтse her. 244
arfæst ywe us is eallum neod
þæt we þin medren-cynn motan cunnan
ryht-geryno nu we areccan ne mægon
þæt fædren-cynn· fier owihte   248
þu þisne middan-geard milde geblissa
þurh ðinne her-cyme hælende crist·
and þa gyldnan geatu ˙þe in gear-dagum

---

a child begotten by His skill and might !
There is not now any man under heaven,
any one cunning and so very wise,   220
who can tell unto the ocean-dwellers,
and expound aright, how the Warden of the skies
took thee in the beginning for his noble child.
Of those things which the race of men   224
hath learnt among the nations here, first in the beginning
it came to pass beneath the clouds, that the wise God,
Life's Beginner, parted in lordly wise
light and darkness; and His was the wielding of decree,   228
and thus He, Lord of hosts, declared:
  'Let there be now for ever and for ever
a bright-shining joy for each of living men
who in their generations shall be born !'   232
  And so anon it came to pass, when it was to be,—
a splendour shining bright amidst the stars
lighted, in the course of ages, the races of mankind.
Himself He had ordained that thou, the Son, shouldst be,   236
co-dwelling with thy only Lord,
ere aught of this had ever come to pass.
Thou art the Wisdom, who with the Ruler
wroughtest all this wide creation :   240
wherefore there is no man so wise or so profound,
that he can truly show thy origin
unto the sons of men. Come now, Lord of triumph,
Creator of mankind, and graciously show forth   244
thy mercy here : we all desire
that we may know thy mother-kin,
a mystery indeed ; we cannot now expound
further at all the kin paternal.   248
Bless thou kindly this middle-earth
by thy coming hither, Saviour Christ !
and the golden gates that in days of old

ful longe ær bilocen stodan   252
heofona heah frea hat ontynan
and usic þonne gesece þurh þin sylfes gong
eað-mod to eorþan us is þinra arna þearf ·
hafað se awyrgda wulf tostenced   256
deor dæd-scua dryhten þin eowde
wide towrecene þæt ðu, waldend, ær
blode gebohtes þæt se bealo-fulla
hyneð heard-lice and him on hæft nimeð   260
ofer usse nioda lust forþon we nergend þe
biddað georn-lice breost-gehygdum
þæt þu hræd-lice helpe gefremme
wergum wreccan þæt se wites bona ·   264
in helle grund hean gedreose
and þin hond-geweorc hæleþa scyppend
mote arisan and on ryht cuman
to þam up-cundan æþelan rice ·   268
þonan us ær þurh syn-lust se swearta gæst
forteah and fortylde þæt we tires wone,
a butan ende sculon ermþu dreogan
butan þu usic þon ofost-licor ece dryhten   272
æt þam leod-sceaþan lifgende god
helm alwihta hreddan wille : 7

[IV.]

Eala þu mæra middan-geardes
     seo clæneste cwen *ofer eorþan   *[12 a.]   — 276
þara [þ]e gewurde to widan feore
· hu þec mid ryhte ealle reord-berend ·
hatað and secgað hæleð geond foldan
bliþe mode þæt þu bryd sie   280
þæs selestan swegles bryttan ·
Swylce þa hyhstan on heofonum eac

full long ago stood locked,   252
do thou, high Lord of heaven, bid open,
and visit us then, coming thy very self
humbly to earth! We need thy gracious favour!
The accursed wolf, the beast of darkness,   256
hath scattered, Lord, thy flock,
dispersed it far and wide; what thou, Omnipotent, of old
didst buy with thy blood, the baleful one
cruelly oppresseth, and taketh it in bondage,   260
despite our anxious longing. Wherefore, Saviour,
we pray thee earnestly, with our heart's inmost thoughts,
that speedily thou grant help unto us,
weary wretches, that the mind's destroyer   264
may fall low down to hell's abyss,
and that thy handiwork, Creator of all men,
may then arise and come aright
unto the noble realm in heaven above,   268
whence erst the swart spirit, through our love of sin,
beguiled us and misled us, so that, void of glory,
we must ever without end bear misery,
unless thou, O Lord eternal, living God,   272
Helm of all created things, wilt free us
the more speedily from man's destroyer.

IV.

O thou glorious lady of this middle-world!
thou purest woman throughout the earth,   276
of those that were from time eternal,
how rightly do all men with gift of speech
upon this earth name thee, and say,
blithe in their hearts, that thou art bride   280
of heaven's chief Lord!
So too the highest in the heavens,

line between the sections.   277. *MS. þara ago wurde; a letter erased before ago.*

cristes þegnas cweþað *and* singað
þæt þu sie hlæfdige halgum meahtum   284
wuldor-weorudes *and* worl[d]-cundra
hada under heofonum *and* hel-wara·
forþon þu þæt ana ealra monna
geþohtest þrymlice þrist-hycgende   288
þæt þu þinne mægð-had meotude brohtes
sealdes butan synnum ; nan swylc ne cwom
ænig oþer ofer ealle men
bryd beaga hroden þe þa beorhtan lac   292
to heofon-hame hlutre mode
siþþan sende. forðon heht sigores fruma
his heah-bodan hider gefleogan·
of his mægen-þrymme *and* þe meahta sped   296
snude cyðan þæt þu sunu dryhtnes
þurh clæne gebyrd cennan sceolde·
monnum to miltse *and* þe maria forð
efne unwemme a gehealden   300
eac we þæt gefrugnon þæt gefyrn bi þe·
soð-fæst sægde sum woð-bora
in eald-dagum esaias
þæt he wære gelæded þæt he lifes gesteald   304
in þam ecan ham eal sceawode·
wlat þa swa wis-fæst witga geond þeod-land
oþþæt he gestarode þær gestaþelad wæs
æþelic ingong eal wæs gebunden   308
deoran since duru ormæte
wundur-clommum bewriþen; wende swiðe
þæt ænig elda æfre meahte
swa fæstlice fore-scyttelsas   312
on ecnesse o in-hebba
oþþe ðæs ceaster-hlides clustor onlucan·
ær him *godes engel þurh glædne geþonc   *[12 b·]

---

283. MS. worl cundra.   302. woð-bora; *there is a hyphen in MS.; probably added by a later hand, as the ink is rather paler than that of the letters.*

the thanes of Christ, declare and sing,
that thou, by holy might, art lady 284
of the host of glory, and of the ranks of men
on earth 'neath heaven, and of those that dwell in hell,
for that thou alone of all mankind
nobly didst resolve in thy high thoughts, 288
to bring thy maidenhood unto the Lord,
and give it sinlessly. There hath not come
among all men such another
ring-adorned bride, who would send again 292
with spirit pure the glorious gift
unto the heavenly home. Wherefore the Lord triumphant
bade His arch-angel hither fly
from His great glory, and anon make known to thee 296
His might's avail, that thou, in pure conception,
shouldst bear the Son of the Supreme,
in mercy to mankind, and nathless, Mary,
hold thee e'en unspotted evermore. 300
Eke have we heard what long ago
the poet truly spake concerning thee,
in days of old, to wit, Isaiah,
that he was led where he beheld aright 304
life's dwelling-place in the eternal home;
looked then the wise soothsayer o'er all land,
till that he gazed where there was placed
a noble door-way; all bound about 308
with precious metal was the door immense,
begirt with wondrous bands; he pondered deeply,
how any mortal man might ever
raise those bolts so firmly fixed, 312
ever unto all eternity,
or unlock the fastening of that city-gate,
until God's angel joyfully to him

þa wisan onwrah and þæt word acwæð   316
ic þe mæg secgan þæt soð gewearð
þæt ðas gyldnan gatu giet sume siþe
god sylf wile gæstes mægne
gefælsian fæder æl-mihtig   320
and þurh þa fæstan locu foldan neosan
and hio þonne æfter him ece stondeð
simle singales swa beclysed
þæt nænig oþer nymþe nergend god   324
hy æfre ma eft onluceð.
nu þæt is gefylled þæt se froda þa
mid eagum þær on-wlatade.
þu eart þæt weall-dor þurh þe waldend' frea   328
æne on þas eorðan ut-siðade
and efne swa þec gemette meahtum gehrodene
clæne and gecorene crist æl-mihtig
swa ðe æfter him engla þeoden   332
eft unmæle ælces þinges
lioþu-cægan bileac lifes brytta
iowa us nu þa are þe se engel þe
godes spel-boda gabriel brohte   336
huru þæs biddað burg-sittende
þæt ðu þa frofre folcum cyðe
þinre sylfre sunu siþþan we motan
an-modlice ealle hyhtan   340
nu we on þæt bearn foran breostum stariað
geþinga us nu þristum wordum
þæt he us ne læte leng owihte
in þisse deað-dene gedwolan hyran   344
ac þæt he usic geferge in fæder-rice
þær we sorg-lease siþþan motan
wunigan in wuldre mid weoroda god.
eala þu halga heofona dryhten   348
þu mid fæder þinne gefyrn wære

339. MS. motam.

disclosed the way and spake these words:— 316
    'I may tell thee (what truly came to pass),
that these golden gates yet on a time
God Himself will make resplendent,
the Almighty Father, by His spirit's might, 320
and will visit earth through these firm gates,
and after Him shall they remain for ever,
to all eternity, so firmly closed,
that not any other save the Saviour God 324
shall ever open them again.'
    Now is fulfilled what the wise man then
with eyes there looked upon:
thou art the wall-door; through thee the Lord, the Ruler 328
proceeded once unto this earth;
and even thus He found thee all arrayed in might,
pure and choice, He, Christ Almighty;
thus the Prince of angels, the Lord of life, 332
closed thee, all unblemished,
after Him again, as with a wondrous key.
Show us now the grace that the angel Gabriel,
God's messenger, brought unto thee! 336
Verily we city-dwellers pray for this,
that thou reveal to men their comfort,
thine own son. Hereafter we may
all with one accord rejoice, 340
now that we behold the child upon thy breast:
plead now for us with earnest words
that He suffer us not any longer
to obey error in this vale of death, 344
but that He lead us to the Father's realm,
where sorrowless hereafter we may
abide in glory, with the Lord of hosts.
    O thou holy Lord of heaven, 348
thou with thy Father wast of old

efen-wesende in þam æþelau ham·
næs ænig þa giet engel geworden
ne þæs miclan mægen-þrymmes nán·   352
ðe in roderum up rice biwitigað
þeodnes þryð-gesteald *and his þegnunga· [* 13 a.]
þa þu ærest wære mid þone ecan frean
sylf settende þas sidan gesceaft·   356
brade bryten-grundas· bæm inc is gemæne
heah-gæst hleofæst we þe hælend crist
þurh eað-medu ·ealle biddað
þæt þu gehyre hæfta stefne   360
þinra nied-þiowa nergende god
nu we sind geswencte þurh ure sylfra gewill
habbað wræc-mæcgas wergan gæstas
hetlen hel-sceaþa hearde genyrwad   364
gebunden bealo-rapum is seo bot gelong
eall æt þe anum ece dryhten·
hreow-cearigum help þæt þin hider-cyme
afrefre fea-sceafte þeah we fæhþo wið þec   368
þurh firena lust gefremed hæbben·
Ara nu onbehtum and usse yrmþa geþenc
hu we tealtrigað tydran mode
hwearfiað heanlice cym nu hæleþa cyning   372
ne læta to lange us is lissa þearf
þæt þu us ahredde and us hælo-giefe
soð-fæst sylle þæt we siþþan forð
þa sellan þing symle moten   376
geþeon on þeode þinne willan: 7

[V.]

EAla seo wlitige weorð-mynda full
  heah and halig heofon-cund þrynes
hrade geblissad geond bryten-wongas   380
þa mid ryhte sculon reord-berende

361. MS. med.   371. MS. þe.   377. One-line space between the sections.

co-oval in that noble home.
As yet there was not any angel formed,
nor any of the mighty host of glory,   352
which guardeth the kingdom in the skies above,
the noble dwelling of the Lord and of His thanes,
when Thou first, with the eternal Lord,
wast Thyself founding all this wide creation,   356
this broad expanse of earth. Ye twain have fellowship
with the protecting Spirit. O Saviour Christ,
in lowliness we all beseech thee,
that thou hear the voice of these thy captives,   360
of thy hard-pressed slaves, O Saviour God!
How are we troubled through our own desires!
Us wretched exiles have the accursed sprites,
the hateful hell-fiends cruelly constrained,   364
and bound with baleful cords. The cure resteth
all with Thee alone, O Lord eternal.
Help the wretched so that thine advent here
may comfort the forlorn, though through our lust of sin   368
we have engaged in feud 'gainst Thee.—
Favour now thy servants, and regard our miseries,
how we stumble being feeble-minded,
and wander abjectly. Come now, O King of men,   372
tarry not too long! We need thy mercy,
that thou deliver us, and give us truly
thy healing grace, so that henceforward
we may for ever, in this world,   376
do the better things, and work thy will.

V.

O beauteous and worshipful,
high and holy, heavenly Trinity,
widely blessed throughout the plains of earth,   380
whom all the wretched dwellers upon earth,

earme eorð-ware ealle mægene
hergan healice nu us hælend god
wærfæst onwrah þæt we hine witan motan   384
forþon hy dæd-hwæte dome geswiððe
þæt soð-fæste seraphinnes cynn
uppe mid englum a bremende
unaþreotendum þrymmum * singað *[13 b.]   388
ful healice hludan stefne
fægre feor and neah habbaþ folgoþa
cyst mid cyninge him þæt crist forgeaf
þæt hy motan his æt-wiste · eagum brucan   392
simle singales swegle gehyrste
weorðian waldend wide and side
and mid hyra fiþrum frean æl-mihtges
onsyne wear[dia]ð ecan dryhtnes   396
and ymb þeoden-stol þringað georne
hwylc hyra nehst mæge ussum nergende
flihte lacan frið-geardum in
lofiað leof-licne and in leohte him   400
þa word cweþað and wuldriað
æþelne ord-fruman ealra gesceafta ·
halig eart þu halig heah-engla · brego
soð sigores fréa simle þu bist halig   404
dryhtna dryhten a þin dom wunað
eorð-lic mid ældum in ælce tid
wide geweorþad þu eart weoroda god
forþon þu gefyldest foldan and rodoras   —— 408
wigendra hleo wuldres þines
helm al-wihta sie þe in heannessum
ece hælo and in eorþan lof
beorht mid beornum þu gebletsad leofa   412
þe in dryhtnes noman dugeþum cwome
heanum to hroþre þe in heahþum sie
a butan ende ece herenis ·

endowed with speech, must rightly with all power
praise highly, for now the trusty Saviour
hath revealed God unto us that we may know Him;   384
wherefore they, the zealous ones, the glory-crowned,
the race of Seraphim, the true and just,
above 'mid angels ever praising,
sing in unwearying numbers,   388
full highly and with strain exalted,
sweetly, far and near. They have the choicest
service with their King. Christ granted them
that with their eyes they may enjoy His being,   392
and for ever ceaselessly adore the Ruler
far and wide, wrapt in bright harmony:
and with their wings they guard the presence
of the Lord Almighty, the eternal King,   396
and throng around the throne, all eager
which one of them may nearest to our Saviour
disport in flight within the courts of peace;
they praise the Loved One, and in His light   400
these words they speak to Him, and glorify
the noble source of all created things:—

   'Holy art thou, holy, Lord of archangels,
true Lord of triumph, ever art thou holy,   404
Kings of kings, ever thy glory liveth,
on earth 'mong men to all eternity,
honoured far and wide. Thou art God of hosts,
for thou hast filled the earth and heavens,   408
Shield of warriors, with thy glory;
Helm of all things, endless Hosanna be to thee
in the highest, and on earth 'mong men
noble praise. Abide thou blessed,   412
that in the Lord's name camest unto men,
to comfort the dejected: in the high heavens
eternal praise be thine, world without end.'

eala hwæt þæt is wræc-lic wrixl   in wera life   416
þætte mon-cynnes   milde scyppend
onfeng æt fæmnan   flæsc unwemme
and sio weres friga   wiht ne cuþe
ne þurh sæd ne cwom   sigores agend   420
monnes ofer moldan   ac þæt wæs ma cræft
þonne hit eorð-buend   ealle cuþan
þurh geryne   hu he rodera þrim
heofona heah frea   helpe gefremede   424
monna cynne   þurh * his modor hrif   *[14 a.]
and swa forð gongende   folca nergend
his forgif-nesse   gumum to helpe
dæleð dogra gehwam   dryhten weoroda   428
forþon we hine dom-hwate   dædum and wordum
hergen hold-lice   þæt is healic ræd
monna gehwylcum   þe gemynd hafað
þæt he symle oftost   and inlocast   432
and georn-licost   god weorþige .
he him þære lisse   lean forgildeð
se gehalgoda   hælend sylfa
efne in þam eðle   þær he ær ne cwom   436
in lifgendra   londes wynne
þær he gesælig   siþþan eardað
ealne widan feorh   wunað butan ende :—Amen : 7

[B. THE ASCENSION.]

[I.]

NV ÐV GEORNLICE   GÆST-gerynum   440
mon se mæra   mod-cræfte seo
þurh sefan snyttro   þæt þu soð wite
hu þæt geeode   þa se æl-mihtiga
acenned wearð   þurh clænne hád   444
siþþan he marian   mægða weolman
mærre meowlan   mund-heals greceas .

419. *MS.* niht (*for* niht = wiht).   439. *Two-line space between the sections.*

Lo! what a wondrous change is this in the life of men,   416
that the benign Creator of mankind
took from a damsel flesh immaculate,
nor knew she aught of love of man,
nor came the Lord of triumph down to earth   420
through seed of man; but it was greater craft
than all the men that dwell on earth might know,
how He, the glory of the skies, through mystery,.
the heaven's high Lord, framed help   424
for mankind, through his mother's womb.
And aye unceasingly the Saviour of mankind
dealeth each day his forgiveness unto folk,
to help them; He, the Lord of hosts.   428
Wherefore must we praise Him faithfully,
zealous in deed and word. This is a noble rede
for every one of men that hath a mind,
that aye most often and most inwardly,   432
and most yearningly, he worship God.
He will recompense him for the love,
yea, the hallowed Saviour himself,
e'en in the country where he came ne'er before,   436
in the joy of the land of the living,
where happy ever after he shall dwell,
and rest for evermore, time without end. Amen.

B. THE ASCENSION.

I.

Seek thou now eagerly with all thy power of mind,   440
with the secrets of thy spirit, thou great man,
that thou mayst know aright, through thy soul's wisdom,
how it came about, when the Almighty
was born into the world in purity,—   444
after he chose out Mary as protector,
choicest of maidens! damsel renowned!

þæt þær in hwitum   hrægium gewerede
englas ne oðeowdun   þa se æþeling cwom   448
beorn in betlem   bodan wæron gearwe
þa þurh hleoþor-cwide   hyrdum cyðdon
sægdon soðne gefean   þætte sunu wære
in middan-geard   meotudes acenned   452
in betleme   hwæþre in bocum ne cwið
þæt hy in hwitum þær   hrægium oðywden·
in þa æþelan tid   swa hie eft dydon·
ða se brega mæra·   to bethania   456
*þeoden þrym-fæst   his þegna gedryht   *[14 b.]
gelaðade leof weorud   hy þæs lareowes
on þam wil-dæge   word ne gehyrwdon
hyra sinc-giefan   sona wæron gearwe   460
hæleð mid hlaford   to þære halgan byrg
þær him tacna fela   tires brytta
onwrah wuldres helm   word-gerynum
ærþon up-stige   án-cenned sunu   464
efen-ece bearn   agnum fæder
þæs ymb feowertig   þe he of foldan ær
from deaðe aras   dagena rimes·
hæfde þa gefylled   swa ær biforan sungon   468
witgena word   geond woruld innan
þurh his þrowinga   þegnas heredon·
lufedun leof-wendum   lifes agend
fæder frum-sceafta   he him fægre þæs   472
leofum gesiþum   lean æfter geaf
and þæt word acwæð   waldend engla
gefysed fréa mihtig   to fæder rice
gefeoð ge on ferððe   næfre ic from-hweorfe   476
ac ic lufan symle   læste wið eowic
and eow meaht giefe   and mid-wunige
awo to ealdre   þæt eow æfre ne bið
þurh gife mine   godes onsien·   480
Faráð nu geond ealne·   yrmenne grund·
geond wid-wegas·   weoredum cyðað·

that there appeared not angels then arrayed
in robes of white, when the Prince, the Chief,   448
came into Bethlehem.   Angels were ready,—
who revealed in accents clear and told
to shepherds the sure joy that there was born
in middle-earth, in Bethlehem,   452
a Son of the Creator; yet in books it saith not
that they appeared there at that glorious tide,
in robes of white, e'en as they did anon,
when the great Leader in Bethany,   456
the Lord majestic, gathered His band of thanes,
the host beloved; on that welcome day
they alighted not the word of their Teacher,
of their bounteous Dispenser; soon were they dight,   460
men with their master, for the holy city:
there splendour's Lord, the Helm of glory,
revealed full many a sign to them in mystic words,
ere He arose, only begotten Son,   464
Child with his own Father co-eternal,
forty numbered days after he had first
ascended from the earth, from death.
Then had he fulfilled the prophets' words,   468
as they had sung before throughout the world,—
yea, by his passion.   His thanes lauded Him,
they praised lovingly the Lord of life,
the Father of creation!   Wherefore in aftertime   472
he nobly recompensed His beloved comrades,
and these words spake He, Prince of angels,
mighty Lord, while hastening to his Father's realm:—

  'Rejoice ye in spirit, ne'er will I turn away,   476
but I will show my love towards you ever,
and grant you might and abide with you
ever to all eternity, and through my grace,
ye shall ne'er know the want of sustenance.   480
Go now o'er all the spacious earth,
o'er the wide ways, announce to men,

bodiað *and* bremað·   beorhtne geleafan·
and fulwiað   folc under roderum·   484
hweorfað to heofonum·   hergas breotaþ·
fyllað *and* feogað·   feond-scype dwæscað·
sibbe sawað·   on sefan manna·
þurh meahta sped·   ic eow mid-wunige·   488
forð on frofre·   *and* eow friðe healde·
strengðu staþol-fæstre·   *on stowa gehware· *[15 a.]
ða wearð semninga   sweg on lyfte·
hlud gehyred·   heofon-engla þreat·   492
weorud wlite-scyne·   wuldres aras·
cwomun on corðre·   cyning ure gewat·
þurh þæs temples hrof·   þær hy to-segun·
þa þe leofes þa gen   last weardedun·   496
on þam þing-stede·   þegnas gecorene·
gesegon hi on beahþu·   hlaford stigan·
god-bearn of grundum·   him wæs geomor sefa·
hat æt heortan·   hyge murnende·   500
þæs þe hi swa leofne·   leng ne mostun·
geseon under swegle·   song ahofun·
aras ufan-cunde·   æþeling heredun·
lofedun lif-fruman·   leohte gesegun·   504
þe of þæs hælendes·   heafelan lixte·
gesegon hy æl-beorhte·   englas twegen·
fægre ymb *þæt* frum-bearn·   frætwum blican·
cyninga wuldor·   cleopedon of beahþu·   508
wordum wræt-licum·   ofer wera mengu·
beorhtan reorde·   hwæt bidað ge
galilesce·   guman on hwearfte·
Nu ge sweotule geseoð·   soðne dryhten·   512
on swegl faran·   sigores agend·
wile up heonan·   eard gestigan·
æþelinga ord·   mid þas engla gedryht·
ealra folca fruma·   fæder.eþel-stóll:7   516

preach and proclaim the bright belief,
and baptize folk beneath the skies,   484
turn them to heaven; break idols,
cast them down and hate them; extinguish enmity,
sow peace within the minds of men,
by virtue of your powers. I will ever stay with you   488
in solace, and will keep you in peace
with steadfast strength in every place!'
   Then suddenly, a sound was heard
loud in the air; a band of heavenly angels,   492
the messengers of glory, a beauteous host,
in legion came; our king departed
through the temple's roof, where they beheld,
they who watched still the dear One's track,   496
the chosen thanes, there in the meeting-place,—
they saw the Lord, the Child divine, ascend
from earth into the heights: their souls were sad,
their spirit's grief was hot within their hearts,   500
for now they might no longer see 'neath heaven
One so beloved. Then raised a song
the messengers celestial, praised they the Prince,
they lauded life's Creator, joyed they in the light   504
which glistened from the Saviour's head,
saw they angels twain, resplendent, fair,
shining in splendour 'round that first-born Child,
the glory of all kings; they cried out from on high   508
in wondrous words over the hosts of men,
with voices clear: 'Why bide ye here,
and stand about, ye Galilean men!
Now see ye the true King, the Lord of victory,   512
manifestly wending to the skies;
the Chief of princes with these hosts of angels,
the Lord of all mankind, up from hence
will soar unto His native home, His Father-land.'   516

D

[II.]

W̶E mid þyslice · þreate willað ·
    ofer heofona gehlidu · hlaford fergan ·
to þære beorhtan byrg · mid þæs bliðan gedryt ·
ealra sige-bearna · þæt seleste ·   520
*and æþeleste · þe ge her onstariað ·
and in frofre geseoð · frætwum blican · *[15 b.]
wile eft swa-þeah · eorðan mægðe ·
sylfa gesecan · side herge ·   524
and þonne gedeman · dæda gehwylce ·
þara ðe gefremedon · folc under roderum ·
ða wæs wuldres weard · wolcnum bifen †·
beah-engla cyning · ofer hrofas upp ·   528
haligra helm · hybt wæs geniwad ·
blis in burgum · þurh þæs beornes cyme ·
gesæt sige-hremig · on þa swiþran hand ·
ece ead-fruma · agnum fæder ·   532
gewitan him þa gongan · to hierusalem ·
hæleð hyge-rofe · in ða halgan burg ·
geomor-mode · þonan hy god nyhst ·
up-stigende · eagum segun ·   536
hyra wil-gifan · þær wæs wopes hring ·
torne bitolden · wæs seo treow lufu ·
hat æt heortan · hreðer innan weoll ·
beorn breost-sefa · bidon ealle þær ·   540
þegnas þrym-fulle · þeodnes gehata ·
in þære torhtan byrig · tyn niht þa-gen ·
swa him sylf bibead · swegles agend ·
ær þon up-stige · ealles waldend ·   544
on heofona gehyld · hwite cwoman ·
eorla ead-giefan · englas to-geanes ·

---

527. MS. bifengun.   539. MS. hreder.   540. MS. born, an erasure
between b and o; bidan.

II.

'Fain would we o'er the vaults of heaven
conduct the Lord with all this company,
this joyous band, unto the shining burgh.'

'He whom ye gaze on here, the best   520
and noblest of all the sons of triumph,
He whom ye see in solace shining resplendently,
will surely yet again with ample host ——
Himself revisit all the races of the earth,   524
and then will judge each single deed
that folk beneath the heavens have performed.'

    Then was glory's Guardian, the archangels' King,
the Helm of holy men, wrapt in clouds   528
high o'er the roofs. Joy and bliss were renewed
within the cities, at the Prince's coming.
On His own Father's right hand sat He down
triumphant, the eternal Source of good. ——   532
Then went they journeying to Jerusalem,
unto that holy burgh, the valiant men
sad in spirit, from that spot where they had seen
so late with their own eyes God rise aloft,   536
their kind Dispenser: there was unbroken weeping,
their faithful love was overwhelmed with grief,
hot in their hearts their spirits boiled within, ——
their breast-thoughts burned. All His glorious thanes —— 540
awaited there the Lord's behests,
within the noble city, yet ten nights,
as Himself the Lord of heaven bade, ——
ere He, Omnipotent, ascended high   544
to heaven's keeping, and white angels came
toward the bounteous Prince of warrior-men.

ðæt is wel cweden· swa gewritu secgað·
þæt him al-beorhte englas togeanes·   548
in þa halgan tid· heapum cwoman·
sigan on swegle· þa wæs symbla mæst·
geworden in wuldre· wel þæt gedafenað·
þæt to þære blisse· beorhte gewerede·   552
in þæs þeodnes burg· þegnas cwoman·
weorud wlite-scyne· gesegon wil-cuman·
on heah-setle· heofones waldend·
folca feorh-giefan· frætwum *ealles waldend *[16 a.]   556
middan-geardes and mægen-þrymmes
hafað nu se halga helle bireafod
ealles þæs gafoles þe hi gear-dagum
in þæt orlege unryhte swealg·   560
nu sind forcumene and in cwic-susle
gehynde and gehæfte in helle grund
duguþum bidæled deofla cempan
ne meahtan wiþer-brogan wige spowan   564
wæpna wyrpum siþþan wuldres cyning
heofon-rices helm hilde gefremede
wiþ his eald-feondum ánes meahtum
þær he of hæfte áhlód huþa mæste·   568
of feonda byrig folces unrim·
þisne ilcan þreat þe ge her on-stariað
wile nu gesecan sawla nergend
gæsta gief-stol godes agen bearn   572
æfter guð-plegan nu ge geare cunnon
hwæt se hlaford is se þisne here lædeð
nu ge from-lice freondum to-geanes
gongað glæd-mode geatu‚ontynað·﹐   576
wile into eow ealles waldend
cyning on ceastre corðre ne lytle
fyra-weorca fruma folc gelædan
in dreama dream ðe he on deoflum genom .   580

548. MS. ælbeorhte.   564. MS. neahtan.

It is well-spoken, as the Scriptures say,
that all-bright angels at that holy tide   548
in legions came, descending in the clouds
to meet Him; then the greatest jubilee
arose within the Glory. 'Tis well befitting
that His servants came to the Beatitude,   552
into the Prince's city, brightly clad,
a beauteous host: they saw the welcome Guest
on His high throne, the heaven's Lord,
Source of men's life, ruling in splendour all,—   556
the middle-earth and the majestic host.

   Now hath the holy One despoiled hell
of all the tribute that in ancient days
it basely gorged within that place of strife.   560
Now are they quelled, the devils' champions,
in living torture humbled and held bound,
bereft of prowess, in hell's abyss:
the hostile foes might not speed in battle   564
with weapon-thrusts, when He, the King of glory,
the Helm of heaven's realm, waged war,
with his sole might, against his ancient foes.
Then drew He forth from durance the best spoil,   566
a folk unnumbered from the burgh of fiends,
this very band which ye gaze on here.
Now will He visit the spirits' throne of grace
the proper Child of God, Saviour of souls,   572
after the war-play. Now ye know right well
what Lord is He that leadeth this company;
now boldly go ye forward to meet friends,
joyful in spirit. Open, O ye gates!   576
the Lord of all, the King, creation's Source,
will lead through you unto the city,
unto the joy of joys, with host not small,
the folk which from the devils He hath reft,   580

þurh his sylfes sygor   sib sceal gemæne
englum *and* ældum   á forð heonan
wesan wide-ferh·   wær is æt-somne
godes *and* monna   gæst-halig treow   584
lufu lifes hyht   *and* ealles leohtes gefea·
hwæt we nú gehyrdan   hu þæt hælu-bearn
þurh his hyder-cyme   hals eft forgeaf
gefreode *and* gefreoþade , folc under wolcnum   588
mære meotudes sunu   þæt nu monna gehwylc
cwic *þendan her wunat   geceosan mót   *[16 b.]
swa helle hienþu   swa heofones mærþu
swa þæt leohte leoht   swa ða laþan niht   592
swa þrymmes þræce   swa þrystra wræce·
swa mid dryhten dream·   swa mid deoflum hream·
swa wite mid wraþum   swa wuldor mid arum
swa líf swa deað   swa him leofre bið   596
to gefremmanne   þenden flæsc *and* gæst
wuniað in worulde   wuldor þæs age
þrynysse þrym   þone butan ende: 7

[III.]

Ð ÆT is þæs wyrðe   þætte wer-þeode   600
      secgen dryhtne þonc   duguða gehwylcre
þe us sið *and* ær   simle gefremede
þurh monig-fealdra   mægna geryno·
he us æt giefeð   *and* æhta sped   604
welan ofer wid-lond   *and* weder liþe
under swegles hleo   sunne *and* mona
æþelast tungla   eallum scinað
heofon-condelle   hæleþum on eorðan   608
dreoseð deaw *and* ren   duguðe weccaþ
to feorh-nere   fira cynne
iscað eorð-welan·   þæs we ealles sculon

599. *One line space between the sections.*

through His own victory. Peace shall be shared
by angels and by men henceforth evermore
to all eternity: 'twixt God and men
there is a covenant, a ghostly pledge,—   584
love, and life's hope, and joy of all the light.
  Lo! we have now heard how the Saviour-Child
dispensed again salvation by His advent hither,
how He, the Lord's great Son, freed and protected   588
folk 'neath the clouds, that now each man,
while he is dwelling here alive, must choose,—
be it hell's shame, or heaven's fame,
be it the shining light, or the loathsome night,   592
be it majestic state, or the rash ones' hate,
be it song with the Lord, or with devils discord,
be it torment with the grim, or glory with cherubim,
be it life, or death, as it shall liefer be   596
for him to act while flesh and spirit dwell
within the world. Wherefore let glory be,
thanks endless, to the noble Trinity.

III.

  'Tis therefore fitting that the tribes of men   600
give thanks unto the Lord for every good
which late and early He hath ever rendered us,
through mystery of wonders manifold.
He giveth us food and fulness of possessions,   604
wealth o'er the spacious earth, and gentle weather
under the heaven's protection; sun and moon,
noblest of constellations, heaven's candles,
shine for all men on earth alike;   608
dew falleth and rain; they call abundance forth
to nourish life, for all the race of men;
earth's riches they increase. For all this must we

secgan þonc *and* lof· þeodne ussum·   612

and huru þære hælo· þe he us to hyhte forgeaf·

ða he þa yrmðu· eft-oncyrde

æt [h]is up-stige· þe we ær drugon

and geþingade þeod-buendum·   616

wið fæder swæsne fæhþa mæste

cyning an-boren cwide eft-onhwearf

saulum to sibbe se þe ær sungen [*was*]

þurh yrne hyge· ældum to sorge·   620

Ic þec ofer eorðan geworhte· on þære þu scealt yrmþum lifgan·

wunian in gewinne °*and* wræce dreogan °[17 a.]

feondum to hroþor fus-leoð galan

and to þære ilcan scealt eft geweorþan   624

wyrmum aweallen þonan wites fyr

of þære eorðan scealt eft gesecan·

Hwæt us þis se æþeling yðre gefremede

þa he leomum onfeng· *and* lic-homan   628

monnes magu-tudre· siþþan meotodes sunu

engla eþel· upgestigan

wolde weoroda god· us se willa bicwom

heanum to helpe on þa halgan tíd·   632

bi þon giedd áwræc iob swa he cuðe·

herede helm wera hælend lofede

and mid sib-lufan sunu waldendes

freo-noman cende *and* hine fugel nemde   636

þone iudeas· ongietan ne meahtan·

in ðære god-cundan gæstes strengðu

wæs þæs fugles flyht feondum on eorþan·

dyrne *and* degol· þam þe deorc gewit   640

hæfdon on hreþre heortan stænne·

noldan hi þa torhtan· tacen oncnawan·

þe him beforan fremede· freo-bearn godes·

monig mis-lic· geond middan-geard   644

swa se fæla fugel· flyges cunnode·

615. *MS.* ia.   618. [*was*] *evidently omitted by the scribe.*

give thanks and praise unto our Lord,   612
yet first for our salvation, which He gave us as our hope,
at His ascension, when He turned away
the miseries which we had suffered erst,
when He, the one-born King, on man's behalf,   616
compounded with His Father, the Belovèd,
the greatest feud, averted the decree,
for our souls' peace, which had been sung erewhile
in angry mood for sorrow unto men:—   620
  'I wrought thee on the earth, on it shalt thou live in want,
shalt dwell in toil, and exile shalt endure,
shalt sing the death-song for thy foes' delight,
and shalt be turned again to that same earth,   624
with worms o'ercharged, from whence thou shalt
thereafter seek the fire of punishment.'
  Lo! this the noble Prince assuaged for us
when He took limb and fleshly covering   628
from child of man, when He willed to ascend
to the land of angels, He the Creator's Son,
the God of hosts: upon that holy tide,   —
the wish arose to help us, wretched ones.   632
Of this Job sang a song as he well could;
he praised the Helm of men, lauded the Saviour,
and in tender love devised a noble name
for the Ruler's Son, and named Him as a bird,   636
a name which Jews might nowise understand.
By the Spirit's strength divine,
hidden and secret from his foes on earth
was that bird's flight, from those who in their breasts   640
had understanding dark, a stony heart:
they would not recognise the glorious signs
which the noble child of God wrought before them,
many and various, on the middle-earth.   644
Thus the noble bird assayed his flight;

hwilum engla eard · up gesohte ·
modig meahtum strang · þone maran ham ·
hwilum he to eorþan eft gestylde ·   648
þurh gæstes giefe grund-sceat sohte ·
wende to worulde bi þon se witga song ··
he wæs upp-hafen engla fæðmum
in his þa miclan · meahta spede ·   652
heah and halig ofer heofona þrym ·
ne meahtan þa þæs fugles · flyht gecnawan ·
*þe þæs up-stiges and-sæc fremedon *[17 b.]
and þæt ne gelyfdon þætte lif-fruma   656
in monnes hiw ofer mægna þrym
halig fróm hrusan ahafen wurde ·
ða us geweorðade se þæs world gescop
godes gæst-sunu and us giefe sealde   660
uppe mid englum ece staþelas
and eac monig-fealde modes snyttru
seow and sette geond sefan monna ·
Sumum word-laþe wise sendeð   664
on his modes gemynd þurh his muþes gæst
æþele andgiet · se mæg eal fela ·
singan and secgan þam bið snyttru cræft ·
bifolen on ferðe · Sum mæg fingrum wel ·   668
hlude fore hæleþum hearpan stirgan ·
gleo-beam gretan · Sum mæg god-cunde ·
reccan ryhte æ · Sum mæg ryne tungla ·
secgan side gesceaft · Sum mæg searolice   672
word-cwide writan · Sumum wiges sped ·
giefeð æt guþe þonne gar-getrum
ofer scild-breadan sceotend sendað
flacor flan-geweorc · Sum mæg fromlice .   676
ofer sealtne sæ sund-wudu drifan
hreran holm-þræce · . Sum mæg heanne beam
stælgne gestigan · Sum mæg styled sweord ·

654 MS. fly,t .   673. MS. Sumᵗ.

whilom He sought on high the angels' land,
the noble home, proud, strong in might,
whilom He again descended to the earth, 648
He sought earth's region in his spirit's grace,—
and wended to the world: of this the prophet sang:—
'He was borne aloft embraced in angels' arms
into the spacious glory of His might, 652
high and holy, above the heaven's splendour.'
They might not know of that bird's flight,.
—who made denial of the ascension,
and who believed not that life's Author, 656
in form of man, holy from the earth,
was raised above the glorious hosts.
Then God's Spirit-Son who shaped the world,
ennobled us and gave us gifts, 660
eternal seats with the angels on high,
and wisdom, too, of mind, full-manifold,
He sowed and set within men's soul.
—To one He sendeth to memory's seat 664
charm of wise words, through the spirit of the mouth,
and noble understanding. He can sing
and say full many things, within whose soul
is hid the power of wisdom. One can full well 668
with fingers, loud before the warriors, wake the harp,
and greet the glee-beam: one can expound aright
the law divine: one can tell the constellations' course,
the wide creation: one cunningly can write 672
the spoken word: to one he giveth battle-speed,
when in the fight the shooters send
the storm of darts, swift-flying arrow-work,
over the shield's defence: one can boldly—— —— 676
o'er the salt sea drive the ocean-wood
and stir the water's rush: one can ascend
the lofty tree and steep: one can work

wæpen gewyrcan· Sum con wonga bigong·   680
wegas wid-gielle swa se waldend us
god-bearn on grundum his giefe bryttað·
Nyle he ængum anum· ealle gesyllan
gæstes snyttru þy læs him gielp scøþþe   684
þurh his anes cræft ofer oþre forð: 7

[IV.]

*ÐUS god meahtig geofum un-hneawum· *[18 a.].
   cyning al-wihta· cræftum weorðaþ
eorþan tuddor swylce eadgum blæd   688
seleð on swegle sibbe ræreþ
ece to ealdre engla and monna
swa he his weorc weorþað· bi þon se witga cwæð
þæt á-hæfen wæren halge gimmas   692
hædre heofon-tungol healice upp·
sunne and mona· hwæt sindan þa
gimmas swa scyne buton god sylfa
he is se soð-fæsta· sunnan leoma   696
englum and eorð-warum æþele scima
ofer middan-geard mona lixeð
gæst-lic tungol swa seo godes circe
þurh gesomninga· soðes and ryhtes   700
beorhte bliceð swa hit on bocum cwiþ
siþþan of grundum god-bearn á-stag·
cyning clænra gehwæs þa seo circe hér·
á-fyllendra eaht-nysse bád·   704
under hæþenra· hyrda gewealdum
þær ða syn-sceaðan soþes ne giemdon
gæstes þearfe ac hi godes tempel
bræcan and bærndon blod-gyte worhtan   - 708
feodan and fyldon hwæþre forð bicwom

685. forð, the only word on the last line of 17 b; the rest of the line blank.
698. MS. lixed. 709. MS. feodan; between o and d a letter erased in MS.

steeled sword and weapon: one knoweth the plains' direction, 680
the wide ways. Thus the Ruler, Child divine,
dispenseth unto us His gifts on earth;
He will not give to any one man all
the spirit's wisdom, lest pride injure him, 684
placed far above the rest by power of himself alone.

IV.

Thus mighty God, King of all created things,
ennobleth by these crafts, by gifts unsparing,
earth's progeny, and giveth joy 688
unto the blessed in heaven, and setteth peace
for angels and for men to all eternity.
He honoureth His work, even as the prophet said,
that holy gems were raised aloft 692
on high, the stars serene of heaven,
the sun and moon. What are these
gems so bright, but God Himself?
He is the sun's true beam, 696
the noble light for angels and for men:
the moon shineth o'er the middle-earth,
a spiritual star, e'en as God's Church
gleameth brightly through the congregations 700
of the True and Just; as it saith in books,
that when the Child divine, the King all pure,
had ascended from the earth, then the Church here
of the faithful ones endured oppression 704
'neath heathen shepherds' rule;
then the sinful took no heed of truth,
nor of their spirit's needs, but brake and burned
God's temple, wrought bloodshed, 708
hated and destroyed; yet through the Spirit's grace

þurh gæstes giefe· godes þegna blæd
æfter up-stige ecan dryhtnes·
bi þon salomon song· sunu dauiþes　　　　712
giedda gearo-snottor· gæst-gerynum
waldend wer-þeoda *and þæt* word acwæð
cuð þæt geweorðeð þætte cyning engla
meotud meahtum swið munt gestylleð　　　　716
gehleapeð hea-dune hyllas *and* cnollas·
bewrið mid his wuldre· woruld alyseð
ealle eorð-° buend þurh þone æþelan styll· °[18 b.]
wæs se forma hlyp þa he on fæmnan astag　　720
mægeð un-mæle *and* þær mennisc hiw
onfeng butan firenum þæt to frofre gewearð
eallum eorð-warum wæs se oþer stiell
bearnes gebyrda· þa he in binne wæs　　　　724
in cildes hiw claþum bewunden
ealra þrymma þrym wæs se þridda hlyp
rodor-cyninges ræs þa he on rode astag
fæder frofre gæst wæs se feorða stiell　　　728
in byrgenne þa he þone beam ofgeaf
fold-ærne fæst wæs se fifta hlyp
þa he hell-warena heap forbygde
in cwic-susle cyning inne gebond　　　　　732
feonda fore-sprecan fyrnum teagum
grom-hydigne þær he gen ligeð
in carcerne clommum gefæstnad
synnum gesæled· wæs se siexta hlyp　　　　736
haliges hyht-plega þa he to heofonum astag
on his eald-cyððe þa wæs engla þreat
on þa halgan tid hleahtre bliþe
wynnum geworden gesawan wuldres þrym　　740
æþelinga ord eþles neosan
beorhtra bolda þa wearð burg-warum·
eadgum ece gefea· æþelinges plega
þus her on grundum godes ece bearn　　　744

the welfare of God's servants was maintained
after the eternal Lord's ascent:
of this thing Solomon the son of David sang,   712
all-wise in song and secrets spiritual,
the ruler of the nations, and these words he spake:—
   'This shall be known that the angels' King,
the Lord strong in His might, shall mount a hill,   716
shall leap the lofty downs, shall with His glory wreathe
the hills and knolls, and by that noble bound
shall free the world and all that dwell on earth.'
   The first leap was when He descended to the damsel,   720
the spotless maid, and sinlessly took there
a human form, which was a solace
for all men on earth. The second spring was this,
the infant's birth, when He, the Glory of all glories,   724
swathed in clothes was in the manger
in child-form. The third leap was
the heavenly King's career when He, the Father's solace,
mounted on the rood. The fourth spring was   728
into the tomb, when he left the tree,
(and lay) fast within the earth-house. The fifth leap was
when he bowed down the multitude of hell-folk
in living torment, and bound their king within,   732
the devils' spokesman, so grim of spirit,
with fiery fetters, where he yet lieth
in the prison there, fastened with bonds,
and bound with sins. The sixth leap was   736
the holy One's exultant revel when He to heaven ascended,
unto his ancient home: then the hosts of angels
were blithe with laughter and with joy,
upon that holy tide: they saw the Crown of glory,   740
the Prince of nobles, draw near his native land,
the bright abodes; then was the Prince's revel
eternal joy for the happy folk within that burgh.
   Thus the eternal Child of God, here upon earth,   744

ofer heah hleoþu　hlypum stylde
modig æfter muntum　swa we men sculon
heortan gehygdum　hlypum styllan
of mægne in mægen·　mærþum tilgan　　　　　　748
þæt we to þam hyhstan　hrofe gestigan
halgum weorcum　þer is hyht *and* blis
geþungen þegn-weorud　is us þearf micel
þæt we mid heortan　hælo secen·　　　　　　752
þær we mid gæste　georne *gelyfaÐ　*[19 a.]
þæt þæt hælo-bearn　heonan up-stige
mid usse lic-homan　lifgende goð
forþon we a sculon　idle lustas　　　　　　756
syn-wunde forseon　*and* þæs sellran gefeon
habbaÐ we us to frofre　fæder on roderum
ælmeahtigne　he his áras þonan
halig of heahÐu　hider onsendeÐ　　　　　760
þa us gescildaþ　wiÐ sceþþendra
etglum earh-farum　þi læs un-holdan·
wunde gewyrcen　þonne wroht-bora
in folc godes　forÐ onsendeÐ　　　　　764
of his brægd-bogan　biterne stræl
forþon we fæste sculon　wiÐ þam fær-scyte
symle wærlice·　wearde healdan
þy læs se attres ord　in-gebuge　　　　　768
biter bord-gelac　under ban-locan
feonda fær-searo　þæt biÐ frecne wund
blatast benna　utan us beorgan þa
þenden we on eorÐan　eard weardigen　　　　772
utan us to fæder　freoþa wilnian
biddan bearn godes　*and* þone bliÐan gæst
þæt he us gescilde　wiÐ sceaþan wæpnum·
laþra lyge-searwum　se us lif forgeaf　　　776
leomu lic *and* gæst·　si him lof symle
þurh woruld worulda·　wuldor on heofnum: 7

757. MS. sellân. 762. MS. englum. 766. MS. fær-scyte. 777. MS. sô.
778. Half-line space between the sections.

sprang by leaps over the lofty hills,
boldly from mount to mount, so must we men,
in our hearts' thoughts, by such leaps spring
from virtue unto virtue and strive for glory,   748
so that through holy works we may rise
unto the highest height, where there is joy and bliss
and ministering legions glorious. Great is our need,
that we should seek salvation there with our hearts,   752
where we earnestly in spirit place our faith,
so that the Saviour-Child, the living God,
may with our bodies soar aloft from hence.
Wherefore we must ever scorn all idle lusts   756
and wounds of sin, and rejoice in what is goodlier;
we have our solace in the Almighty,
our Father in heaven: He, the holy One, will send
His messengers down hither from on high   760
to shield us from the noxious arrow-flights
of those that do us scathe, lest fiends
should work us wounds, when the Accuser
sendeth forth the bitter shaft   764
among God's folk from his drawn bow.
Wherefore we must firmly and aye warily -
keep watch against the sudden shot,
lest the envenomed point, the bitter dart,   768
the sudden wile of foes, should enter in
beneath the bones' enclosure: that is a grievous wound,
the ghastliest of gashes. Let us then guard ourselves,
while we hold habitation upon earth;   772
let us desire peace from the Father,
and pray the Son of God, and eke the kindly Spirit,
that He shield us from the spoilers' weapons,
from the lying wiles of foes; He gave us life,   776
limbs, body, and eke spirit: ever to Him be praise,
glory in the heavens, world without end.

[V.]

NE þearf him ondrædan   deofla strælas
ænig on eorðan   ælda cynnes   780
gromra gar-fare   gif hine god scildeþ
dugnða dryhten   is þam dome neah
þæt we gelice   sceolon leanum hleotan
swa we wide feorh   weorcum hlódun   784
geond sidne grund   us secgað beo
hú æt ærestan   ead-°mod astag .   °[19 b.]
in middan-geard   mægna gold-hord
in fæmnan fæðm   freo bearn godes .   788
halig of heahþu   huru ic wene me .
and eac ondræde .   dóm ðy reþran .
ðonne eft cymeð   engla þeoden
þe ic ne heold teala   þæt me hælend min   792
on bocum bibead   ic þæs brogan sceal
geseon syn-wræce   þæs þe ic soð talge
þær monig beoð   on gemot læded
fore onsyne   eces deman   796
þonne . ᚾ . cwacað .   gehyreð cyning mæðlan .
rodera ryhtend .   sprecan reþe word
þam þe him ær in worulde   wace hyrdon
þendan . ᛗ . and ᛏ .   yþast meahtan   800
frofre findan   þær sceal forht monig
on þam wong-stede   werig bidan
hwæt him æfter dædum   deman wille
wraþra wita   biþ se . ᚹ . scæcen   804
eorþan frætwa ᚢ .   wæs longe .
ᚠ . flodum bilocen   lif-wynna dæl .
ᚠ . on foldan   þonne frætwe sculon
byrnan on bæle / blac rasetteð   808
recen reada leg   reþe scriþeð ᛠ
geond woruld wide   wongas hreosað

V.

No one of the race of men on earth
need fear the devil's shafts,   780
the spear-flight of the fiends, if God, the Lord of hosts,
shieldeth him. The day of doom is nigh,
so that we shall gain the recompense
that by our works we have amassed on this wide earth, 784
during the length of life. Books tell us,
how at first the noble Son of God,
glory's Treasury, holy from on high,
humbly descended to the middle-earth   788
into the damsel's keeping. Verily I ween,
and eke I fear, a doom the sterner,
when the Prince of angels cometh a second time,
for that I kept not well that which my Saviour 792
bade me in his books: therefore shall I see
terror and sin-vengeance, I know full well,
when many shall be brought unto the concourse
before the presence of the eternal Judge.   796
Then the Keen shall quake, when he heareth the king,
heaven's ruler, speak and utter wrathful words
to those who erewhile in the world obeyed him feebly,
while Yearning and Need might most easily   800
find solace: there many a one afeard
shall wearily await upon that plain
what fearful penalty He will adjudge to him
after his deeds: then the Winsomeness of earthly gauds 804
shall be all changed. Longsince, the portion of life's joys,
allotted Us, by Lake-floods was enclosed,
our Fortune on the earth: then shall earthly gauds
consume in fire; bright and swift   808
the ruddy flame shall rage and fiercely stride
o'er the wide world; the plains shall fall,

---

ladað. *797–807. The runic letters in the text are taken to represent respectively the words:*—Cene, Yfel, Nyd, Wyn, Ur, Lagu, Feoh.

burg-stede berstað   brond bið on tyhte
æleð eald-gestreon   unmurnlice   812
gæsta gifrast   þæt geo guman heoldan
þenden him on eorþan   onmedla wæs·
forþon ic leofra gehwone   læran wille
þæt he ne agæle   gæstes þearfe   816
ne on gylp geote   þenden god wille
þæt he her in worulde   wunian mote
somed siþian   sawel in lice
in þam gæst-hofe   scyle gumena gehwylc   820
on his gear-dagum   georne biþencan
þæt us milde bicwom   meahta waldend
æt ærestan   þurh þæs engles word·   *[20 a]
bið nu eorneste   þonne eft cymeð   824
reðe and ryhtwis   rodor bið onhrered
and þas miclan gemetu   middan-geardes
beheofiað·   þonne beorht cyning leanað
þæs þe hy on eorþan   eargum dædum   828
lifdon leahtrum fá·   þæs hi longe sculon
ferð-werige onfon   in fyr-baðe
wælmum biwrecene   wraþ-lic and-lean·
þonne mægna cyning   on gemot cymeð   832
þrymma mæsta   þeod-egsa bið
hlud gehyred   bi heofon-woman
cwaniendra cirm   cerge reotað
fore onsyne   eces deman   836
þa þe hyra weorcum   wace truwiað
ðær bið oð-ywed   egsa mara
þonne from frum-gesceape   gefrægen wurde
æfre on eorðan   þær bið æghwylcum   840
syn-wyrcendra   on þa snudan tid
leofra micle   þonne eall þeos læne gesceaft
þær he hine sylfne   on þam sige-þreate
behydan mæge   þonne herga fruma   844

the citadels shall crash; the fire shall on its way;
unpityingly shall he, greediest of guests, burn up   812
the ancient treasures which men held of old,
while pride dwelt with them upon earth.
Wherefore I will instruct each well-beloved
lest he be careless of his spirit's need,   816
or pour it forth in boasting, whilst God willeth
that he may dwell here in the world,
whilst soul with body, the guest-house it is in,
may journey on together. Each man must   820
consider in his life-days well,
how He, the Lord of might, was kind to us
at first, according to the angel's word.
He will then be stern when he cometh again,   824
wrathful and rigorous. The heavens shall shake,
and all the great estates of middle-earth
shall wail, when the bright King requiteth them
for that they lived on earth in wicked deeds,   828
crime-stained: wherefore they must long,
aweary of themselves, beset with flames, endure
dire retribution in the bath of fire,
when the mighty King cometh to the concourse there,   832
with greatest majesty: then men's terror,
the cry of mourners, shall be heard aloud,
amid the noises of the heavens; sadly shall they wail
afore the presence of the eternal Judge,   836
who have but faint reliance in their works.
Then shall be seen a greater terror
than ever hath been heard of on the earth,
since the beginning: there at that sudden time   840
each sinner will have liefer far
than all this transient creation
some place where he may hide him
in that rush of triumph, when the Lord of hosts,   844

æþelinga ord   eallum demeð
leofum ge laðum   lean æfter ryhte
þeoda gehwylcre   is us þearf micel
þæt we gæstes wlite   ær þam gryre-brogan   848
on þas gæsnan tid   georne biþencen ·
Nu is þon gelicost   swa we on lagu-flode
ofer cald wæter   ceolum liðan
geond widne sæ   sund-hengestum   852
flod-wudu fergen   is þæt frecne stream ·
yða ofermæta   þe we her on lacað
geond þas wacan woruld   windge holmas
ofer deop gelad   wæs se drohtað strong   856
ær þon we to londe   geliden *hæfdon   *[20 b.]
ofer hreone hrycg   þa us help bicwom
þæt us to hælo   hyþe gelædde
godes gæst-sunu   *and* us giefe sealde   860
þæt we oncnawan magun   ofer ceoles bord
hwær we sælan sceolon   sund-hengestas
ealde yð-mearas   ancrum fæste
utan us to þære hyðe   hyht staþelian ·   864
ða us gerymde · rodera waldend
halge on heahþu   þa he heofonum astag :— :7 :7 :7

[C. THE DAY OF JUDGMENT.]

[I.]

ÐONNE MID FERE   fold-buende
se micla dæg   meahtan dryhtnes   868
æt midre niht   mægne bihlæmeð
scire gesceafte   swa oft sceaða frecne
þeof þrist-lice   þe on þystre fareð ·
on sweartre niht   sorg-lease hæleð   872 ·
semninga for-fehð   slæpe gebundne
eorlas ungearwe   yfles genægeð

866. Two-line space between the sections.

the Chief of princes, shall adjudge to all,
to friends and foes, to every one of men,
a righteous recompense. Great is our need,
that in this barren time, ere that grim terror,   848
we should fain bethink us of our spirit's grace.

    Now 'tis most like as if we fare in ships
on the ocean-flood, over the water cold,   —
and drive the flood-wood through the spacious sea,   852
—with horses of the deep: a perilous stream is this
of boundless waves, and these are stormy seas, on which
we toss about, here in this feeble world,
o'er the deep paths. The way was hard,   --   856
ere that we had sailed unto the land,
over the troubled main; then came there help to us,
that brought us to the haven of salvation,
God's Spirit-Son, and gave us grace   860
that we may know, e'en from the vessel's deck,
where we must bind with anchors fast
our ocean-steeds, old stallions of the waves.
O let us rest our hope in that same port,   864
which the Sovereign of the skies opened for us,
holy on high, when He to heaven ascended.

C. THE DAY OF JUDGMENT.

I.

    With sudden fear, at midnight then,
the mighty Lord's great day,   868
shall boldly strike earth's habitants
and the bright creation, even as some wily robber,
some daring thief that prowleth in the dark,
in the swart night, surpriseth suddenly   872
careless mortals bound in sleep,
and evilly assaulteth men unprepared.

swa on syne beorg somod up cymeð
mægen-folc micel meotude getrywe   876
beorht *and* bliþe him weorþeð blæd gifen •
þonne from feowerum foldan sceatum
þam ytemestum eorþan rices
englas æl-beorhte on efen blawað   880
byman on brehtme beofað middan-geard
hruse under hæleþum hlydað tosomne
trume *and* torhte wið tungla gong
singað *and* swinsiaþ suþan *and* norþan   884
eastan *and* westan ofer †ealle gesceaft
weccað of deaðe dryht-gumena bearn
eall monna cynn *to meotud-sceafte *[21 a.]
eges-lic of þære ealdan moldan hatað hy upp-astandan   888
sneome of slæpe þy fæstan þær mon mæg sorgende folc
gehyran hyge-geomor hearde gefysed
cearum cwiþende cwicra gewyrhtu
forhte á-færde þæt bið fore-tacna mæst   892
þara þe ær oþþe sið æfre gewurde
monnum oþ-ywed þar gemengde beoð
onhælo gelac engla *and* deofla
beorhtra *and* blacra weorþeð bega cyme   896
hwitra *and* sweartra swa him is ham sceapen
ungelice englum *and* deoflum
þonne semninga on syne beorg
suþan eastan sunnan leoma   900
cymeð of scyppende scynan leohtor
þonne hit men mægen modum ahycgan
beorhte blican þonne bearn godes
þurh heofona gehleodu hider oð-yweð   904
cymeð wundorlic cristes onsyn
æþel-cyninges wlite eastan fram roderum
on sefan swete sinum folce
biter bealo-fullum gebleod wundrum •   908
eadgum and earmum ungelice

                   885. *MS.* healle.

So to Sion's hill a mighty host,
radiant and blithe, shall ascend together,   876
the faithful of the Lord : glory shall be given them.
Then from the world's four corners,
from the uttermost regions of the realm of earth,
resplendent angels shall loudly, with one accord,   880
sound their trumpets, and mid-earth shall quake,
and the region under men. Boldly and gloriously
shall they blow together toward the stars' carver,
and sing and chant from south and north,   884
from east and west, o'er all creation,
and wake from death unto the final doom,
aghast from the old earth, the sons of warrior-men
and all mankind, and bid them arise   888
forthwith from their deep sleep. There one may hear
a sorrowing host, dismal and hard bestead,
sorely afeard, bewailing woefully
their deeds when living. This shall be the greatest sign   892
of all those which aye, erewhile or since,
were shown to men : to wit, the hidden hosts
of angels and of devils, the bright and dark,
shall be commingled ; there shall come both,   896
the white and black, as a home is shaped for them,
for angels and for devils, all unlike.
        Then suddenly to Sion's hill
a sun-beam from south-east shall come   900
from the Creator, shining more brilliantly
than men may ween of in their minds,
and gleaming brightly ; then the Son of God
hitherward shall appear o'er heaven's vaults ;   904
wondrous from the east of heaven shall come
Christ's presence, the aspect of the noble King,
sweet-minded to his own folk,
bitter to the baleful, marvellously visaged,   908
diversely for the blessed and the forlorn.

he biÞ þam godum glæd-mod on gesihþe·
wlitig wynsumlic weorude þam halgan·
on gefean fæger· freond *and* leoftæl·   912
lufsum *and* liþe leofum monnum
to sceawianne þone scynan wlite
weÞne mid willum waldendes cyme
mægen-cyninges þam þe him on mode ær   916
wordum *and* weorcum wel gecwemdun·
he biÞ þam yflum eges-lic *and* grim-lic
to geseonne synnegum monnum
þam þær mid firenum *cumaÞ forÞ for-worhte *[21 b.]   920
þæt mæg wites to wearninga þam þe hafaÞ wisne geþoht
þæt se him eallunga owiht ne ondrædeÞ
se for Þære onsyne egsan ne weorþeÞ
forht on ferÞe þonne he frean gesihÞ   924
ealra gesceafta· *and*weardne faran
mid mægen-wundrum mongum to þinge
ond him on healfa gehwone heofon-engla þreat
ymb-utan faraÞ ælbeorhtra scolu   928
hergas haligra heapum geneahhe
dyneÞ deop gesceaft *and* fore dryhtne færeÞ
wælm-fyra mæst ofer widne grund
hlemmeÞ hata leg heofonas berstaÞ   932
trume *and* torhte tungol of-hreosaÞ
þonne weorþeÞ sunne sweart gewended
on blodes hiw seo Þe beorhte scán
ofer ær-woruld ælda bearnum·   936
Mona þæt sylfe þe ær mon-cynne
nihtes lyhte niþer gehreoseÞ
and steorran swa some stredaÞ of heofone
þurh Þa strongan lyft stormum abeatne·   940
Wile ælmihtig mid his engla gedryht
mægen-cyninga meotod on gemot cuman
þrym-fæst þeoden biÞ þær his þegna eac
hreþ-eadig heap halge sawle   944

                927. *MS.* gehwore.

⸗ For the good, the holy company, He shall be
joyful of presence, beauteous, winsome,
fair in delight, loving and gracious.   912
Sweet shall it be and pleasant for His beloved
to view that radiant aspect,
all benign of will, the coming of the Ruler,
of the mighty King, yea, for those erewhile   916
who pleased Him well, by words and works.
For the evil ones, the sinful, He shall be
terrific and fearful to behold,
for those who come there aye fordone by crime.   920
It may be for a sign unto his mind who hath wise thought,
that he need dread him nought at all,
who afore that presence becometh not
afeard with terror in his soul, when he see'th the Lord 924
of all created things advance before him
with mighty wonders to the doom of many,
while on each side of Him bands of heavenly angels
fare round about, legions of all-bright ones,   928
companies of the holy, with full many a host.
The great creation shall resound, and before the Lord shall go
the greatest of all raging fires throughout the spacious earth:
hot flame shall roar, the heavens shall burst,   932
the steadfast and bright planets shall fall down;
then shall the sun be changed, all swart,
to the hue of blood, the sun which brightly shone
for the sons of men above the former world: 936
likewise the moon which erewhile gave light
for mankind in the night shall fall adown,
and the stars too shall descend from heaven,
tempest-driven through the stormy air.   940
Then the Almighty, the Creator of great Kings,
will come unto the concourse with His angel-host,
He, the Lord majestic: there eke of His servants there shall be
a proud and happy band: the holy souls   944

mid hyra frean farað þonne folca weard
þurh egsan þrea eorðan mægðe
sylfa geseceð weorþeð geond sidne grund
hlud gehyred heofon-byman stefn　　　　　　　　948
and on seofon healfa swogað windas
blawað brecende bearhtma mæste
weccað and woniað woruld mid storme.
*fyllað mid feore foldan gesceafte. *[22 a.]　　　952
ðonne heard gebrec hlud ún-mæte
swar and swiðlic sweg-dynna mæst
ældum eges-lic eawed weorþeð
þær mægen werge monna cynnes　　　　　　　　956
wornum hweorfað on widne leg
þa þær cwice meteð cwelmende fýr
sume up sume niþer ældes fulle.
þonne bið untweo þæt þær adames.　　　　　　　960
cýn cearena full cwiþeð gesargad
nales fore lytlum leode geomre
ac fore þam mæstan mægen-earfeþum.
ðonne eall þreo on efen nimeð　　　　　　　　964
won fyres wælm wide tosomne
se swearta lig sæs mid hyra fiscum
eorþan mid hire beorgum and up-heofon
torhtne mid his tunglum teon-leg somod　　　　　968
þryþum bærneð þreo eal on án
grimme togædre grornað gesargad
eal middan-geard on þa mæran tid :7

[II.]

SWA se gifra gæst grundas geond-seceð　　　　　972
hiþende leg beah-getimbro
fylleð on fold-wong fyres egsan

960. MS. untreo. adames: the first and second a in this word resembles the
rounded Celtic a, and is different to the ordinary letter employed by the
scribe.　961. MS. gesargað.　970. gesargad; d originally ð, the stroke

with their Lord shall fare, when the Guardian of all folk
Himself shall visit with dread punishment
the races of the earth : then through the spacious plain
the voice of heaven's trumpet shall be heard aloud,   948
and on the seven sides the winds shall howl
and blow and break with greatest noise,
and wake and waste the world with storm,
and with their breath o'erthrow the earth's creation.   952
Then a hard crash, loud, immeasurable,
heavy and violent, the greatest of fierce dins,
terrible for mortals, shall be manifest.
Then legions of the race of men, accursed,   956
shall wend in multitudes into wide flame,
and living shall there feel destroying fires,
some up, some down, fulfilled with burning.
Small doubt that there the cheerless race of Adam,   960
shall utter lamentations, full of sorrows,
afflicted with no feeble tribulation,
but with great anguish, direfullest and worst,
when the pallid surge of fire, the swarthy flame,   964
shall seize all those three things, at once, alike,
and far and wide; to wit, seas with their fish,
earth with her hills, and heaven above
bright with its stars; the avenging flame   968
shall fiercely burn all three, at once,
with fearful onset : all middle-earth,
afflicted at that mighty time, shall mourn.

II.

So shall the greedy guest pervade the earth;   972
the ravaging flame shall hurl with fire's terror
the lofty buildings down unto the plain;

has been erased. 971. *One line space between the sections.* 972. *MS.* SWA,
the scribe has forgotten to put the stroke through the A.

wid-mære blæst   woruld mid-ealle
hat heoro-gifre   hreosað geneahhe   976
to-brocene burg-weallas   beorgas gemeltað
and beah-cleofu   þa wið holme ær
fæste wið flodum   foldan scetdun
stið and stæð-fæst   staþelas wið wæge   980
wætre windendum   þonne wihta gehwylc
deora and fugla   deað-leg nimeð ·
færeð æfter foldan   fyr-swearta leg
*weallende wiga   swa ær wæter fleowan   *[22 b.]   984
flodas afysde ·   þonne on fyr-baðe
swelað sæ-fiscas   sundes getwæfde
wæg-deora gehwylc   werig swelteð
byrneþ wæter swa weax   þær bið wundra má   988
þonne hit ænig on mode   mæge aþencan
hu þæt gestun and se storm   and seo stronge lyft
brecað brade gesceaft   beornas gretað
wepað wanende   wergum stefnum   992
heane hyge-geomre   hreowum gedrehte ·
Seoþeð swearta leg   synne on fordonum
and góld-frætwe   gleda forswelgað
eall ær-gestreon   eþel-cyninga ·   996
ðær bið cirm and cearu   and cwicra gewin
gehreow and hlud wop   bi heofon-woman
earmlic ælda gedreag   þonan ænig ne mæg
firen-dædum fah   frið gewinnan   1000
leg-bryne losian   londes ower ·
Ac þæt fyr nimeð   þurh foldan gehwæt
græfeð grim-lice   georne aseceð
innan and utan   eorðan sceatas   1004
oþþæt eall hafað   ældes looma
woruld-widles wom   wælme forbærned ·
ðonne mihtig god   on þone mæran beorg
mid þy mæstan   mægen-þrymme cymeð   1008

978. MS. þa.   979. MS. scehdun.

the fierce-devouring, hot, wide-spreading blast
shall overthrow the world withal; all shattered   976
the city-walls shall fall; the hills shall melt
and the high cliffs, which erewhile parted earth—
stoutly and steadfastly from ocean,
firm-set against the floods, bulwarks against the wave   980
and circling water.   Then shall the death-flame seize
each living creature, beast and bird;
the fire-swart flame shall fare through earth
like a raging warrior; where erst the waters flowed,   984
the rushing floods, in a sea of fire shall burn
the fishes of the deep; bereft of swimming-craft
each of the beasts of ocean shall a-weary die;
water shall burn as wax; there shall more wonders be   988
than any mortal may conceive in mind,
when the roar and the storm and the raging wind
shall break the broad creation; men shall wail
and weep and moan with abject voices,   992
humble, sad in mind, overwhelmed with penitence.
The swart flame shall seethe on those damned by sin,
and gledes shall gorge the golden ornaments,
all the ancient treasures of the kings of earth.   996
There shall be cry and sorrow, the strife of those alive,
misery and loud lament 'mid the heaven's roar,
the sorry plight of men.   Thence not any man
stained with sinful crime, may peace achieve,   1000
or anywhere escape the burning flame;
but the fire shall seize each thing on earth,
shall fiercely delve and eagerly shall search
the tracts of earth within and without,   1004
until the fire's glow hath purged with heat
all the stain of the world's pollution.
    Then the mighty God, the heavenly angels' King,
shall come with greatest majesty   1008

heofon-engla cyning   halig scineð
wuldorlic ofer weredum   waldende god·
ond hine ymb-utan   æþel-duguð betast
halge here-feðan   hlutre blicað   1012
eadig engla gedryht   in-geþoncum
forhte beofiað   fore fæder egsan
forþon nis ænig wundor   hu him woruld-monna
seo unclæne gecynd   cearum sorgende   1016
hearde ondrede·   ðonne sio halge gecynd
— *hwit and heofon-beorht   beag-engla mægen [*23 a.]
for ðære onsyne beoð   egsan afyrhte
bidað beofiende   beorhte gesceafte   1020
dryhtnes domes   daga eges-licast
weorþeð in worulde   þonne wuldor-cyning
þurh þrym þreað   þeoda gehwylce
hateð á-risan   reord-berende   1024
of fold-grafum   folc anra gehwylc
cuman to gemote·   mon-cynnes gehwone
þonne eall hraðe   adames cynn
onfehð flæsce   weorþeð fold-ræste   1028
eardes æt ende   sceal þonne anra gehwylc
fore cristes cyme   cwic árisan
leoðum onfon   and lic-homan
ed-geong wesan   hafað eall on him   1032
þæs þe he on foldan   in fyrn-dagum
godes oþþe gales   on his gæste gehlód
geara gongum   hafað æt-gædre bú
lic and sawle   sceal on leoht cuman   1036
sinra weorca wlite   and worda gemynd
and heortan gehygd   fore heofona cyning·
Ðonne biþ geyced   and geedniwad
mon-cyn þurh meotud   micel ariseð   1040
dryht-folc to dome   siþþan deaþes bend
to-leseð lif-frumat   lyft bið onbærned

1027. adames see note, l. 960.   1042. MS. lif-fruman.

unto that noble hill; glorious o'er His hosts,
the sovereign God shall shine in holiness;
and, Him around, the goodliest chivalry,
the holy warrior-band, the blessed angel-troop,   1012
shall brightly gleam; they tremble —
in terror of the Father, in their inmost thoughts afeard.
Wherefore 'tis no wonder that the unclean race
of worldly men shall sorely be a-dread   1016
and sorrowfully wail, whenas the holy race,
the white and heavenly bright, the archangels' host,
before that Presence shall be with fear affrighted;
trembling the radiant creatures shall abide   1020
their Sovereign's doom. Most terrible of days in the world
that day shall be, when the glorious King
shall mightily o'erwhelm full every race,
and bid each single folk, creatures of speech,   1024
arise from out their earthy graves,
and come each man to that assembly.
Then full quickly shall Adam's kin take flesh,
there shall be an end of their earthly rest,   1028
and of their sojourn; then at Christ's coming
each one of them shall rise up quickened,
and shall take limb and fleshly covering,
and shall be young again, and have within him all   1032
that he on earth, in former days,
in the course of years, heaped upon his soul,
of good or bad; he shall have together
both the body and the soul; the image of his works,   1036
and the memory of his words, and the thoughts of his heart,
shall come to light before the heaven's King.
Then mankind shall be multiplied and renewed
by its Creator: a mighty multitude   1040
shall arise to judgment, after life's Author shall unbind
the bonds of death; the air shall be kindled,

F

hreosað heofon-steorran   hypað wide
gifre glede   gæstas hweorfað   1044
on ecne eard   opene weorpað
ofer middan-geard   monna dæde·
ne magun hord wera   heortan gepohtas
fore waldende   wihte bemiþan·   1048
ne sindon him dæda dyrne   ac þær bið dryhtne cuð
on þam miclan dæge   hu monna gehwylc
ær earnode   eces lifes
and eall andweard   þæt hi ær oþþe sið   1052
worhtun in worulde·   ne bið þær wiht for-*holen   *[23 b.]
monna gehygda   ac se mæra dæg
hreþer-locena hord   heortan gepohtas
ealle ætyweð   ær sceal gepeucan   1056
gæstes þearfe   seþe gode mynteð
bringan beorhtne wlite   þonne bryne costað
hat heoru-gifre   hu gehealdne sind
sawle wið synnum   fore sige-deman·   1060
ðonne sio byman stefen   and se beorhta segn
and þæt hate fyr   and seo héa duguð
and se engla þrym   and se egsan þrea
and se hearda dæg   and seo hea ród   1064
ryht aræred   rices to beacne
folc-dryht wera   biforan bonnað
sawla gehwylce   þara þe sið oþþe ær
on lic-homan   leoþum onfengen·   1068
ðonne weoroda mæst   fore waldende
ece and ed-geong   andweard gæð
neode and nyde   bi noman gehatne
berað breosta hord   fore bearn godes   1072
feores frætwe   wile fæder eahtan
hu gesunde suna   sawle bringen
of þam eðle   þe hi on lifdon·
ðonne heoð bealde·   þa þe beorhtne wlite   1076
meotude bringað   bið hyra meaht and gefea

ıven's stars shall fall; the greedy fire
ıll ravage far and wide; souls shall wend   1044
their eternal home; the deeds of men
ıll be full manifest throughout mid-earth.
ıe treasured thoughts of men, the meditations of their heart,
ıy nowise be concealed before the Ruler;   1048
eds are not dark to Him; but there on that great day
shall be known unto the Lord how every man
all ere have merited eternal life,
d all shall be revealed that each hath wrought,   1052
rly or late on earth. Nought shall be hid there—
the thoughts of men, but that great day
scloseth all the locked mind's treasury,
ı meditations of the heart. He must think   1056
ıwhile of his spirit's need, who would bring to God
ı aspect fair, when the hot devouring fire—
sayeth before the Judge triumphant
ıw souls have been restrained from sin.   1060
ı, then the trumpet's voice and the bright sign,
ıd the hot fire and the exalted warrior-band,
ıd the glory of the angels and the pang of terror,
ıd the stern day and the high rood,   1064
ıised up erect in sign of mastery,
ıall summon forward all the hosts of men,
ıe souls of all that early or late
ok limb within the body's covering.   1068
Thenas the greatest host, appearing before the Sovereign,
ırnal and with youth renewed, shall fare,
ı force and need, yea, called by name,
ıd shall bear before God's Child their bosoms' hoard,   1072
ıe treasures of their life, then will the Father see
ow all unmarred His sons may bring their souls
en from the land in which they lived erewhile.
hen shall they be bold that bring the Lord   1076
ı aspect fair; their might and joy shall be

swiðe gesælig-lic   sawlum to gielde
wuldor-lean weorca   wel is þam þe motun
on þa grimman tid   gode lician :7   1080

[III.]

ÞÆR him sylfe geseoð   sorga mæste
   syn-fá men   sarig-ferðe .
ne bið him to are   þæt þær fore ell-þeodum
usses dryhtnes ród   andweard stondeð   1084
beacna beorhtast   blode bestemed
heofon-cyninges   hlutran dreore
biseon mid swate   þæt ofer side gesceaft
scire scineð   sceadu *beoð bidyrned .   *[24 a.]   1088
þær se leohta beam   leodum byrhteð
þæt þeah to teonum   [geteod]   weorþeð
þeodum to þrea   þam þe þonc gode
wom-wyrcende wita ne cuþun   1092
þæs he on þone halgan beam   áhongen wæs
fore mon-cynnes   man-forwyrhtu .
þær he leof-lice   lifes ceapode
þeoden mon-cynne   on þam dæge   1096
mid þy weorðe   þe nó wom dyde
his lic-homa   leahtra firena
mid þy usic alysde   þæs he eft-lean wile
þurh eorneste   ealles genomian .   1100
ðonne sio reade   ród ofer ealle
swegle scineð   on þære sunnan gyld
on þa forhtlice   firenum fordone
swearte syn-wyrcend   sorgum wlitað   1104
geseoð him to bealwe   þæt him betst bicwom
þær hy hit to gode   ongietan woldan
and eac þa ealdan wunde   and þa openan dolg

1079. MS. motum.   1080. lician 7 the only word in the line dividing
the sections.   1088. MS. bydyræd.   1090. [getéod], conjectural.

full happy, their souls' recompense, .
their works' great meed. Well is it for those
who at that awful time are pleasing unto God!   1080

III.

There men stained with sin, sad in their soul, shall see .
the greatest sorrow for themselves in this,—
not for their grace shall it be that our Lord's rood,
of beacons the brightest, shall stand forth there   1084
before the diverse tribes of men, moist with the gore
of heaven's King, with His pure blood,
o'erflowing with His sweat, that o'er the wide creation
it shall shine full clear; shadow shall be banished,   1088
where'er the bright beam shineth forth for folk;
yet it shall be for the discomfiture—.
and torment of all those who working ill
did not know the thanks due unto God,   1092
in that He was hanged upon the holy tree
for mankind's base misdeeds,
where He, our Sovereign, He whose body
wrought no crime, nor any wicked sin,   1096
sold His life lovingly upon that day,
for mankind's sake, for that same price
with which He ransomed us; for all this
sternly will He exact His payment then,—   1100
when through all heaven, yea, instead of sun,
the red rood shall shine forth;
fearfully and sorrowfully they shall look thereon,
black workers of sin defiled by wickedness;   1104
the best thing in the world shall seem their bane,
when they would fain regard it as their bliss;
with souls aweary they shall eke behold

on hyra dryhtne geseoð   dreorig-ferðe   1108
swa him mid næglum þurh-drifan nið-hycgende
þa hwitan honda   and þa halgan fet
and of his sidan swa some   swat forletan
þær blod and wæter   butu æt-somne   1112
ut bicwoman   fore eagna gesyhð
rinnan fore rincum   þa he on rode wæs ·
eall þis magon him sylfe   geseon þonne
open orgete   þæt he for ælda lufan   1116
firen-fremmendra   fela þrowade ·
magun leoda bearn   leohte oncnawan
hu hine lygnedon   lease on geþoncum
hysptun hearm-cwidum   and on his hleor somod   1120
hyra spatl speowdon   spræcon him edwit
and on þone eadgan   andwlitan swa some
bel-fuse men   hondum slogun
folmum areahtum and fystum eac ·   1124
and ymb his heafod   heardne gebigdon
beag þyrnenne ·   *blinde on geþoncum ·   *[24 b.]
dyrge and gedwealde   gesegun þa dumban gesceaft
eorðan eal-grene   and up-rodor   1128
forhte gefelan   frean þrowinga
and mid cearum cwiðdun   þeah hi cwice næron
þa hyra scyppend   sceaþan onfengon
syngum hondum   sunne wearð adwæsced   1132
þream aþrysmed   þa sio þeod geseah
in hierusalem   godwebba cyst
þæt ær ðam halgan   huse sceolde
to weorþunga   weorud sceawian   1136
ufan eall forbærst   þæt hit on eorþan læg
on twam styccum   þæs temples segl
wundor-bleom geworht   to wlite þæs huses
sylf slat on tu   swylce hit seaxes ecg   1140
scearp þurh-wode   scire burstan
muras and stanas   monge æfter foldan

1131. MS. þa þe hyra.

the ancient wounds and open sores upon the Lord,   1108
even as the base contrivers pierced with nails
the white hands and the holy feet,
and from his side too let out the gore,
and blood and water both at once   1112
came gushing forth before the people there,
in sight of their eyes, when He was on the rood.
All this may they themselves then see
open and manifest, that He bore much   1116
for love of men, for wicked sinners' sake;
the sons of men may easily perceive
how they, false in their thoughts, belied Him,
mocked Him with insults, and on His face too   1120
spat their spittle; spake to Him with taunt,
and e'en upon the blessed visage
the hell-prone men struck with their hands,
with outstretched palms, and with their fists,   1124
and wreathed a hard thorn-crown
about his head, blind in their thoughts,
foolish and erring. They saw how dumb creation,
the earth all green and heaven above,   1128
felt fearfully the sufferings of the Lord;
and sorely mourned they, though they were not quick,
when impious men seized on their Creator
with sinful hands. The sun became obscured,   1132
darkened with misery; then in Jerusalem
the people saw the choicest of all textures,
which folk erewhile were wont to wonder at,
as the glory of the holy house,   1136
burst all right down, so that in pieces twain
it lay upon the earth; the temple's veil,
with wondrous colours wrought to adorn that house,
in twain was rent, as if a falchion's edge   1140
full sharp, had passed there-through. Sheer crashed
walls and stones a-many throughout earth,

and seo eorðe eac egsan myrde
beofode on bearhtme *and* se brada sæ   1144
cyðde cræftes meaht *and* of clomme bræc
up yrringa on eorþan fæðm
ge on stede scynum steorran forleton
hyra swæsne wlite on þa sylfan tid   1148
heofon hluttre ongeat hwa hine healice
torhtne getremede tungol-gimmum·
forþon he his bodan sende þa wæs geboren ærest
gesceafta scir-cyning hwæt eac scyldge men   1152
gesegon to soðe þy sylfan dæge
þe on þrowade þeod-wundor micel
þætte eorðe ageaf þa hyre on lægun
eft lifgende up ástodan   1156
þa þe heo ær fæste bifen hæfde
deade bihyrgde þe dryhtnes bibod
heoldon on hreþre· hell eac ongeat
scyld-wreccende· þæt se scyppend cwom   · 1160·
waldende god þa heo þæt weorud ageaf
hloþe of þam hatan hreþre hyge wearð mongum blissad
*sawlum sorge to-glidene· hwæt eac sæ cyðde   *[25 a.]
hwa hine gesette on sidne gránd   1164
tir-meahtig cyning forþon he hine tredne him
ongean gyrede þonne god wolde
ofer sine yðe gan eah-stream ne dorste
his frean fet flode bisencan·   1168
ge eac beamas onbudon hwa hy mid bledum sceop
monge nales feá· ða mihtig god
on hira anne gestag þær he earfeþu
geþolade fore þearfe þeod-buendra   1172
laðlicne deað leodum to helpe·
ða wearð beam monig blodigum tearum
birunnen under rindum reade *and* þicce
æp wearð to swate· þæt asecgan ne magun   1176
fold-buende þurh frod gewit

1158. *MS.* bibyrgede, i.e. bibyrgde. 1168. *MS.* fream. 1176. *MS.* magun.

and all the earth was marred through fear,
and quaked full suddenly; and the broad sea   1144
showed forth its power's might, and angrily
from durance brake over earth's bosom;
yea, in their beauteous place the stars forsook
their aspect sweet; at that same time   1148
the radiant heaven discerned who erst
had made it bright on high with starry gems;
forsooth it sent its heralds, when first was born
creation's noble King. Yea, even guilty men   1152
beheld in sooth on that same day
whereon He suffered, a marvel passing great,
to wit, earth yielded those who in her lay;
they stood up living once again,   1156
those whom she had erewhile held fast,
the dead and buried, who had kept in mind
the Lord's command. Hell, the sin-avenging,
knew also that the Maker and the ruling God   1160
was come, when she gave up the multitude,
the host, from her hot bosom; the hearts of many were
          then comforted,
their sorrows vanished from their souls. Yea, eke the sea declared
who had set it on its spacious bed,—   1264
the gloriously mighty King; therefore it made itself
passable for him, when God would fare
over its wave; the water-stream dared not
with its flood submerge its Master's feet.   1168
Yea, trees, a many, nowise few, likewise proclaimed
who shaped them with their blossoms, when mighty God
on one of them ascended, where He endured
miseries for the need of earth's inhabitants,   1172
a loathsome death, to succour men.
Then was many a tree beneath its bark suffused
with bloody tears, all red and thick;
their sap was turned to gore. Earth's habitants   1176
may not declare from their deep understanding,

hu fela þa onfundun   þa gefelan ne magun
dryhtnes þrowinga   deade gesceafte
þa þe æþelast sind   eorðan gecynda   1180
and heofones eac   heah-getimbro ·
eall fore þam anum   unrot gewearð
forht afongen   þeah hi ferð-gewit
of hyra æþelum   ænig ne cuþen   1184
wendon swa þeah wundrum   þa hyra waldend fór
of lic-homan   leode ne cuþan
mod-blinde men   meotud oncnawan
flintum heardran   þæt hi frea nerede   1188
fram hell-cwale   halgum meahtum
alwalda god   þæt æt ærestan
fore-þoncle men   from fruman worulde
þurh wis gewit   witgan dryhtnes   1192
halge hige-gleawe   hæleþum sægdon
oft nales æne   ymb þæt æþele bearn ·
ðæt se earcnan stan   eallum sceolde
to hleo and to hroþer   *hæleþa cynne   *[25 b.]   1196
weorðan in worulde   wuldres agend
eades ord-fruma   þurh þa æþelan cwenn : 7

[IV.]

HWæs weneð se   þe mid gewitte nyle
      gemunan þa mildan   meotudes lare   1200
and eal ða earfeðu   þe he fore ældum adreag
forþon þe he wolde   þæt we wuldres eard
in ecnesse   agan mosten ·
Swa þam bið grorne   on þam grimman dæge   1204
domes þæs miclan   þam þe dryhtnes sceal
deað-firenum forden   dolg sceawian
wunde and wite   on werigum sefan
geseoð sorga mæste   hu se sylfa cyning   1208

1198. *Space of about a third of a line between the sections.*

how many things which cannot feel, insensate things,
experienced then the sufferings of the Lord.
Those that are noblest of the species of the earth, 1180
and eke the lofty structures of the heaven,
all, for that alone, grew suddenly
sad and afeard; though by their natures
they knew not any mental wit, 1184
yet wondrously had they knowledge, when their Lord
fared from His body. Benighted men,
harder than flints, would not then
acknowledge their Maker, that the Lord, Almighty God, 1188
had saved them from hell-torment
by His holy might, nor that of yore,
in the world's beginning, the prophets of the Lord,
far-seeing men, holy and nobly-minded, 1192
had told to folk about the noble Child,
oft-times, not once, through their wise understanding,
that through the noble woman He should be
a precious stone here in the world 1196
for the refuge and the help of all mankind,
the Lord of glory, the first Cause of bliss.

IV.

What hope hath he who wittingly disdaineth
to bear in mind the gentle teaching of the Lord, 1200
and all the miseries that He bore for men,
for that He wished that we might possess,
to all eternity, the home of glory?
Sad indeed shall be their lot, on the grim day 1204
of that great doom, who, damned by deadly sin,
are forced to see with saddened souls
the scars and wounds and torments of the Lord;
they shall see the greatest of sorrows, how the King Himself 1208

mid sine lic-homan   lysde of firenum
þurh milde mod   þæt hy mostun mán-weorca
tome lifgan   and tires blæd
ecne agan   by þæs eðles þonc   1212
hyra waldende   wita ne cuþon ·
Forþon þær to teonum þa   tacen gesceoð
orgeatu on gode   ungesælge
þonne crist siteð   on his cyne-stole   1216
on heah-setle   heofon-mægna god
fæder ælmihtig   folca gehwylcum
scyppend scinende   scrifeð bi gewyrhtum
eall æfter ryhte   rodera waldend ·   1220
þónne beoð gesomnad   on þa swiþran hond
þa clænan folc   criste sylfum
gecorene bi cystum   þa ær sinne cwide georne
lustum læstun   on hyra lif-dagum ·   1224
ond þær wom-sceaþan   on þone wyrsan dæl
fore scyppende   scyrede weorþað
hateð him gewitan   on þa winstran hond
sigora soð cyning   synfulra weorud ·   1228
þær hy arasade   reotað *and beofiað   *[26 a.]
fore frean forhte   swa fule swa gæt
unsyfre folc   arna ne wenað ·
ðonne bið gæsta dóm   fore gode sceaden ·   1232
wera cneorissum   swa hi geworhtun ær
þær bið on eadgum   eð gesyne
þreo tacen somod   þæs þe hi hyra þeodnes wel
wordum and weorcum   willan heoldon ·   1236
an is ærest   orgeate þær
þæt hy fore leodum   leohte blicaþ
blæde and byrhte   ofer burga gesetu
him onscinað   ær-gewyrhtu   1240
on sylfra gehwam   sunnan beorhtran ·
oþer is to-eacan   andgete swa some

with His own body ransomed them from sin,
in gentle mood, so that they might live
void of ill-deeds, and have the bliss
of endless glory. They did not know how to give thanks 1212
unto their Sovereign for this heritage;
therefore shall they see there to their sorrow
signs unpropitious manifest in God,
when Christ shall sit on his royal throne, 1216
on his high seat, when the Almighty Father,
the radiant Creator, God of the heavenly hosts,
shall prescribe all righteously
for every man according to his works. 1220
      Then shall be gathered on the right hand
of Christ Himself the cleanly folk,
chosen for their virtues, who in their life-days
had joyfully performed His word. 1224
And the workers of harm shall be disposed
before their Maker on the worser side;
the true King of victory shall bid the band
of the sinful wend them unto the left hand, 1228
where they, discovered, shall wail and quake,
afeard before the Lord, as foul as goats,
an unpure folk,—they may expect no grace.
When the spirits' doom shall be adjudged 'fore God, 1232
to men's generations, as they wrought erewhile,
there shall easily three signs be visible,
at once, upon the blessed, for that they kept well
their Lord's desire, by words and works. 1236
One sign is first full manifest, to wit,
that they shall shine with light before the folk,
with glory and with brightness, over the cities' dwelling;
their former doings shall shine upon them, 1240
upon each of them, brighter than the sun.
There is eke a second likewise manifest

þæt hy him in wuldre witon waldendes giefe
and ónseoð eagum to wynne   1244
þæt hi on heofon-rice hlutru dreamas
eadge mid englum agan motun·
ðonne bið þridde hu on þystra bealo
þæt gesælige weorud gesihð þæt fordone   1248
sar þrowian synna to wite
weallendne lig and wyrma wlite
bitrum ceaflum byrnendra scole
of þam him áweaxeð wynsum geféa   1252
þonne hi þæt yfel geseoð oðre dreogan
þæt hy þurh miltse meotudes genæson·
ðonne hi þy geornor gode þonciað
blædes and blissa þe hy bu geseoð   1256
þæt he hy generede from nið-cwale
and eac forgeaf ece dreamas
bið him hel bilocen heofon-rice agiefen
swa sceal gewrixled þam þe ær wel heoldon   1260
þurh mod-lufan meotudes willan·
ðonne bið þam oþrum ungelice
willa geworden magon weana to fela
geseon on him selfum synne genoge   1264
atol-earfoða ær gedenra
þær him sorgendum sar oðclifeð·
*þroht þeod-bealu on þreo healfa   *[26 b.]
an is þara þæt hy him yrmþa to fela   1268
grim helle fyr gearo to wite
andweard seoð on þa hi awo sculon
wræc-winnende wærgðu dreogan
þonne is him oþer earfeþu swa some   1272
scyldgum to sconde þæt hi þær scoma mæste
dreogað fordone on him dryhten gesihð
nales feara sum firen-bealu laðlic
and þæt sell-beorhte eac sceawiað   1276
heofon-engla here and hæleþa bearn

1246. MS. motum.

that they shall know, for their glory, the Ruler's grace,
and shall behold, for their eyes' delight,   1244
that, as saints, amid angels, they are to own
pure ecstacies in heaven's realm.
Then the third shall be, how that the blessed band
shall see the lost ones in the baleful gloom   1248
suffering, in penance for their sins, sore pain,
the surging flame and luring serpents,
with their bitter jaws,—a shoal of burning creatures;
thence winsome joy shall wax for them,   1252
when they see other men endure the ill,
that they escaped, through mercy of the Lord.
Then shall they give thanks to God the more eagerly
for their glory and delights, when they see,   1256
that he both saved them from cruel torment
and also gave to them eternal joys;
hell shall be locked for them, heaven's kingdom shall be given
      them.
This shall be granted unto them that ere kept well,   1260
though their souls' love, the will of the Creator.
     Then all unlike shall be the joy forsooth
of the other men; they may see in themselves
too many woes, and sins enough,   1264
and dire afflictions for their former doings;
there sore pain shall cleave to them, the sorrowing ones,
and suffering and mortal ill, from sources three.
One of them is, that they shall see before them   1268
too many miseries, and hell's grim fire
ready for their punishing, where in wretchedness,
they shall suffer aye damnation.
Then a second misery, likewise,   1272
shall shame the guilty, that they there, undone by sin,
shall suffer greatest contumely; the Lord shall see in them
no few loathsome evil sins,
and the all-bright band of heavenly angels   1276
shall also see the like, and the sons of men.

ealle eorð-buend *and* atol deofol
mircne mægen-cræft mán-womma gehwone·
Magon þurh þa lic-homan leahtra firene   1280
geseon on þam sawlum beoð þa syngan flæsc·
scandum þurh-waden swa þæt scire glæs
þæt mon yþæst mæg eall þurh-wlitan·
ðonne bið þæt þridde þearfendum sorg   1284
cwiþende cearo þæt hy on þa clænan seoð
hu hi fore gód-dædum glade blissiað
þa hy unsælge ær forhogdun
to donne þonne him dagas læstun   1288
and be hyra weorcum wepende sár
þæt hi ær freolice fremedon unryht
geseoð hi þa betran blæde scinan·
ne bið him hyra yrmðu an to wite   1292
ac þara oþerra ead to sorgum
þæs þe hy swa fægre gefean on fyrn-dagum·
and swa ænlice an-forletun
þurh leaslice lices wynne   1296
earges flæsc-homan idelne lust
þær hi ascamode scondum gedreahte
swiciað on swiman syn-byrþenne
firen-weorc berað on þæt þa folc seoð·   1300
wære him þon betre þæt hy bealo-° dæde   *[27 a.]
ælces unryhtes ær gescomeden
fore anum men eargra weorca
godes bodan sægdon þæt hi to gyrne wiston   1304
firen-dæda on him ne mæg þurh þæt flæsc se scrift
geseon on þære sawle hwæþer him mon soð þe lyge
sagað on hine sylfne þonne he þa synne bigæð
mæg mon swa þeah gelacnigan leahtra gehwylcne   1308
yfel unclæne gif he hit anum gesegð
and nænig bihelan mæg on þam heardan dæge
wom unbeted ðær hit þa weorud geseoð·

1294. MS. gefeon.   1311. unbeted. MS. ð corrected to d.

All earth's inhabitants, and the fell devil,
shall behold their darksome craft and every stain of guilt;
through their bodies they may see upon their souls   1280
their sins of shame; ignominiously the sinful flesh
shall be transpierced, as 'twere clear glass,
that men may most easily see all through.

    A third sorrow for the wretched shall then be,   1284
yea, dire lament, that they behold the pure,
how gladly they rejoice in the good deeds,
that they, unhappy ones, despised to do
before, when still their days availed them;   1288
and weeping sore because of their own works,
because they freely wrought unrighteousness before,
they shall behold their betters shine in glory.
Not merely their own misery shall be their bale,   1292
but the blessedness of those others shall be their grief,
in that they in former days forsook
delights so fair and so incomparable
for the body's all-delusive joy,   1296
and for the vain desire of the vile flesh.
There abashed, o'erwhelmed with shame,
they shall wander giddily, and bear their wicked works,
the burden of their sins, and the folk shall gaze thereon.   1300
'Twere better for them had they erst felt shame
for each base deed and each transgression,
and for their evil works, before one man,
and had told God's servant that too well they knew   1304
ill-deeds within them. The confessor cannot see
through the flesh into the soul, whether a man tell him
truth or lie about himself, when he avoweth his sins;
yet one can heal every transgression   1308
and unclean evil, if he tell it but to one;
and none may there conceal on that stern day
crime unamended; multitudes shall see it.

eala þær we nu magon   wraþe firene   1312
geseon on ussum sawlum   synna wunde
mid lic-homan   leahtra gehygdu
eagum unclæne   in-geþoncas·
ne þæt ænig mæg   oþrum gesecgan   1316
mid hu micle elne   æghwylc wille
þurh ealle list   lifes tiligan
feores forhtlice   forð áðolian
syn-rust þwean   and hine sylfne þrean   1320
and þæt wom ærran   wunde hælan
þone lytlan fyrst   þe her lifes sy
þæt he mæge fore eagum   eorð-buendra
unscomiende   eðles mid monnum   1324
brucan bysmerleas   þendan bu somod
lic and sawle   lifgan mote:

[V.]

NV we sceolon georne   gleawlice þurh-seon
      usse hreþer-cofan   heortan eagum   1328
innan uncyste   we mid þam oðrum ne magun
heafod-gimmum   hyge-þonces ferð
eagum þurh-wlitan   ænge þinga
hwæþer him yfel þe god   under wunige   1332
þæt he on þa grimman tid   gode licie
þonne he ofer weoruda gehwylc·   *wuldre scineð *[27 b.]
of his beah-setle   hlutran lege
þær he fore englum   and fore elþeodum   1336
to þam eadgestum   ærest mæðleð·
and him swæslice   sibbe gehateð
heofona heah-cyning   halgan reorde
frefreð he fægre   and him friþ beodeð   1340
hateð hy gesunde   and gesenade
on eþel faran   engla dreames

1326. Space of half-line between the sections.   1329. MS. mnan.
1337. MS. mæðleð.

Verily, we shall then behold, 1312
with the body's eyes, our base iniquities,
the wounds of our sins upon our souls,
our thoughts of wickedness, our impure cogitations.
Not any man may tell it to another, 1316
with how great zeal, by every artifice,
each man desireth to attain life's goal,
anxious to protract existence forth,
to wash away the rust of sin, afflicting himself, 1320
to heal the blemish of some former wound,
during the little span that there is here of life,
so that before the eyes of earth's inhabitants
he may enjoy his home 'mong men 1324
blameless and unashamed, as long as
body and soul may both together live.

V.

Now must we fain discreetly pierce,
with our heart's eyes, the chamber of the breast, 1328
unto the sin within; with those other eyes,
the jewels of the head, we may not
anywhit survey the home of inmost thought,
whether evil or good dwell there beneath, 1332
so that at that dread time it may please God,
when, from His lofty throne, with flame all-pure,
He shall shine in glory o'er each multitude,
where, before angels and before all folk, 1336
He shall speak first to those most happy ones,
and lovingly shall promise them goodwill,
He, the heaven's high King; and with His holy voice
shall greatly comfort them, and shall proclaim their peace, 1340
and shall bid them then, full safe and blessed,
fare to the home of angels' harmony,

and þæs to widan feore willum neotan·
onfoð nu mid freondum mines fæder rice   1344
þæt eow wæs ær woruldum wynlice gearo
blæd mid blissum beorht eðles wlite
hwonne ge þa lif-welan mid þam leof[s]tum
swase swegl-dreamas gesecon mosten   1348
ge þæs earnedon þa ge earme men
woruld-þearfende willum onfengun
on mildum sefan· ðonne hy him þurh minne noman
eaðmode to eow arna bædun   1352
þonne ge hyra hulpon and him hleoð gefon
hingrendum hlaf and hrægl nacedum
and þa þe on sare seoce lagun
æf[n]don unsofte adle gebundne   1356
to þam ge holdlice hyge staþeladon
mid modes myne eall ge þæt me dydon·
ðonne ge hy mid sibbum sohtun and hyra sefan trymedon
forð on frofre þæs ge fægre sceolon·   1360
lean mid leofum lange brucan·
Onginneð þonne to þam yflum ungelice
wordum mæðlan þe him bið on þa wynstran hond
þurh egsan þrea alwalda god·   1364
ne þurfon hi þonne to meotude miltse gewenan
lifes ne lissa ac þær lean cumað
werum bi gewyrhtum worda and dæda
reord-berendum sceolon þone ryhtan dóm   1368
ænne geæfnan *egsan fulne *[28 a.]
bið þær seo miccle milts áfyrred
þeod-buendum on þam dæge
þæs ælmihtigan· þonne he yrringa   1372
on þæt fræte folc firene stæleð
laþum wordum hateð hyra lifes riht
andweard ywan þæt he him ær forgeaf
syngum to sælum onginneð sylf cweðan   1376

1347. MS. leoftum.   1350. MS. onfengum.   1356. MS. æfdon.
1370. MS. miccle.   1375. MS. yðan.

and at will enjoy it unto all eternity:—

   'Receive ye now, 'mid friends, my Father's realm,   1344
the bliss and the glories and the radiant beauty of that home,
which joyfully, before all worlds, was dight for you,
when, with the best beloved, ye might behold
life's riches, the sweet delights of heaven.   1348
This ye merited when ye willingly received
poor men, the needy of the world,
in gentle mood; when in my name
they humbly prayed you for compassion,   ·   1352
then helped ye them, and gave them sheltering,
bread to the hungry, and garment to the naked,
and those that lay sick in sore pain,
and suffered grievously, bound by disease,   1356
their spirits ye sustained in kindly wise,
yea, with the soul's affection. All this ye did for me,
when ye sought them with goodwill, and aye in comfort
stayed their spirits; wherefore ye shall gloriously   1360
long enjoy reward with my beloved.'

   Then with words full different will the All-ruling God
begin to speak, with fearful threatening,
unto the wicked, who shall be on His left hand.   1364
They may not then expect compassion from the Lord,
nor life nor grace; but recompense for words and deeds
shall come to mortals there, to those with speech endowed,
according to their works: they shall endure   1368
the only righteous, though an awful, doom.
There, on that day, the great compassion
of the Almighty One shall be far removed
from the inhabitants of earth, when He shall angrily,   1372
in hostile words, charge their transgressions
on impious folk, and shall bid them then present
their life's account before Him, which He erewhile gave
to them, base sinners, for their bliss. The Almighty Lord
    Himself   1376

swa he to anum sprece *and* hwæþre ealle mæneð
firen-synnig folc frea ælmihtig ·
hwæt ic þec mon minum hondum
ærest geworhte *and* þe *and*giet sealde   1380
of lame ic þe leoþe gesette geaf ic ðe lifgendne gæst
arode þe ofer ealle gesceafte gedyde ic þæt þu onsyn hæfdest
mæg-wlite me gelicne geaf ic þe eac meahta sped
welan ofer wíd-londa gehwylc nysses þu wean ænigne dæl ·
ðystra þæt þu þolian sceolde þu þæs þonc ne wisses   1385
þa ic ðe swa scienne gesceapen hæfde
wynlicne geworht *and* þe welan forgyfen
þæt ðu mostes wealdan worulde gesceaftum ·   1388
ða ic þe on þa fægran foldan gesette
to neotenne neorxna wonges
beorhtne blæd-welan bleom scinende ·
ða þu lifes word læstan noldes   1392
ac min bibod bræce be þines bonan worde
fæcnum feonde furþor hyrdes
sceþþendum sceaþan þonne þinum scyppende ·
nu ic ða ealdan race anforlæte   1396
hu þu æt ærestan yfle gehogdes
firen-weorcum forlure þæt ic ðe to fremum sealde
þa ic þe goda swa fela forgiefen hæfde
and þe on þam eallum eades to lyt   1400
mode þuhte gif þu meahte sped
efen-micle *gode agan ne moste ·   *[28 b.]
ða þu of þan gefean · fremde wurde
feondum to willan feor aworpen   1404
neorxna wonges wlite nyde sceoldes
ágiefan geomor-mod gæsta eþel ·
earg *and* únrót eallum bidæled
dugeþum *and* dreamum *and* þa bidrifen wurde   1408
on þas þeostran weoruld þær þu þolades siþþan
mægen-earfeþu micle stunde

1380. *MS.* sâlde.

shall then begin to speak as if He spake to one,
and nathless shall He mean all sinning folk :—
     'Lo, man ! with mine own hands I made thee
at the first, and granted to thee wisdom ;   1380
I formed thee limbs of clay : I gave a living spirit unto thee ;
I honoured thee o'er all created things ; I wrought that thou
    shouldst have
aspect and form like to myself ; I gave thee eke fulness of might,
wealth o'er each spacious land ; nought knewest thou of woe,
nought of the gloom that thou hadst to endure ; for all this thou
    wast not grateful.   1385
When I had shapen thee so beauteously,
and had made thee comely, and had given thee power
that thou mightst rule the creatures of the world,   1388
when I had set thee in that fair domain,
to enjoy the bright and blissful wealth
of Paradise, resplendent with its hues,
then wouldst thou not fulfil the word of Life,   1392
but, at the word of thy Bane, didst break my bidding ;
a treacherous foe, a mischievous destroyer,
didst thou obey, rather than thy Creator.
Now will I let pass that ancient story,   1396
how at the first thou didst wickedly devise,
and didst lose by sinful works, what I granted for thy good.
When I had given thee thus much of goodly things,
and yet withal it seemed unto thy mind   1400
too little happiness, unless thou mightest own
fulness of power equally great with God,
then thou becamest, to thy foes' delight,
an alien to that joy, cast out afar ;   1404
perforce then hadst thou sadly to forego
the charm of Paradise, the spirits' home,—
wicked and sorrowful, cut off from all
its blessings and its joys ; then wast thou driven   1408
into this gloomy world, where thou hast suffered since,
during so long a time, grievous hardships,

sár *and* swar gewin *and* sweartne deáð
and æfter [Å]ingonge hreosan sceoldes   1412
hean in helle helpendra leas.
ða mec ongon hreowan þæt min hond-geweorc
on feonda geweald feran sceolde
mon-cynnes tuddor mán-cwealm seon   1416
sceolde uncúðne eard cunnian
sare siþas þa ic sylf gestag
maga in modor þeah wæs hyre mægden-had
æghwæs onwalg. wearð ic áná geboren   1420
folcum to frofre mec mon folmum biwond
biþeahte mid þearfan wædum *and* mec þa on þeostre alegde
biwundenne mid wonnum claþum hwæt ic þæt for worulde
      geþolade
lytel þuhte ic leoda bearnum læg ic on heardum stane 1424
cild geong on crybbe mid þy ic þe wolde cwealm afyrran.
hat helle bealu þæt þu moste halig scinan
eadig on þam ecan life forðon ic þæt earfeþe wónn :7

[VI.]

NÆS me for mode ac ic on magu-geoguðe   1428
      yrmþu gemfnde arleas lic-sár
þæt ic þurh þa wære þe gelic
and þu meahte minum weorþan
mæg-wlite gelic mane bidæled   1432
and fore monna lufan min þrowade
heafod hearm-slege hleor * geþolade   *[29 a.]
oft *and*-lata arleasra spatl
of muðe onfeng mán-fremmendra   1436
swylce hi me geblendon bittre tosomne
unswetne drync ecedes *and* geallan.
ðonne ic fore folce onfeng feonda geniðlan
fylgdon me mid firenum fæhþe ne rohtun   1440

1412. *MS.* ingonge.   1427. *Space of half-line between the sections.*
1430. *MS.* wege lic (*i. e.* we gelic).

pain and heavy toil and swarthy death,
doomed, after thy going hence, abased to fall   1412
down into hell, with none to help thee.
Then it began to rue me that mine handiwork
should pass into the power of fiends,
that mankind's progeny should see dire torment,   1416
and should experience a loveless home,
and sore vicissitudes. Then I myself descended,
as a son into his mother, yet was her maidenhood
wholly inviolate. I was born alone   .   1420
for the solace of men: with their hands they swathed me,
and wrapt me with a poor man's weeds, and laid me then in
    darkness,
swaddled in dusky clothes. Lo! this for the world I suffered;
little seemed I to the sons of men; on the hard stone I lay, 1424
a young child in its crib, for that I would remove from thee
the torture and hot misery of hell; that thou mightst shine as
    saint,
blessed in the life eternal, therefore I bore that pain.

VI.

'Twas not for pride, but I endured adversity   1428
and shameful pain of body in my youth,
that I thereby might be like unto thee,
and that, severed from evil sin, thou mightst become
like to mine own fair human form;   1432
and for my love of men, my head and face
bore and endured the baleful stroke;
oft my visage received the spittle from the mouth
of impious workers of iniquity;   1436
yea, too, they mingled for me, bitterly together,
an unsweet drink of vinegar and gall;
then for mankind I received the wrath of foes,
they followed me with torments; reckless in hate,   1440

and mid sweopum slogun ic þæt sar for ðe
þurh eaðmedu eall geþolade
hosp and heard cwide þa hi hwæsne beag
ymb min heafod heardne gebygdon   1444
þream biþrycton se wæs of þornum geworht·
ða ic wæs abongen on heanne beam
rode gefæstnad ða hi ricene
mid spere of minre sidan swat ut-gotun.   1448
dreor to foldan þæt þu of deofles þurh þæt
nyd-gewalde genered wurde·
ða ic womma leas wite þolade
yfel earfeþu oþþæt ic anne forlet   :   1452
of minum lic-homan lifgendne gæst
geseoð nu þa feorh-dolg þe gefremedun ær
on minum folmum and on fotum swa some
þurh þa ic hongade hearde gefæstnad·   1456
meaht hér eác geseon orgete nu gen
on minre sidan swatge wunde
hu þær wæs únefen racu·unc gemæne·
Ic onfeng þin sár þæt þu moste gesælig   1460
mines eþel-rices eadig neotan·
and þe mine deaðe deore gebohte
þæt longe lif þæt þu on leohte siþþan
wlitig womma leas wunian mostes·   1464
læg min flæsc-homa in foldan bigrafen
niþre gehyded se ðe nængum scód
in byrgenne þæt þu meahte beorhte uppe
on roderum wesan rice mid englum·   1468
forhwon forlete *þú lif þæt scyne   *[29 b.]
þæt ic þe for lufan mid mine lic-homan
heanum to helpe hold gecypte
wurde þu þæs gewitleas þæt þu waldende   1472
þinre alysnesse þonc ne wisses·
Ne ascige ic nú owiht bi þam bitran

they struck me with their scourges. All that pain,
their scorn and harsh reproach, in humbleness
I bore for thee. Then they bent a spiny
and sharp crown around my head;   1444
with cruelty they pressed it on—'twas wrought of thorns.
Then was I hanged upon a lofty tree,
and fastened to a rood; with a spear then,
from my side, they poured out on to earth   1448
my blood and gore. That thou, thereby, shouldst be
— delivered from the devil's tyranny,
all sinless, bore I then this punishment
and sore affliction, till that I sent   1452
the living spirit from my body forth alone.
See now the fatal wounds which they once made
upon my palms, and on my feet also,
by which I hung, fastened full strongly;   1456
here mayst thou see too, manifest e'en yet,
the gory wound upon my side.
How uneven was the reckoning there between us two!
I received thy pain, that thou, blessed,   1460
mightst happily enjoy my native realm,
and by my death I dearly bought for thee
long life, that thenceforth thou mightst
dwell in the light, beauteous and void of sins.   1464
My body's flesh, the which had harmed no man,—
lay buried in the earth, hidden beneath,
down in its sepulchre, that thou mightst shine
mighty 'mid angels, in the skies above.   1468
Why didst thou forsake that beauteous life,
which graciously I bought for thee, through love,
with mine own body, to help thee, wretched!
So witless wast thou that thou didst not show   1472
thanks to the Lord for thy redemption.
Nought ask I now for that death of mine,

deaðe minum   þe ic adreag fore þe·
ac forgield me þin líf   þæs þe ic id þe mín   1476
þurh woruld-wite   weorð gesealde·
ðæs lifes ic manige   þe þu mid leahtrum hafast
ofslegen synlice   sylfum to sconde·
forhwan þu þæt sele-gescót   þæt ic me swæs on þe   1480
gehalgode   hús to wynne
þurh firen-lustas   fule synne
unsyfre bismite   sylfes willum
ge þu þone lic-homan   þe ic alysde me   1484
feondum of fæðme   and þa him firene forbead
scyld-wyrcende   scondum gewemdest·
forhwon áhenge þu mec hefgor   on þinra honda rode
þonne su hongade   hwæt me þeos heardra þynceð   1488
nu is swærra mid mec   þinra synna rod
þe ic unwillum   on beom gefæstnad
þonne seo oþer wæs   þe ic ær gestag
willum minum   þa mec þin weá swiþast   1492
æt heortan gehreaw   þa ic þec from helle áteah
þær þu hit wolde sylfa   siþþan gehealdan·
Ic wæs on worulde weadla   þæt ðu wurde welig in heofonum
earm ic wæs on eðle þinum   þæt þu wurde eadig on minum.
þa ðu þæs ealles   ænigne þonc   1496
þinum nergende   nysses on mode·
bibead ic eow   þæt ge broþor mine
*in woruld-rice   wel aretten   *[30 a.]   1500
of þam æhtum þe ic eow   on eorðan geaf·
earmra hulpen   earge ge þæt læstun·
þearfum forwyrndon   þæt hi under eowrum þæce mosten
in-gebugan   and him æghwæs oftugon   1504
þurh heardne hyge   hrægles nacedum·
moses mete-leasum   þeah hy him þurh minne noman
wærge wonhale   wætan bædan.
drynces gedreahte   duguþa lease   1508

1490. gefæstnad ; d *originally* ð.   1495. *MS.* worde.

so bitter, which I endured for thee;
but render me thy life, for which, in martyrdom,　　　1476
I gave thee once mine own as price.
I claim of thee that life which thou hast sinfully
destroyed with vice, to thine own shame.
Why hast thou filthily defiled, by thine own will,　　1480
through wicked lusts and through foul sin,
the tabernacle which I sanctified in thee
to be the cherished home of my delight!
Yea, perpetrating guilt, thou didst shamefully pollute　1484
that body which I ransomed for myself,
from the grasp of foes, and then forbade it sin.
Why hast thou crucified me worse, on thy hands' cross,
than when of old I hung! Lo! this methinks is harder. 1488
Is now heavier for me thy sins' cross,
on which I am made fast, unwillingly,
than was that other, which I before ascended,
with mine own will, when thy misery　　　　　　1492
rued me so much at heart, when I drew thee forth from hell,
where thou thyself wouldst afterwards abide.
I in the world was poor, that thou in heaven mightst
　　be rich,
wretched was I in thy land, that thou in mine mightst 1496
　　happy be.
Then for all this thou knewest not in thy heart
any gratitude unto thy Saviour.
I bade that ye should cherish well
my brethren in the world's domain;　　　　　　1500
from those possessions which I gave to you on earth,
that ye should help the poor. Ill have ye done so.
The needy ye forbade to enter 'neath your roof,
and ye withheld from them full everything,　　　1504
in your hard hearts,—raiment from the naked,
food from the foodless; though aweary and infirm,
yearning for drink, void of all sustenance,
and parched with thirst, they prayed for water　　1508

þurste geþegede ge him þriste oftugon
sarge ge ne sohton ne him swæslic word
frofre gespræcon þæt hy þy freoran hyge
mode gefengen eall ge þæt me dydan   1512
to hynþum heofon-cyninge þæs ge sceolon hearde adreogan
wite to widan ealdre wræc mid deoflum geþolian.
ðonne þær ofer ealle egeslicne cwide
sylf sigora weard sares fulne   1516
ofer þæt fæge folc forð forlæteð.
cwið to þara synfulra sawla seþan.
farað nu awyrgde willum bisoyrede.
engla dreames on ece fir.   .1520
þæt wæs satane and his gesiþum mid
deofle gegearwad and þære deorcan scole
hat and heoro-grim on þæt ge hreosan sceolan.
ne magon hi þonne gehynan heofon-cyninges bibod   1524
rædum birofene sceolon raþe feallan
on grimne grund þa ær wiþ gode wunnon.
bið þonne rices weard reþe and meahtig
yrre and egesful andweard ne mæg   1528
on þissum fold-wege feond gebidan :7

[VII.]

SWApeð sige-mece mid þære swi[ð]ran hond
þæt on þæt deope *dæl deofol gefeallað   *[30 b.]
in sweartne leg synfulra here   1532
under foldan sceat fæge gæstas
on wraþra wic womfulra scolu
werge to forwyrde on wite-hus
deað-sele deofles nales dryhtnes gemynd   1536
siþþan gesecað synne ne aspringað

1526. grimne; *originally* grimme; *me corrected into* ne. 1529. *one
line space between the sections.* 1530. MS. swiran. 1533. *scat.* 1536.
MS. deofples, *i. e.* deofles.

in my name, harshly ye denied it them.
The sorrowful ye sought not, nor spake a kindly word
of comfort unto them, that they might gain within their hearts
a spirit the more buoyant. All this ye did in scorn   1512
of me, heaven's King : wherefore ye shall sore endure
torment for evermore, and suffer exile amid devils.'

   Then over all those there, over the fated folk,
the Lord of victories shall Himself send forth   1516
a dreadful edict, full of tribulation,
and shall declare unto that host of sinful souls :—

     ' Go now accursed, wilfully cut off
from angels' joy, into eternal fire,   1520
which, hot and fiercely grim, was dight
for the devil Satan and his comrades too,
and all that swarthy shoal : therein shall ye fall.'

   Then may they not deride, bereft of rede,   1524
the bidding of the heavenly King; they who ere warred
    'gainst God,
shall quickly fall into the grim abyss.
The Lord of empire shall be stern and mighty then,
angry and terrible : no foe upon this track of earth   1528
may then abide before His face.

VII.

   He shall sweep the victor-sword with His right hand,
so that the devils shall fall down the deep gulf
into swart flame; the band of the sinful   1532
into the region of the earth beneath; the fated spirits
into the camp of foes; the shoal of the pernicious,
damned to destruction, into the house of torment,
the death-hall of the devil. They shall nowise thereafter seek
remembrance of the Lord, nor from their sin escape,   1537

þær hi leahtrum fá·   lege gebundne
swylt þrowiað   bið him syn-wracu
andweard undyrne   þæt is ece cwealm·   1540
ne mæg þæt hate dæl   of heoloð-cynne
in sin-nehte   synne forbærnan
to widan feore   wom of þære sawle
ac þær se deopa seað   dreorge fedeð   1544
grundleas giemeð   gæsta on þeostre·
æleð hy mid þy ealdan lige   and mid þy egsan forste
wraþum wyrmum   and mid wita fela
frecnum feorh-gomum   folcum scendeð   1548
þæt we magon eahtan   and on án cweðan
soðe secgan   þæt se sawle weard
lifes wisdóm   forloren hæbbe
se þe nú ne giemeð   hwæþer his gæst sie   1552
earm þe eadig   þær he ece sceal
æfter hin-gonge   hamfæst wesan
ne bisorgað he   synne to fremman
wonhydig mon   ne he wihte hafað   1556
hreowe on mode   þæt him halig gæst
losige þurh leahtras   on þas lænan tid·
ðonne man-sceaða   fore meotude forht
deore on þam dome standeð   and deaðe fáh   1560
wommum awyrged   bið se wær-loga
fyres afylled   feores únwyrðe
egsan geþread   andweard gode·
won and wliteleas   hafað werges bleo   1564
facen-tacen feores·   ðonne firena bearn
* tearum geotað   þonne þæs tid ne biþ   *[31 a.]
synne cwiþað   ac hy to sið doð
gæstum helpe·   ðonne þæs giman nele   1568
weoruda waldend   hu þa wom·sceaþan
hyra eald-gestreon   on þa openan tíd
sare greten   ne biþ þæt sorga tíd
leodum alyfed   þæt þær læcedóm   1572
findan mote   se þe nu his feore nyle

where crime-stained, wrapt in flame,
they shall endure destruction; imminent, clear to them,
shall be the vengeance for their sins; that is eternal death. 1540
The hot gulf may not, through the livelong night,
through all eternity, purge their sin away
from that hell-race, the stain from off their souls;
but there the deep pit feedeth those dreary ones;   1544
bottomless it keepeth the spirits in its gloom;
burneth them with its ancient flame; with chill terror,
with hateful serpents and with torments many,
with sharp and deadly jaws, it scatheth folk.   1548

    Wherefore we may believe and ever say,
soothly declare, that that soul's guardian
hath altogether lost the wisdom of this life,
who heedeth not now whether his spirit be   1552
wretched or happy, where, after its going hence,
it shall be resident eternally.
He dreadeth nowise sin to perpetrate,
thoughtless man! nor hath he aught   1556
of ruth within his mind, though his holy spirit
perish, in this fading time, through deeds of shame.
When the evil-doer, afeard before his Maker,
shall stand at the judgment, black and foul with death, 1560
accursed with crimes, then shall the traitor,
of life unworthy, be fulfilled of fire,
and overwhelmed with terror before God;
swart and sightless, he shall have a felon's hue,   1564
the token of a life of perfidy. Then shall the sons of men
shed tears, and shall bewail their sins,
when time availeth not; too late shall they devise
help for their spirits, when the Lord of hosts   1568
will not heed how the evil-doers
sorely, at that all-disclosing time,
deplore what erst they cherished. That time of sorrow
will not avail, that he who will not now,   1572
while he liveth here, gain his life's salvation,

hælo strynan þenden her leofað.

ne bið þær ængum godum gnorn ætywed

ne nænguм yflum wel. ac þær æghwæþer   1576

anfealde gewyrht andweard wigeð.

forðon sceal onettan se þe ágan wile

lif æt meotude þenden him leoht and gæst

somod-fæst seon he his sawle wlite   1580

georne bigonge on godes willan

and wær weorðe worda and dæda.

þeawa and geþonca þenden him þeos woruld

sceadum scriþende scinan mote   1584

þæt he ne forleose on þas lænan tid

his dreames blæd and his dagena rim

and his weorces wlite and wuldres lean

þætte heofones cyning on þa halgan tid   1588

soð-fæst syleð to sigor-leanum

þam þe him on gæstum georne hyrað.

þonne heofon and hel hæleþa bearnum

fira feorum fylde weorþeð   1592

grundas swelgað godes andsacan

lacende leg laðwende men

þreað þeod-sceaþan and no þonan lætað

on gefean faran to feorh-nere   1596

ac se bryne bindeð bid-fæstne here

feoð firena bearn frecne me þinceð

þæt þas gæst-berend giman nellað

men on mode þonne mán hwæt   1600

him se waldend. °to wrace gesette [°31 b.]

laþum leodum þonne lif and deað

sawlum swelgað bið susla hús

open and oð-eawed að-logum ongean.   1604

ðæt sceolon fyllan firen-georne men

sweartum sawluм þonne synna wracu

scyldigra scolu ascyred weorþeð

1582. MS. þær.   1597. MS. bið.

may there find out a healing remedy.
Grief shall not be shown to any good man there,
nor joy to any evil, but there each one   1576
shall bear before God's sight his own desert.
Therefore must he be alert, while light and soul
hold fast together, who wisheth to possess
life from the Creator. Let him foster zealously   1580
the beauty of his soul, after God's will;
let him be wary in words and deeds,
in habits and in thoughts, while this world,
speeding with its shadows, may still shine for him,   1584
so that he lose not, in this fading time,
the blossom of his joy, and the number of his days,
and the beauty of his work, and the reward of glory,
which the righteous King of heaven giveth,   1588
at that holy time, as the rewards of victory,
to those who fain, with all their soul, obey Him.

    Then heaven and hell shall be fulfilled
with the sons of men, with the souls of mortals;   1592
the abyss shall gorge God's adversaries;
flickering flame shall harass erring folk,
the spoilers of the people, and shall not let them thence
depart in joy into security,   1596
but the fire shall keep the host immovable,
and shall vex the sons of men. Fool-hardy methinketh it,
that men, creatures endowed with spirit, will not
be heedful in their minds, seeing that their Sovereign   1600
may in vengeance put on them, on hateful folk,
any evil whatsoever. When life and death
shall grasp their share of souls, the house of torment then
shall stand open and revealed to perjurers' sight;   1604
sin-loving men shall fill it
with their swart souls; then, as a penalty for their sins,
the shoal of guilty ones shall be disparted,

beane from halgum   on hearm-cwale ·   1608
ðær soeolan þeofas   and þeod-sceaþan
lease and forlegene   lifes ne wenan
and mán-sworan   mo[r]þor-lean seon
heard and heoro-grim ·   þonne hel nimeð   1612
wærleasra weorud   and hi waldend giefeð
feondum in forwyrd   fá þrowiað
ealdor-bealu egeslic   earm bið se þe wile
firenum gewyrcan   þæt he fáh scyle   1616
from his scyppende   ascyred weorðan
æt dóm-dæge   to deaðe niþer
under helle cinn   in þæt hate fýr
 únder liges locan   þær hy leomu ræcað   1620
to bindenne   and to bærnenne
and to swingenne   synna to wite ·
ðonne halig gæst   helle biluceð
morþer-husa mæst   þurh meaht godes   1624
fýres fulle   and feonda here
cyninges worde   se biþ cwealma mæst
deofla and monna ·   þæt is dreamleas hús ·
ðær ænig ne mæg   ower losian   − 1628
ealdan clommum   hy bræcon cyninges word
beorht boca bibod   forþon hy abidan sceolon
in sin-nehte   sar ende-leas
firen-dædum fá   forð þrowian   1632
ða þe her [for-]hogdun   heofon-rices þrym ·
þonne þa gecorenan   fore crist berað
beorhte frætwe   hyra blæd leofað
æt dom-dæge agan   dream mid gode ·   1636
liþes lifes   þæs þe *alyfed biþ   [*32 a.]
haligra gehwam   on heofon-rice ·
ðæt is se eþel   þe no geendad weorþeð
ac þær symle forð   synna lease   1640
dream weardiað   dryhten lofiað

1611. MS. moþor.   1621. bindenne; over the first n there is a badly
formed m, or three strokes resembling m. 1628. MS. oþer. 1633. MS. hogdun.

the base from the holy, unto pernicious death;   1608
there thieves and spoilers of the folk,
the lying and adulterate, shall have no hope of life;
and the forsworn shall see their crimes' reward,
grievous and fiercely grim; then shall hell take   1611
the host of faithless ones, and the Lord shall give them
in perdition to the fiends; the hostile foe shall suffer
terrific racking pain. Wretched shall be be who willeth
to work so wickedly, that he, as a guilty one,   1616
shall be, upon the day of doom, wholly cut off
from his Creator, doomed to the death beneath,
among hell's race, in the hot fire,
under the barriers of flame; there shall men stretch their 1620
    limbs,
to be bound and to be burned
and to be scourged, in punishment of sins.
    Then the Holy Spirit, through the might of God,
at the King's command, shall lock up hell,   1624
that greatest of the homes of torment, full of fire,
and the host of fiends therein; of all the torments of devils
and of men this shall be greatest. That is a joyless house;
there no one ever may escape   1628
from those cold bonds; they brake their King's command,
the scriptures' bright behest; therefore, they must abide
in livelong night, and, stained with wicked deeds,
thenceforth must they endure pain without end,   1632
who here despised the glory of the heavenly realm.
    Then the chosen shall carry before Christ
radiant treasures; their bliss shall live;
with God, at doomsday, shall they have the joy   1636
of life serene, the which shall be vouchsafed
to every holy man in heaven's realm;
that is the home which shall know no end,
but there the sinless, henceforth evermore,   1640
shall keep their joy, and praise the Lord,

leofne lifes weard   leohte biwundne
sibbum bisweðede   sorgum biwerede
dreamum gedyrde   dryhtne gelyfde   1644
awo to ealdre   engla gemanan
brucað mid blisse   beorhte mid lisse
freogað folces weard   fæder ealra
geweald hafað *and* healdeð   haligra weorud ·   1648
ðær is engla song   eadigra blis
þær is seo dyre   dryhtnes onsien
eallum þam gesælgum   sunnan leohtra ·
ðær is leofra lufu   líf butan ende-deaðe   1652
glæd gumena weorud   giogoð butan ylde
heofon-duguða þrym ·   hælu butan sare
ryht-fremmendum   ræst butan gewinne
dóm-eadigra   dæg butan þeostrum   1656
beorht blædes full   blis butan sorgum
frið freondum bitweon   forð butan æfestum
gesælgum on swegle   sib butan niþe
halgum on gemonge ·   nis þær hungor ne þurst   1660
alæp ne swár leger   ne sunnan bryne
ne cyle ne cearo   ac þær cyninges 'gief[e]
awo brucað   eadigra gedryht
weoruda wlite-scynast   wuldres mid dryhten :—: 7   1664

1650. *MS. þam.*   1662. *MS. gief; after which is an erasure.*   1664.
dryhten :—: 7 is the last word on 32a; a blank space of three lines follows.

their life's dear Guardian; there, begirt with light,
bewrapt in peace, shielded from sorrows,
glorified by joys, endeared unto the Lord,   1644
radiant with grace, they shall aye, to all eternity,
enjoy in bliss the angels' fellowship,
and cherish mankind's Guardian, the Father of all,
Sovran Preserver of the hosts of the holy.   1648

    There is angels' song; bliss of the happy;
there is the cherished presence of the Lord,
brighter than the sun, for all those blessed ones;
there is the love of the beloved; life without death's end; 1652
a gladsome host of men; youth without age;
the glory of the heavenly chivalry; health without pain
for righteous workers, and for souls sublime
rest without any toil; there is day without gloom,   1656
radiant and joyful; happiness without sorrow;
friendship 'twixt friends for ever without feud;
peace without enmity for the blessed in heaven,
in the communion of saints; hunger is not there nor thirst, 1660
sleep nor grievous sickness; nor sun's heat,
nor cold nor care; but the company of the blest,
the fairest of all hosts, shall there for aye enjoy
their Sovran's grace, and glory with their King.   1664

[II. SAINT GUTHLAC.¹ A.]

[I.]

SE BID GEFEANA FÆGRAST þonne hy æt frymðe [*32 *b*.]
gemetað   [Chr. 1666.]
engel *and* seo eadge sawl · ofgiefeþ hio þas eorþan
wynne ·

forlæteð þas lænan dreamas · *and* hio wiþ ham lice gedæleð ·
ðonne cwið se engel   hafað yldran hád ·   4
greteð gæst oþerne · abeodeð him godes ærende ·
Nu þu most feran   þider þu fundadest ·
longe *and* gelome · ic þec lædan sceal
wegas þe sindon weþe *and* wuldres leoht   8
torht ontyned ·   eart nu tid-fara ·
to þam halgan hám · þær næfre hreow cymeð ·
eder-gong fore yrmþum · ac þær biþ engla dream · [Chr. 1676.]
sib *and* gesælignes · and sawla ræst ·   12
and þær á to feore   gefeon motun ·
dryman mid dryhten þa þe his domas her ·
æfnað on eorþan   he him ece lean ·
bealdeð on heofonum   þær se hyhsta ealra   16
cyninga cyning   ceastrum wealdeð ·
ðæt sind þa getimbru   þé nó tydriað
ne þam fore yrmþum   þe þær in-wuniað
lif aspringeð   ac him bið lenge hu sel   20
geoguþe brucað · *and* godes miltsa ·   [Chr. 1686.]
þider soðfæstra · sawla motun ·
cuman æfter cwealme   þa þe ær cristes · é ·
lærað *and* læstað · *and* his lof rærað ·   24

[¹ Lines 1-29 = Christ. 1666-1694, *in Grein's edition.   For reference,
Grein's numbering is inserted between brackets.*]   13. MS. motum.   18.
MS. æd.

II. SAINT GUTHLAC. A.

I.

THAT shall be the fairest of joys, when they at first shall
　　meet,
the angel and the happy soul, when it resigneth the joys of earth,
forsaketh these frail delights, and from the body shall depart.
Then shall the angel speak (his the more exalted state),　　4
one spirit shall greet the other, and announce to it God's
　　errand :—
'Now thou may'st travel whither thou wast yearning
longtime and often; I am to lead thee;
the ways shall be pleasant for thee, and glory's bright light　8
shall be revealed; thou art now a traveller
unto that holy home where sorrow never cometh,
the refuge from afflictions.' There is angels' harmony,
goodwill and happiness and souls' repose;　　　　　　　12
and there for evermore may they rejoice
and revel with the Lord, who here, on earth,
fulfil his judgments; He holdeth for them, in heaven,
eternal recompense; over the cities there,　　　　　　　16
the most high, the King of kings, holdeth rule.'
　　These are the structures which do not decay,
nor, through misery, shall life fail those
who dwell therein, but the longer the better it shall be for
　　them;　　　　　　　　　　　　　　　　　　　　20
youth shall they enjoy and the grace of God.
Thither, after death, the souls of righteous men
may come, who erewhile teach and do
the law of Christ and raise on high His praise;　　　　24

oferwinnað þa awyrgdan gæstas   bigytað him wuldres ræste ·
Hwider sceal þæs monnes   mod astigan ·
ær oþþe æfter   þonne he his ænne her
gæst bigonge   þæt se gode mote   28
womma clæne   * in geweald cuman ·   [*33 a.]
Monge sindon   geond middan-geard ·   [1]
hadas under heofonum ·   þa þe in haligra
rim arisað   we þæs ryht magun   ,32
æt æghwylcum   anra gehyran
gif we halig bebodu   healdan willað ·
Mæg nu snottor guma   sæle brucan
godra tida   and his gæste forð   36
weges willian ·   woruld is ónhrered
colaþ cristes lufu   sindan costinga
geond middan-geard   monge árisene ·   [10]
Swa þæt geara íu   godes spelbodan   40
wordum sægdon   and þurh witedóm
eal ánemdon   swa hit nu gongeð ·
Ealdað eorþan blæd   æþela gehwylcre
and of wlite wendað   wæstma gecyndu ·   44
biþ seo siþre tíd   sæda gehwylces
mætra in mægne   forþon se mon ne þearf
to þisse worulde   wyrpe gehyogan
þæt he us fægran   gefean bringe   48
ofer þa niþas   þe we nú dreogað ·   [20]
ærþon endien   ealle gesceafte
ða he gesette   on siex dagum ·
ða nu under heofonum   hadas cennað   52
micle and mæte   is þes middan-geard
dalum gedæled   dryhten sceawað
hwær þa eardien   þe his · æ · healden
geníhð he þa domas   dogra gehwylce   56
wonian and wendan   of woruld-ryhte ·
ða he gesette   þurh his sylfes wórd ·

25. MS. gua,ᵐᵐ.   46. MS. mætrç (i. e. mætru).

they overcome the cursed sprites; they gain glory's rest.

Whither, sooner or later, must a man's mood aspire,
whenas he would cherish
his one soul here, that it may come   28
to God's dominion, clean of blemishes !

There are many states 'neath heaven,
throughout this middle-earth, which rise
into the number of the holy; wherefore rightly   32
we may belong to any one of them,
if we will keep the commandments holy;
the wise man may now enjoy prosperity
and happy times, and yet be wishful for   36
his spirit's way hereafter. The world is stirred,
the love of Christ cooleth, many temptations
have arisen, throughout this middle-earth,
even as, in days of yore, God's messengers   40
spake in words, and through the gift prophetic
declared it all, as it is now befalling.

The glory of each produce of the earth declineth,
and all the kinds of growth change from their beauty;   44
the latter time of every seed is now
of feebler virtue; wherefore man dare not
direct his hope to this world's mutability, ———
that it may bring to us some fair delight   48
transcending all the griefs we now endure,
ere that all the creatures, that in six days
He set upon the earth, shall have an end,
yea, all which now produce their kinds 'neath heaven,   52
the mighty and the feeble. This middle-earth
is parted in divisions; the Lord beholdeth
where they abide who keep His law;
He seeth the judgments which He fixed   56
through His own word, fade day by day,
and depart from the justice of the world:

he fela findeð   fea beoð gecorene   [30]

sume him þæs hades   hlisan willað   60

wegan on wordum   and þa weorc ne doð ·

bið him eorð-wela   ofer þæt ece lif

hyhta hyhst   se gehwylcum *sceal   [*33 b.]

fold-buendra   fremde geweorþan ·   64

forþon hy nú hyrwað   haligra mod ·

ða þe him to heofonum   hyge staþeliað

witon þæt se eðel   ece bideð

ealra þære mengu   þe geond middan-geard   68

dryhtne þeowiað   and þæs deoran ham   [40]

wilniað bi gewyrhtum   swa þas woruld-gestreon

on þa mæran gód   bimutad weorþað ·

ðonne þæt gegyrnað   þa þe him godes egsa   72

hleonaþ ofer heafdum   hy þy hyhstan beoð

þrymme geþreade   þisses lifes

þurh bibodu brucað   and þæs betran forð

wyscað and wenaþ   wuldres byegað   76

sellað ælmessan   earme frefrað

beoð rúm-mode   ryhtra gestreona

lufiað mid lacum   þa þe læs agun ·   [50]

dæghwam dryhtne þeowiaþ   he hyra dæde sceawað ·   80

sume þa wuniað   on westennum

secað and gesittað   sylfra willum

hamas on heolstrum   hy ðæs heofoncundan

boldes bidað   oft him brogan tó   84

laðne gelædeð   se þe him lifes of-ónn ·

eaweð him egsan   hwilum idel wuldor

brægd-wis bona   hafað bega cræft

eahteð án-buendra   fore him englas stondað   88

gearwe mid gæsta wæpnum   heoþ hyra geoca gemyndge   [60]

bealdað haligra feorh   witon hyra hyht mid dryhten

þæt sind þa geocostan cempan   þa þam cyninge þeowað

se næfre þa lean alegeð   þam þe his lufan adreogeð; 7   92

67. MS. cleð.   71. MS. bimutað.   92. adreogeð, the only word on
the line dividing the sections.

He shall find many, few shall be chosen.

    Some desire to gain their order's reputation   60
by mere words, but do not do the works;
earthly wealth is their highest hope,
above the life eternal, which shall be alien
to every one now dwelling in the world;   64
verily, they now despise the mood of holy men,
who fix their thoughts on heaven,
and know that that Fatherland bideth eternally
for the host of all upon mid-earth   68
who serve the Lord, and by their works desire
that beloved home; so the treasures of this world
shall be transmuted into nobler wealth,
when they yearn for it, upon whose heads   72
resteth the fear of God; by that highest majesty
they are constrained; this life they enjoy
as by command, and forthwith ever wish and hope
for that better life: they purchase glory;   76
they bestow alms; they comfort the poor;
they are liberal of their just gains;
they cherish with gifts those who have less,
and daily serve the Lord; He beholdeth their deeds.   80
    Some who dwell in wildernesses,
who seek and occupy, by their own wills,
homes in dark caverns, these await
the heavenly dwelling-place; he who grudgeth them life,   84
oft bringeth hateful terror upon them;
sometimes he showeth them horror, sometimes vain glory;
the wily murderer hath power of both,
and harasseth these lonely-dwellers; before them angels stand   88
ready with their spirits' weapons; they are mindful of their safety;
they preserve the life of saints; they know their hope is with
    the Lord.
These are the chosen champions that serve the King,
who ne'er withholdeth their pay from those who bear Him love.   92

[II.]

MAGUN we nu nemnan   þæt us neah gewearð
þurh haligne   *hád gecyþed   [*34 a.]
hu guðlac his   in godes willan
mod gerehte   mán eall forseah   96
eorðlic æþelu   úpp gemunde
ham in heofonum   him wæs hyht to þám·
siþþan hine in-lyhte   se þe lifes weg   [70]
gæstum gearwað   and him giefe sealde   100
engelcunde   þæt he ana ongan
beorg-seþel bugan   and his blæd gode
þurh eaðmedu   ealne gesealde·
ðone þe he ón geoguðe   bigan sceolde   104
worulde wynnum   hine weard biheold
halig of heofonum   se þæt hluttre mód
in þæs gæstes gód   georne trymede·
Hwæt we hyrdon oft   þæt se halga wer   108
in þa ærestan   ældu gelufade   [80]
frecnessa fela   fyrst wæs swa-þeana
in godes dome   hwonne guðlace
on his ondgietan   engel·sealde   112
þæt him sweðraden   synna lustas·
Tid wæs toweard   hine twegen ymb
weardas wacedon   þa gewin drugon
engel dryhtnes   and se átela gæst·   116
nalæs hy him gelice   lare bæron
in his modes gemynd   mongum tidum·
oþer him þæs eorþan   ealle sægde   [90]
læne under lyfte   and þa longan gód   120
herede on heofonum   þær haligra
sawla gesittað   in sigor-wuldre
dryhtnes dreamas   he him dæda lean
georne gieldeð   þam þe his giefe willað   124

105. MS. wearð.

II.

Now may we declare what lately
was made known to us by men of holy state,
how Guthlac trained his mind
unto the will of God, despised all sin   96
and earthly wealth, and turned his thoughts on high,
unto a home in heaven; his hope was thitherward,
from the day when He who dighteth life's way for souls,
had enlightened him, and had granted him   100
angelic grace, so that he began
to occupy alone a mountain-home, and gave
in humbleness his whole life unto God,
the which, 'tis said, in youth he spent   104
in pleasures of the world. Him a holy guardian
from heaven beheld, who fain confirmed
his cleanly soul in spiritual goodness.
    Lo! we have often heard that this holy man   108
loved in the earlier period of his life
many vicious courses; nathless there was a time,
in God's determining, whenas He sent
an angel unto Guthlac's mind,   112
so that his lust for sin might be allayed.
The time was near; two guardians
watched about him, who kept up strife,—
an angel of the Lord and the fell spirit.   116
Many times they brought their teaching,
nowise alike, unto his mind's remembrance;
the one declared to him that all this earth
was transient 'neath the sky, and praised   120
the lasting good in heaven, where the souls
of holy men possess in glorious triumph
the Lord's delights; gladly He payeth
their deeds' reward to those who will accept   124

þicgan to þonce and him þas woruld
uttor lætan þonne þæt ece lif·
Oþer hyne scyhte þæt he sceaðena gemot
nihtes sohte and þurh neþinge   128
wunne æfter worulde swa doð wræc-mæcgas   [100]
þa þe ne bimurnað· *monnes feore   [*34 b.]
þæs þe him to honda huþe gelædeð
butan hy þy reafe rædan motan·   132
Swa hy hine trymedon on twa healfa·
oþþæt þæs gewinnes weoroda dryhten
on þæs engles dóm ende gereahte·
feond wæs geflymed siþþan frofre gæst   136
in guðlaces geoce gewunade
lufade hine and lærde lenge hu geornor
þæt him leofedan londes wynne   [110]
bold on beorhge oft þær broga cwom   140
egeslic and uncuð eald-feonda nið
searo-cræftum swiþ hy him sylf hyra
onsyn ywdon and þær ær fela
setla gesæton þonan sið tugon   144
wide waðe wuldre byscyrede
lyft-lacende wæs seo londes stow
bimiþen fore monnum· oþþæt meotud onwrah
beorg ón bearwe þa se bytla cwom   148
se þær haligne hám árærde·   [120]
nales þy he giemde þurh gitsunga
lænes lif-welan ac þæt lond gode
fægre gefreoþode siþþan feond oferwon   152
cristes cempa he gecostad wearð
in gemyndigra monna tidum·
ðara þe nu gena þurh gæstlicu
wundor [hine] weorðiað and his wisdomes   156
hlisan healdað þæt se halga þeow·
elne ge-eode þa he ana gesæt
dygle stowe· ðær he dryhtnes lof   [130]

153. MS. gecostað.   156. [hine] conjectural.

His grace with thanks, and will suffer all this world
to be beyond them rather than the life eternal.
The other egged him on, that he should seek by night
the meeting-place of robbers, and should make gain   128
by worldly villainy, as banded outlaws do,
who care not for the life of any man
that bringeth plunder to their hands,
if they may but dispose of spoil.   132

    Thus on two sides they were exhorting him,
until the Lord of hosts ordained the ending
of that contention to the glory of the angel.
The fiend was put to flight; the Spirit of comfort   136
remained for Guthlac's aid thereafter,
and loved him and taught him, the longer the more zealously,
so that he grew enamoured of that land's charm,
of that dwelling on the hill. Oft came there terror,   140
dreadful and strange,—the hatred of those ancient fiends,
strong in guileful cunning; to Guthlac's self they showed
their aspects; there had they erewhile fixed
their many seats, but thence, cut off from glory,   144
they had gone their way, a journey far and wide,
hovering through the air. Hidden from men
was that spot of land, until God disclosed
the mound within the grove, when the builder came,   148
who there reared up a holy home;
not because he cared, through greediness,
for life's frail wealth, but that he might nobly
devote the land to God, when he, Christ's champion,   152
had overcome the fiends. Tempted was he
in the times of men who still remember it,
of men who even now still honour him
for his spiritual wonders, and who preserve   156
his wisdom's fame, which he, the holy vassal,
gained by his courage, when all alone he dwelt
in that dark place, where he recited and extolled

reahte and rærde oft þurh reorde abead   160
þam þe þrowera þeawas lufedon
godes ærendu þa him gæst onwrah
lifes snyttru þæt he his lic-homan
wynna forwyrnde and woruld-blissa   164
seftra setla and symbel-daga
swylce eac idelra eagena wynna
gierelan gielp-°lices him wæs godes egsa   [°35 a.]
mara in gemyndum þonne he menniscum   168
þrymme æfter þonce þegan wolde: 7 :—   [140]

[III.]

GOD wæs guðlac he in gæste bær
   heofoncundne hyht hælu geræhte
ecan lifes him wæs engel neah   172
fæle freoðu-weard þam þe feara sum
mearc-lond gesæt þær he mongum wearð
bysen on brytene siþþan biorg gestah
eadig oretta and-wiges heard   176
gyrede hine georne mid gæstlicum wæpnum
wong bletsade· † †
Him to æt-stælle ærest arærde ·   [150]
cristes rode . þær se cempa oferwon   180
frecnessa fela frome wurdun monge
godes þrowera we þæs guðlace
deorwyrðne dæl dryhtne cennað·
he him sige sealde and snyttru-cræft   184
mundbyrd meahta þonne mengu cwom
feonda fær-scytum fæhðe ræran
ne meahton hy æfeste an forlætan
ac to guðlaces gæste gelæddun   188
frasunga fela him wæs fultum neah   [160]

---

162. MS. ærendð (i. e. ærendu).   169. One line space between the sections.
172. The scribe has evidently omitted half the line; there is no indication of
this in the MS.   181. MS. wurdun.

the praises of the Lord. Oft he announced, 160
by word, God's errand, unto those who loved
the ways of martyrs, when the Spirit had revealed
life's wisdom unto him, so that he withheld
his body from delights and worldly joys, 164
from downy seats and festive days,
yea, from the idle pleasures of the eye,
and from all pompous garb; the fear of God
was too great in his mind for him to deign 168
to welcome human grandeur thankfully.

III.

Guthlac was good; he bore within his soul
the heavenly hope, and strove for the salvation
of eternal life. Nigh him was an angel, 172
a faithful guardian of his peace, who, one of few,
inhabited that march-land. There the blissful champion,
the bold in fight, was an example
for many men in Britain, when he had 176
mounted that hill and had prepared him zealously
with spiritual weapons. He blessed the plain;
but first he raised aloft Christ's cross
to mark his station; there the champion overcame 180
divers perils; many of God's martyrs
grew valiant there; wherefore we ascribe
Guthlac's dearworth lot unto the Lord.
He gave him victory, and wisdom's craft, 184
and might's protection, when many foes
came with their sudden darts to raise up strife;
they could not wholly leave their hate,
but led forth unto Guthlac's spirit 188
temptations many: support was nigh to him;

engel hine elne trymede þonne hy him yrre hweopan
frecne fyres wylme stodan him on feðe-hwearfum
cwædon þæt he on þam beorge byrnan sceolde · · 192
and his lic-homan lig forswelgan
þæt his earfeþu eal gelumpe
mód-cearu mægum gif he monna dream
of þam orlege eft ne wolde 196
sylfa gesecan and his sibbe ryht
mid mon-cynne · °maran cræfte   [°35 b.]
willum bewitigan lætan wræce stille ·   [170]
Swa him yrsade se for ealle spræc 200
feonda mengu no þy forhtra wæs
guðlaces gæst ac him god sealde
ellen wiþ þam egsan þæt þæs eald-feondes
scyldigra scolu scome þrowedon · 204
wæron teon-smiðas tornes fulle
cwædon þæt him guðlac eac gode sylfum
earfeþa mæst ana gefremede ·
siþþan he for wlence on westenne 208
beorgas bræce þær hy bidinge [180]
earme and-sacan æror mostun
æfter tintergum tidum brucan ·
þonne hy of waþum · werge cwoman 212
restan ryne-þragum rowe gefegon
wæs him seo gelyfed þurh lytel fæc
stod seo dygle stow dryhtne in gemyndum
idel and æmen eþel-riehte feor · 216
bád bissœe betran hyrdes
to þon eald-feondas ondan noman ·
swa hi singales sorge dreogað [190]
ne motun hi on eorþan eardes brucan 220
ne hy lyft swefeð in leoma ræstum
ac hy hleo-lease hama þoliað
in cearum cwiþað cwealmes wiscað

209. MS. he.   210. MS. mostun.

the angel strengthened him with courage, when angrily they
    threatened him ;
when, audacious with fire's heat, they stood in crowds about him.
They ·said that he should burn upon that hill,   192
that flame should all devour his flesh,
that all his troubles and his miseries
should fall upon his kindred, if he himself
would not seek again the joys of men   196
away from that contention, and with good will)
and better craft discharge the claims of kin,
in the midst of men, and let that strife alone.

    Thus he who spake for all that host of foes   200
provoked him ; none the more adread
was Guthlac's soul, but God granted him
strength to meet that terror, so that the guilty shoal,
the old adversary's host, suffered shame ;   204
the harm-contrivers were then full of wrath ;
they said that, besides God, Guthlac, all alone there,
had caused them greatest hardship,
ever since, in pride, he had penetrated   208
the hills in that waste-land, where formerly they,
the vile apostates, could at times enjoy
repose after their direful torments,
when, aweary of their wanderings, they came   212
to rest there a short hour ; they joyed in the rest
that was granted to them for a little space.

    The secret spot, far from all patrial rights,
void and desolate, stood in the Lord's remembrance,   216
and awaited the coming of a better keeper.
Therefore those ancient foes took umbrage,
for they must now bear sorrow endlessly :
neither may they enjoy a dwelling on the earth,   220
nor doth air lull them for their limbs' repose,
but shelterless they yearn for homes,
and grievously lament, and wish for death ;

willen þæt him dryhten   þurh deaðes cwealm   224
to hyra earfeða   ende geryme ·
ne mostun hy guðlaces   gæste sceþþan
ne þurh sar-slege   sawle gedælan
wið lic-homan   ac hy lige-searwum   228
ahofun hearm-stafas   hleahtor alegdon ·   [200]
sorge seofedon   þa hi swiðra oferstag
weard on wonge   sceoldon wræc-mæcgas
ofgiefan gnornende   grene beorgas   232
hwæþre hy þa *gena   godes andsacan   [* 36 a.]
sægdon sar-stafum   swiþe geheton
þæt he deaþa gedal   dreogan sceolde
gif he leng bide   laþran gemotes ·   236
hwonne hy mid mengu   maran cwome
þa þe for his life   lyt sorgedon ·
guðlac him ongean þingode   cwæð þæt hy gielpan ne þorftan [210]
dædum wið dryhtnes meahtum   þeah þe ge me deað gehaten   240
mec wile wið þam niþum genergan   se þe eowrum nydum wealdeð.
An is ælmihtig god   se mec mæg eaðe gescyldan
he min feorg freoþað   ic eow fela wille
soþa gesecgan   mæg ic þis setl on eow   244
butan earfeðum   ana geðringan ·
Ne eam ic swa fealóg   swa ic eow fore stonde
monna weorudes   ac me mara dæl
in godcundum   gæst-gerynum   248
wunað and weaxeð   se me wraþe healdeð ·   [220]
ic me anum her   eaðe getimbre
hus and hleonað   me on heofonum sind
lare gelonge   mec þæs lyt tweoþ   —   252
þæt me engel tó   ealle gelædeð
spowende sped   spreca and dæda ·
gewitað nu awyrgde   werig-mode
from þissum earde   þe ge her on stondað   256
fleoð on feor-weg   ic me frið wille

fain would they that the Lord would make for them   224
an ending to their hardships by death's pang.
    They might not injure Guthlac's spirit,
.nor, by any baleful wound, part soul
from body, but by their lying arts   228
they raised up mischiefs. They gave up laughter;
they sighed with sorrow, when in that plain
a stronger guardian had o'ercome them : doomed were the wretched
    outcasts then
to leave those green hills, sorrowing the while ;   232
nathless still, in grievous wise, spake they,
God's adversaries, and vehemently threatened,
that he should bear the throes of many deaths,
if he abode there longer for a sorrier meeting,   236
when they would come with mightier multitude,
who would care little for his life.
    Guthlac replied to them; he said, they need not vaunt
their deeds against the power of the Lord; 'though ye have
    promised death to me,   240
He who ordaineth your plight, will save me from your hate.
There is one Almighty God who can easily shield me ;
He will protect my life. Fain would I tell you
many truths ; without trouble, all alone,   244
I can forcibly maintain this seat amidst you.
I am not so destitute, as I stand before you,
void of a host of men; but in me a larger power,
fraught with spiritual mysteries divine,   248
abideth and groweth, which keepeth me with its stay.
I shall easily build for me here alone
a house and resting-place; my instruction
is in heaven's gift; wherefore I doubt but little,   252
that an angel will bring to me, in word
and deed, all prosperous success.
Depart now, ye accursed, ye weary souls,
from this place whereon ye stand;   256
flee far away; for myself I fain desire

æt gode gegyrnan   ne sceal min gæst mid eow

gedwolan dreogan   ac mec dryhtnes hond   [230]

mundað mid mægne   her sceal min wesan   260

eorðlic eþel   nales eower leng : 7

[IV.]

ÐA wearð breahtm hæfen   beorg ymb-stodan

hwearfum wræc-mæcgas   woð up astag

cearfulra cirm   cleopedon . *monige   [*36 b.]   264

feonda fore-sprecan   firenum gulpon .

oft we ofersegon   be sæm tweonum

þeoda þeawas   þræce modigra

þara þe in gelimpe   life weoldon .   268

no we oferhygdu   anes monnes   [240]

geond middan-geard   maran fundon .

ðu þæt gehatest   þæt ðu ham on tus

gegan wille   eart ðe godes yrming .   272

bi hwon scealt þu lifgan   þeah þu lond age

ne þec mon hider   mose fedeð .

beoð þe hungor and þurst   hearde gewinnan

gif þu gewitest   swa wilde deor   276

ana from eþele   nis þæt onginn wiht .

geswic þisses setles   ne mæg þec sellan ræd

mon gelæran   þonne þeos mengu eall .   [250]

we þe beoð holde   gif þu us hyran wilt   280

oþþe þec ungearo   eft gesecað

maran mægne   þæt þe mon ne þearf

hondum hrinan   ne þin hra feallan

wæpna wundum .   we þas wic magun   284

fotum afyllan   folc in ðriceð .

meara þreatum .   and mon-farum .

beoð þa gebolgne   þa þec breodwiað

261. -les eower leng: the only words on the line dividing the sections. 269. MS. þe. 271. MS. hwa. 285. MS. inðri ceð with an erasure between.

peace with God. My soul shall not
endure error in your midst, but the Lord's hand
will protect me with its might; here shall be   160
my earthly home; it is yours no longer.'

IV.

    Then a noise was raised; around the hill in crowds
the outcasts stood; a shout ascended,
the cry of the wretched; there clamoured many a one,   164
spokesmen of the fiends; wickedly they boasted:—
    'Oft have we observed the ways of folks
between the seas, the boldness of the proud,
of those who held their life in changeful state;   168
we have not found, throughout this middle-earth,
greater arrogance in any single man.
Thou that dost threaten that thou wilt win
a home among us—thou art God's starveling: 172
whereby art thou to live, though thou possess the land?
Not any man will hither bring thee food;
hunger and thirst will be hard foes for thee,
if thou withdrawest, like the wild beasts do,   176
all solitary from thy home: that resolve is naught.
Quit this abode; not any one can teach thee
better rede than all this multitude:
we will be kind to thee, if thou wilt hear us;   180
else will we seek thee, unprepared, again,
with greater force, so that none shall need
touch thee with his hands, nor need thy carcass fall
by wounds of weapons; with our feet shall we be able   184
to lay low this dwelling; folk shall press in
with their troops of horse and moving bands of men.
Then they who lay thee low will be enraged;

tredað þec and tergað and hyra torn wrecað   288
to-berað þec blodgum lastum   gif þu ure bidan þencest· [260]
we þec niþa genægað   ongin þe generes wilnian
far þær ðu freonda wene   gif ðu þines feores recce·
gearo wæs guðlac   hine god fremede   292
on ondsware   and on elne strong
ne wond he for worde   ac his wiþer-breocum
sorge gesægde   cuðe him soð genog·
wið is þes westen   wræc-setla fela   296
eardas onhæle   earmra gæsta
sindon wær-logan   þe þa *wic bugað· [*37 a.]
þeah ge þa ealle   ut abanne   [270]
and eow eac gewyrce   widor-sæce   300
ge her áteoð   in þa torn-wræce
sigeleasne sið   no ic eow sweord ongean
mid gebolgne hond   oðberan þence
worulde wæpen   ne sceal þes wong gode   304
þurh blod-gyte   gebuen weorðan·
ac ic minum criste   cwemar þence
leofran lace   nu ic þis lond gestag·
fela ge me earda   þurh idel word   308
aboden habbað   nis min breost-sefa   [280]
forht ne fæge   ac me friðe healdeð
ofer monna cyn   se þe mægna gehwæs
weorcum wealdeð·   nis me wiht æt eow   312
leofes gelong   ne ge me laþes wiht
gedon motun   ic eom dryhtnes þeow·
he mec þurh engel   oft afrefreð·
forðon mec longeþas   lyft gegretað   316
sorge sealdun   nu mec sawel-cund
hyrde bihealdeð   is min hyht mid god·
ne ic me eorð-welan   owiht sinne   [290]
ne me mid mode   micles gyrne   320
ac me dogra gehwam   dryhten sendeð
þurh monnes hond   mine þearfe·

296. MS. wið.   299. MS. abunne.

they will tread thee, and tear thee, and wreak their wrath, 288
and bear thee off with bloody tracks : if thou thinkest to await us,
evilly shall we assail thee. Resolve to wish thy safety;
go where thou mayst hope for friends, if thou reck for thy life.'

Guthlac was ready; God made him 292
strong for answering, and strong in courage;
he flinched not at their words, but uttered sorrows
for his adversaries ; he knew truth well enough.

'Wide is this waste ; its exile-seats are many, 296
hidden homes of miserable sprites ;
perfidious ones are they that hold these seats;
though ye call forth all of them to your aid,
and make your warfare even more extended, 300
ye shall here, in your fierce vengeance, undertake
a baffled enterprise. I purpose not
to bear 'gainst you, with wrathful hand,
a sword, a worldly weapon, nor shall this plain 304
be consecrated unto God by bloodshed,
but I purpose to please my Saviour
with a dearer gift. Now that I have reached this land,
many dwelling-places, in idle words, 308
have ye offered unto me ; my breast is not afeard,
nor faint, for He who holdeth active sway
o'er every power, keepeth me in peace,
more than all mankind. No friendship is in me 312
towards you, nor can ye effect aught hostile
against me ; I am a servant of the Lord,
and by His angel He oft comforteth me ;
wherefore longings visit me but little, 316
sorrows seldom. Now a spiritual shepherd
guardeth me ; my hope is with God.
I care naught for earthly wealth,
nor earnestly desire I much for me, 320
but each day, by the hand of man,
God sendeth me my need.'

Swa modgade se wið mongum stod
awreðed weorðlice wuldres cempa   324
engla mægne gewat eal þonan
feonda mengu ne wæs se fyrst micel
þe hi guðlace forgiefan þohtan.
He wæs on elne *and* on eað-medum   328
bad on beorge wæs him botles neod.   [300]
for-let longeþas lænra dreama
no he hine wið monna miltse gedælde
ac gesynta bæd sawla gehwylcre   332
þonne he to eorðan on þam anade
hleor *onhylde him of heofonum wearð   [*37 b.]
onbryrded breost-sefa bliðe gæste.
oft eahtade wæs him engel neah   336
hu þisse worulde wynna þorfte
mid his lic-homan læsast brucan.
no him fore egsan earmra gæsta   [310]
treow getweode ne he tid forsæt   340
þæs þe he for his dryhtne dreogan sceolde
þæt hine æreste elne binoman
alæpa sluman oþþe sæne mod.
swa sceal oretta á in his mode   344
gode compian *and* his gæst beran
oft on ondan þam þe eahtan wile
sawla gehwylcre þær he gesælan mæg.
Symle hy guðlac in godes willan   348
fromne fundon þonne flyge-reowe   [320]
þurh nihta genipu. neosan cwoman
þa þe onhæle eardas weredon.
hwæþere him þæs wonges wyn sweðrade   352
woldun þæt him to mode fore mon-lufan
sorg gesohte þæt he sið tuge
eft to eþle ne wæs þæt ongin swylc.
ðonne hine engel on þam anade   356
geornast grette *and* him giefe sealde
þæt hine ne meahte meotudes willan

Thus exulted he, the glorious champion,
who stood 'gainst many, nobly sustained   324
by angels' might. Thence departed
all the multitude of foes, though the respite was not long,
that they were purposing to grant to Guthlac.

He was in strength and in humility;   328
he tarried on that mount; he cherished that abode;
though he had renounced desire of transient joys, —
he severed not himself from kindness towards men,
but prayed for the prosperity of every soul,   332
when in that solitude he bowed
his face to earth: from heaven his inmost soul
was stirred by a benignant spirit.
Oft he meditated, (an angel was near him),   336
how he might least enjoy with his body
the pleasures of this world;
his faith faltered not for dread
of wretched sprites; ne'er deferred he the hour   340
wherein he was to suffer for his Lord,
lest sleep's slumber or a sluggish mood
might wrest from him his power of rising.

So must a champion ever, in his soul,   344
fight for God, and oft-times bear his spirit
in hate 'gainst him who fain would harass
every soul, whenever he may bind it.
Ever found they Guthlac steadfast   348
in God's will, when in flight those cruel ones,
who inhabited the secret habitations,
came through the clouds of night to learn
whether his delight in that plain had lessened.   352
They wished that a longing for human love
would touch his mind, that he would journey
unto his home again; such was not his thought,
when in that solitude an angel   356
greeted him full fervently and gave him grace,
so that desire might not hinder him

longað gelettan   ac he on þæs lareowes   [330]
wære gewunade   oft worde bicwæð   360
huru þæs bihofað   se ðe him halig gæst
wisað on willan   and his weorc trymað
laþað hine liþum wordum   gehateð him lifes ræste
þæt he þæs latteowes   larum hyre ·   364
ne lete him eald-feond   eft oncyrran
mod from his meotude ·   Hu sceal min cuman
gæst to geoce   nemne ic gode sylle
hyrsumne hige   þæt him heortan geþonc · ††   368
* ær oþþe sið   ende geweorðe   [* 38 a.]   [340]
þæt ge mec to wundre   wægan motun
ne mæg min líc-homa   wið þas lænan gesceaft
deað gedælan   ac he gedreosan sceal   372
swa þeos eorðe eall   þe ic her on stonde ·
ðeah ge minne flæs[c]-homan   fyres wylme
forgripen grom-hydge   gifran lege ·
næfre ge mec of þissum wordum onwendað   þendan mec min
       gewit gelæsteð   376
þeah þe ge hine sarum forsæcen   ne motan ge mine sawle
       gretan
ac ge on betran gebringað   forðan ic gebidan wille
þæs þe me min dryhten demeð   nis me þæs deaþes sorg · [350]
ðeah min bán and blód   butu geweorþen   380
eorþan to eacan   min se eca dæl
in gefean fareð   þær he fægran
botles bruceð   nis þisses beorges setl
meodumre ne mara   þonne hit men duge   384
se þe in þr.. wingum   þeodnes willan
dæghwam dreogeð   ne sceal se dryhtnes þeow
in his mod-sefan   mare gelufian
eorþan æht-welan   þonne his anes gemet   388

---

363. *MS. rçste (i.e. ræste).*   368. *A leaf apparently is wanting after*
geþonc; judging by the strip of parchment still left, it must have been cut out
by a very clumsy hand.   370. *MS. wægan (i.e. wægan).*   374. *MS. flæs-*
homan.   384. *MS. buge.*

in the Creator's will; but in his teacher's
covenant he abode, and oft by word addressed him.   360

  'Verily it behoveth him whom the holy Spirit
leadeth into joy, and whose work He strengtheneth,
whom He inviteth with kindly words, and whom He promiseth
   life's rest,
that he obey his guide's instructions,   364
and suffer not the ancient fiend to turn
his mind from his Creator. How shall my soul
come to salvation, save I give to God
a mind obedient, so that my heart's thoughts (please) Him?..' 368
. . . . 'that sooner or later there may be an end
to your power to move me in this wondrous wise.
My body, in face of all this frail creation,
cannot escape death, but it must fall,   372
as must all this earth that I here stand upon.
Though, cruel-hearted, ye assail my flesh
with fire's heat and with greedy flame,
never shall ye turn me from these words, while my mind
   availeth me;   376
though ye may sorely afflict that, ye cannot touch my soul,
but ye will bring it to a better world; wherefore I will
   await
whatsoe'er my Lord adjudgeth me; I have no grief at death;
though my bones and blood both serve   380
for earth's increase, yet my eternal part
shall journey into bliss, where it shall enjoy
a fair abode. This mountain-dwelling
is neither lowlier nor more exalted than befitteth   384
a man who daily endureth his Sovereign's will
'mid suffering; nor must the servant of the Lord
love in his soul more of earth's possessions
than a sufficiency for himself alone,   388

þæt he his lic-homan   lade hæbbe·   [360]
Ða wæs eft swa ær   eald-feonda nið
wroht onwylled   woð oþer [þær]
ne lyt-hwon leoðode   þonne in lyft astag   393
cear-gesta cirm·   symle cristes lof
in guðlaces   godum mode
weox *and* wunade   *and* hine weoruda god
freoðade on foldan   swa he feora gehwylc   396
healdeð in hælo   þær se hyra gæst
þihð in þeawum   he wæs þeara sum·
ne won he * æfter worulde   ac he in wuldre áhof   [*38 *b*.]
modes wynne   hwylc wæs mara þonne·   400
se an oretta   ussum tidum   [372]
cempa gecyðed   þæt him crist fore
woruldlicra má   wundra gecyðde: 7

[V.]

HE hine scilde   wið sceðþen[*d*]ra·   404
  eglum onfengum   earmra gæsta·
wæron hy reowe   to ræsanne
gifrum grapum·   no god wolde
þæt seo sawl þæs   sar þrowade   408
in lic-homan   lyfde se þeana   [380]
þæt hy him mid bondum   hrinan mosten·
and þæt frið wið hy   gefreoþad wære·
Hy hine þa hofun   on þa hean lyft   412
sealdon him meahte   ofer monna cynn
þæt he fore eagum   eall sceawode
under haligra   hyrda gewealdum
in mynsterum   monna gebæru·   416
þara þe hyra lifes   þurh lust brucan
idlum æhtum   *and* ofer-wlencum

that he may have his body's sustenance.'

Then again, as erewhile, the old fiends' hate
and strife waxed hot: a second cry,
no feeble one, resounded, when the wail   392
of the troubled spirits rose aloft. In the goodly mind
of Guthlac evermore Christ's praise
waxed and abode, and him the God of hosts
protected on earth, as He preserveth unto salvation   396
every soul wherein the higher life
thriveth in virtue. Guthlac was one of these;
he strove not for the world, but set his mind's delight
on the glory above. What man was greater than he,   400
the one hero, the one champion,
known in our times, so that, on his behalf,
Christ showed forth more wonders in this world!

V.

He shielded him against the dire designs   404
of all those hurtful miserable sprites;
fiercely eager were they to rush upon him violently
with greedy clutches. God was not willing
that the soul should suffer so much pain   408
within the body; yet he permitted
that they might touch him with their hands,
and that His peace should nathless be maintained towards them.
Then they raised him into the lofty air,   412
and gave him might above the race of men,
so that he beheld fully before his eyes
the habits of those men in monasteries,
beneath the sway of holy guardians,   416
who spent their life in pleasure,
in vain possessions, and exceeding pomp,

K

gierelum gielplicum   swa bið geoguðe þeaw   [390]
þer þæs ealdres   egsa ne styreð·   420
No þer þa feondas   gefeon þorfton
ac þæs blædes hraðe   gebrocen hæfdon
þe him alyfed wæs   lytle hwile
þæt hy his lic-homan   leng ne mostan   424
witum wælan   ne him wiht gescod
þæs þe hy him to teonan   þurh-togen hæfdon·
læddun hine þa of lyfte   to þam leofestan
earde on eorðan   þæt he eft gestag   428
beorg on bearwe ˏbonan gnornedon   [400]
mændon murnende   þæ[t] hy monnes bearn
þream oferþunge   and swa þearfendlic
him to earfeðum·   *ana cwome   [*39 a.]   432
gif hy him ne meahte   maran sarum
gyldan gyrn-wræce·   guðlac sette
hyht in heofonas   hælu getreowde
hæfde feonda feng   feore gedyged   436
wæs seo æreste   earmra gæsta
costung ofercumen   cempa wunæde
bliþe on beorge   wæs his blæd mid god·   [410]
ðuhte him on mode   þæt se mon-cynnes   440
eadig wære   seþe his anum her
feore gefreoðade   þæt him feondes hond
æt þam ytmestan   ende ne scode
þonne him se dryhtnes   dom wisade   444
to þam nyhstan   nyd-gedale·
hwæþre him þa gena   gyrna gemyndge
edwit-sprecan   ermþu geheton
tornum teon-cwidum   treow wæs gecyþed   448
þætte guðlace   god leanode   [420]
ellen mid arum   þæt he ana gewon·
Him se werga gæst   wordum sægde
no we þe þus swiðe   swencan þorftan   452

430. MS. þæ.

and proud array, as is the wont of youth,
when no fear of an elder checketh it. 420
Not at that time then might the fiends rejoice,
but quickly had they spent the bliss,
which was granted them for but a little while,
so that they might no longer wound his body 424
with torments, nor did aught injure him
of what they had accomplished for his vexation.
They led him then from the air to that dearest home
on earth, so that he reached again 428
the hill within the grove. The slayers groaned
and moaned, lamenting that a child of man
had direfully surpassed them, and, to their bale
had come, alone, though in such needy wise, 432
unless they might requite him with some greater pain,
with vengeance for their misery. Guthlac set
his hope heaven-wards, and trusted for salvation;
he had escaped with life the fiends' embrace; 436
the first temptation of those wretched sprites
was overcome; the warrior abode
blithe on the mount, his glory was with God.
It seemed unto his mind, that he of all mankind 440
was indeed blessed, who protected
his one life here, so that the hand of the fiend
might not harm him at the final end,
when the Lord's decree directed him 444
to the last inevitable parting.
Yet, mindful still of harms, the scoffers
threatened him with dire afflictions
in angry words of insult. The truth was manifest, 448
that God had given as recompense to Guthlac
strength with honour, so that, all alone, he conquered.
Spake to him in words the accursed sprite :—
  'We need not have plied thee thus severely, 452

þær þu fromlice freonda larum
hyran wolde þa þu heas and earm
on þis orlege ærest cwome·
ða þu gehete þæt þec halig gæst   456
wið earfeþum eaðe gescilde
for þam myrcelse þe † monnes hond
from þinre onsyne æþelum áhwyrfde·   [430]
in þam mæg-wlite monge lifgað   460
gyltum forgiefene nales gode þigað
ac hy lic-homan fore lufan cwemað
wista wynnum swa ge weorð-myndu
in dolum dreame dryhtne gieldað   464
fela ge fore monnum miþað þæs þe ge in mode gehycgað·
ne beoð eowre *dæda dyrne þeah þe ge hy in dygle gefremme·
                                                    [*39 b.]

we þec in lyft gelæddun oftugon þe londes wynna
woldun þu þe sylfa gesawe þæt we þec soð on-stældun 468
ealles þu þæs wite awunne· forþon þu hit onwandan ne meahtes
ða wæs agongen þæt him god wolde   [441]
æfter þrowinga þonc gegyldan
þæt he martyr-hád mode gelufade   .   472
sealde him snyttru on sefan gehygdum
mægen-fæste gemynd he wið mongum stod
eald-feonda elne gebylded·
Sægde him to sorge þæt hy sigelease   476
þone grenan wong of-giefan sceoldan·
ge sind for-scadene on eow scyld siteð
ne cunnon ge dryhten duguþe biddan   [450]
ne mid eaðmedum are secan   480
þeah þe eow alyfde lytle hwile
þæt ge min onwald agan mosten·
ne ge þæt gebyldum þicgan woldan
ac mec yrringa up gelæddon   484
þæt ic of lyfte londa getimbru

454. MS. heam.   458. MS. þe þec.   482. MS. onwpald (i. e. onwald).

if readily thou wouldst have hearkened
to the rede of friends, when first thou camest,
lowly and forlorn, unto this place of strife,
when thou didst declare that the Holy Spirit   456
would easily shield thee 'gainst afflictions,
because of the sign, which warded
the hand of man from off thy noble face.
In that fair aspect many live,   460
given up to sin; they live not agreeably to God,
but, for their body's sake, delight
in pleasures of the feast, for ye pay reverence
to the Lord in foolish revelry;   464
ye hide from men much that in your minds ye meditate;
your deeds shall not be hidden, though in the dark ye do them.
We led thee in the air, withdrew from thee the land's delights;
we wished that thou thyself shouldst see that we alleged the
      truth 'gainst thee;   468
for all this thou hast gained affliction; verily, thou couldst not
      avert it.'
    Then it befell that God desired
to pay him thanks for all his sufferings,
for that he loved martyrdom with all his soul.   472
He gave him wisdom in his bosom's thoughts,
a steadfast mind. He stood 'gainst many
of those ancient foes, emboldened by his strength;
he said, to their sorrow, that ingloriously   476
they should give up that verdant plain:—
    'Ye are scattered! guilt sitteth on you!
Ye cannot ask a blessing of the Lord,
nor humbly seek compassion: 480
though He permitted you for but a little while,
that ye might have dominion over me,
yet would ye not maintain it measurably,
but angrily ye led me upon high,   484
that from aloft I might behold

geseon meahte   wæs me swegles leoht
torht ontyned   þeah ic torn druge ·
Setton me in edwit   þæt ic eaðe forbær   488
rume regulas   and reþe mod   [460]
geongra monna   in godes templum
woldan þy gehyrwan   haligra lof ·
sohtun þa sæmran   and þa sellan nó   492
demdan æfter dædum   ne beoð þa dyrne swa þeah ·
ic eow soð siþþon   secgan wille
god scop geoguðe   and gumena dream
ne magun þa æfter-yld   in þam ærestan   496
blæde geberan   ac hy blissiað
worulde wynnum   oððæt wintra rim
gegæð *in þa geoguðe   þæt se gæst lufað   [°40 a.]   [470]
onsyn and ætwist   yldran hades ·   500
ðe gemete monige   geond middan-geard
þeowiað in þeawum · þeodum ywaþ
wisdom weras   wlencu forleosað
siððan geoguðe geað   gæst aflihð ·   504
þæt ge ne scirað   ac ge scyldigra
synne secgað   soþfæstra nó ·
mod and mon-þeaw   mæran willað
gefeoð in firenum   frofre ne wenað   508
þæt ge wræc-siða   wyrpe gebiden ·   [480]
oft ge in gestalum stondað   þæs cymeð steor of heofonum
me þonne sendeð   se usic se mon wæg
se þe lifa gehwæs   lengu wealdeð ·   512
Swa hleoþrade   halig cempa
wæs se martyre   from mon-cynnes
synnum asundrad   sceolde he sares þa gen
dæl adreogan   ðeah þe dryhten his   516
wifum wolde   hwæt þæt wundra sum
monnum þuhte   þæt he ma wolde
ofrum onfengum   earme gæstas   [490]

the structures of the land ! Heaven's bright light
was then disclosed to me, though I endured affliction;
ye set it to my shame that readily I brooked   488
the lax rules and the rough moods
of the youthful men in God's own temples;
thereby would ye traduce the praises of the saints;
ye sought the worse and ye judged not   492
the better men according to their deeds; yet shall they not be
          hidden.
But I will tell you now the truth;
God created youth and men's delight;
they may not show maturity   496
in their first bloom, but they rejoice
in the pleasures of the world, until a tale of years
is added to their youth, when the spirit loveth
the form and feature of a higher state,   500
which many o'er this middle-earth serve
virtuously and fitly; men show forth
wisdom unto folk and lay aside their pride,
when the spirit putteth to flight youth's levity.   504
This ye discern not, but ye rehearse
the sins of guilty men, and will nowise extol
the mood and practices of the righteous;
ye rejoice in crimes, ye have no hope of comfort,   508
that ye may find respite from your exile-tracks.
Oft are ye engaged in theft; for this cometh chastisement from
          heaven;
then He sendeth me, He who for our sakes moved as man,
He who ordaineth the length of every life.'   512
     So spake aloud the holy champion:
severed was the martyr from the sins
of human kind, yet had he to endure
a portion of its pain, although his Lord   516
controlled his torments.   Lo ! it seemed
a wonder unto men that He should suffer any longer
the wretched sprites to touch him

hrinan leton *and* þæt hwæþre gelomp·   520
wæs þæt gen mara þæt he middan-geard
sylfa gesohte *and* his swat ageat
on bonena hond· ahte bega geweald·
lifes *and* deaðes þa he lustum dreag   524
eað-mod on eorðan ehtendra nið·
forþon is nu ar-lic þæt we·*æf*·fæstra
dæde demen secgen dryhtne lof
ealra þara bisena þe us beo fore   528
þurh his wundra geweorc wisdóm cyþað:7   [500]

[VI.]

G EOFU wæs mid guðlac in godcundum
  mægne gemeted· *micel is to secgan   [*40 b.]
eall æfter orde þæt he on elne adreag·   532
ðone fore-gengan fæder ælmihtig
wið onhælum ealdor-gewinnum
sylfa gesette þær his sawl wearð
clæne *and* gecostad cuð is wide   536
geond middan-geard þæt his mod geþah
in godes willan is þæs gen fela
to secgenne þæs þe he sylfa adreag   [510]
under nyð-gista nearwum clommum·   540
he þa sár forseah a þære sawle wel † †
þæs mund-boran þe þæt moʈd geheold
þæt him ne getweode treow in breostum
ne him gnornunga gæste scodun·   ׀ 544
ac se hearda hyge halig wuᵑade
oþþæt he þa bysgu oferbiden hæfde
þrea wæron þearle þegnas grimme
ealle hy þam feore fyl gehehton·   548
no hy hine to deað deman moston   [521]

529. *One-line space between the sections.*   540. *MS. originally* nið gysta
altered to nyð.   541. *There is an evident omission of one line here.*   542.
MS. mond.

with their dire assaults, but yet it so befell: 520
yea, that was even a greater thing, that He Himself
sought middle-earth, and shed His blood
by murderers' hands; He had command of both,
of life and death, when humbly He endured   524
on earth, of His own will, His persecutors' hate.

    Verily 'tis now fitting that we proclaim the deeds
of steadfast men, and declare our praises to the Lord
for all the examples whereby books reveal wisdom   528
unto us through His works of wonder.

VI.

    Grace was found with Guthlac
in his strength divine. Much is it to recount,
all from the beginning, that he bore with courage.   532
The Almighty Father Himself had placed him
as an advance-guard against life's
hidden adversaries; there his soul grew
pure and tried. 'Tis widely known   536
throughout this middle-earth, that his spirit throve
in the will of God, yet is there much
to tell of all that he himself endured
'neath the close clutchings of those hateful guests;   540
he despised the pains; (he) ever (trusted) well his Saviour
(for) his soul's (protection), and He guarded his spirit,
so that the faith within his breast misdoubted not,
nor murmurings harmed his soul,   544
but his steadfast mind continued holy,
until at length he had surmounted all those troubles.

    Fierce were the torments; grim the ministers;
they all threatened destruction to his life;   548
yet might they not, those guardians of sin,

synna hyrdas ac seo sawul bád·
in lic-homan leofran tide
georne hy ongeaton þæt hyne god wolde   552
nergan wið niþum and hyra nýd-wræce
deope deman swa dryhten mæg
ana ælmihtig eadigra gehwone
wið earfeþum eaðe gescildan·   556
Hwæðre hine gebrohton bolgen-mode
wraðe wræc-mæcgas wuldres cempan   [530]
halig husul-bearn æt hel-dore
þær firen-fulra fæge gæstas   560
æfter swylt-cwale secan on-ginnað
in-gong ærest in þæt atule hús
niþer under næssas neole grundas
hy hine bregdon budon orlege   564
egsan and ondan ar-leas-lice
frecne fore swa bið feonda þeaw
þonne hy * soð-fæstra sawle willað [*41 a.]
synnum beswican and searo-cræftum·   568
ongunnon grom-heorte godes orettan   [541]
in sefan swencan swiþe geheton
þæt he in þone grimman gryre gongan sceolde
hweorfan gehyned to hel-warum   572
and þær in bendum bryne þrowian·
woldun hy geteon mid torn-cwidum
earme aglæcan in or-wennysse
meotudes cempan hit ne meahte swa·   576
cwædon cearfulle criste laðe
to guðlace mid grimnysse   [550]
ne eart ðu gedefe ne dryhtnes þeow
clæne gecostad ne cempa gód·   580
wordum and weorcum wel gecyþed
halig in heortan nu þu in helle scealt
deope gedufan nales dryhtnes leoht
habban in heofonum heah-getimbru   584
seld on swegle forþon þu synna to fela

doom him to death, for the soul within his body
waited for a happier time.
Well discerned they that God would save him   552
from their enmity and sternly judge
their violence, even as the Almighty Lord
alone can shield full easily
each blessed one against affliction.   556
Nathless the furious outlaws, swollen with rage,
brought him, glory's champion,
the holy housel-child, unto hell's door,
where the doomed spirits of the sinful,   560
after the pang of death, do first begin
to seek an entrance into that dire house,
those depths profound, down 'neath the nesses.
They terrified him, and impiously   564
they threatened him with warfare, terror, and enmity,
and a direful journey. Such is the wont of fiends,
when they desire to seduce with sins
and subtle wiles the souls of righteous men.   568
Cruel-hearted, they essayed to afflict in mind
God's champion, and vehemently threatened
that he should journey into that grim horror,
and pass, condemned, to hell's inhabitants,   572
and there in bonds endure its burning heat.
The wretched monsters wished with bitter words
to draw the champion of the Lord
into despair; but so it might not be.   576
Filled with care, the foes of Christ spake
thus to Guthlac with grim fierceness: —

‘Thou art not worthy, nor art thou fully proved
a servant of the Lord, nor a goodly champion,   580
truly manifest by words and works,
holy in heart: now shalt thou sink
deep into hell, nowise shalt thou have
the Sovereign's light in heaven, nor the abodes on high,   584
nor a dwelling in the firmament, for in the flesh

facna gefremedes in flæsc-homan ·
we þe nu willað womma gehwylces
lean forgieldan þær þe laþast bið   588
in ðam grimmestan gæst-gewinne ·   [561]
Him se eadga wer and-swarode
guðlac in gæste mid godes mægne ·
doð efne swa gif eow dryhten crist   592
lifes leoht-fruma lyfan wylle
weoruda waldend þæt ge his wer-gengan
in þone laðan leg lædan motan ·
þæt is in gewealdum wuldor-cyninges   596
se eow gehynde and in hæft bidraf
under nearone clom nergende crist ·   [570]
eom ic eað-mod his ombieht-bera
þeow geþyldig ic geþafian sceal   600
æghwær ealles his anne dom
and him geornlice gæst-gemyndum
wille ᐧwide-ferh wesan underþyded [*41 b.]
hyran holdlice minum hælende   604
þeawum and geþyncðum and him þoncian
ealra þara giefena þe god gescop
englum ærest and eorð-warum
and ic bletsige · bliðe mode   608
lifes leoht-fruman and him lof singe   [581]
þurh gedefne dom dæges and nihtes
herge in heortan heofon-rices weard ·
þæt eow æfre ne bið ufan alyfed   612
leohtes lissum þæt ge lof moten
dryhtne secgan ac ge deaðe sceolon
weallendne wean wope besingan
heaf in helle nales herenisse   616
halge habban heofon-cyninges : 7

617. One-line space between the sections.

thou hast wrought too many sins, too many treacheries.
Now we will pay thee retribution
for every crime, in the bitterest torment   588
of the soul, where it shall be most grievous.'

To them made answer Guthlac, the blessed man,
endowed in spirit with the power of God:—
'Do even so, if Christ the Sovereign,   592
life's bright Source, the Ruler of the hosts,
will suffer you that ye may lead
His follower into the hostile flame;
'tis in the power of the King of glory,   596
who condemned you, who drave you into durance,
under confining fetters, yea, the Saviour Christ.
I am His minister, humble and obedient,
His patient servant; everywhere and in all things   600
I must submit unto His doom alone;
and zealously, with all my spirit's thoughts,
I will for evermore be subject unto Him,
and faithfully will I obey my Saviour   604
in duty and in worship, and give thanks to Him
for all the gifts which God created first
for angels and for earth's inhabitants.
And I will bless with joyful mind   608
the radiant Source of life, and night and day
sing praises unto Him with befitting glory,
and laud Him in my heart, the Warden of heaven's realm.
Ne'er to you shall it be granted from above,   612
by the grace of Light, that ye may declare
praise unto the Lord, but in death ye shall bewail,
with lamentation, surging torment;
mourning shall ye have in hell, but nowise   616
the holy praise of heaven's King.'

[VII.]

IC þone deman in dagum minum   [590]
   wille weorþian wordum and dædum
lufian in life swa is lar and ar   620
to spowendre spræce gelæded
þam þe in his weorcum willan ræfnað·
Sindon ge wær-logan swa ge in wræc-siðe
longe lifdon lege biscencte   624
swearte beswicene swegle benumene
dreame bidrorene deaðe bifolene
firenum bifongne feores orwenan
þæt ge blindnesse bote fundon   628
ge þa fægran gesceaft in fyrn-dagum   [601]
gæstlicne god-dream gearo forsegon
þa ge wið-bogdun halgum dryhtne
ne mostun ge a wunian in wyn-dagum   632
ac mid scome scyldum scofene wurdon
fore oferhygdum in ece fýr·
ðær ge sceolon dreogan deað and þystro
wóp to widan ealdre * næfre ge þæs wyrpe gebidað [*42 a.] 636
and ic þæt gelyfe in lif-fruman
ecne onwealdan ealra gesceafta   [610]
þæt he mec for miltsum and mægen-spedum
niðða nergend næfre wille   640
þurh ellen-weorc an forlætan
þam ic longe in lic-homan
and in minum gæste gode campode
þurh monigfealdra mægna gerynu·   644
forðon ic getrywe in þone torhtestan
þrynesse þrym se geþeahtingum
hafað in hondum heofon and eorðan
þæt ge mec mid niþum næfre motan   648

631. wiðbogdum.

VII.

'In my days would I fain reverence
the Judge, and by words and deeds
in my life cherish Him.' (Thus lore and grace   620
are added to persuasive eloquence,
for him who in his works performeth His will.)
'Ye are faith-breakers; thus in exile-tracks
have ye long lived, with flame proffered for drink,   624
darkly deluded, deprived of heaven,
bereft of joy, consigned to death,
surrounded with sin, without a hope of life,
that ye might ever find cure for your blindness.   628
In days of yore ye readily renounced
this fair creation and spiritual joy divine,
when ye meditated 'gainst the holy Lord;
ye might not live for ever then in joyful days,   632
but ignominiously and guiltily were ye thrust
for overweening pride into eternal fire,
where ye must suffer death, and darkness,
and weeping, for evermore: never may ye gain relief therefrom;
but I put my faith in the Source of life,   637
in the Eternal Lord of all created things,
that He, men's Saviour, in His mercy
and the fulness of His might will never   640
forsake me wholly, because of my deeds heroic,
wherewith, in body and in spirit,
I have long championed God,
through mysteries of powers manifold: 644
therefore I rely upon that brightest Glory
of the Trinity, who by His counsellings
holdeth in His power the heaven and earth,
that ye may never, in your malice,   648

torn-mode teon   in tintergu   [621]
mine myrðran   and mán-sceaþan
swearte sigelease   eom ic soðlice
leohte geleafan   and mid lufan dryhtnes   652
fægre gefylled   in minum feorh-locan ·
breostum inbryrded   to þam betran hám
leomum inlyhted   to þam leofestan
ecan earde   þær is eþel-lond   656
fæger and gefealic   in fæder wuldre ·
ðær eow næfre   fore nergende   [630]
leohtes leoma   ne lifes hyht
in godes rice   agiefen weorþeð   660
for þam oferhygdum   þe eow in mod astag
þurh idel gylp   ealles to swiðe
wendun ge and woldun   wiþer-hycgende
þæt ge scyppende   sceoldan gelice   664
wesan in wuldre   eow þær wyrs gelomp ·
ða eow se waldend   wraðe bisencte
in þæt swearte susl   þér eow siððan wæs
ád inæled   attre geblonden   668
þurh deopne dom   dream afyrred   [641]
engla gemana   swa nu awa sceal
wesan wide-ferh   þæt ge wærnysse
bryne-wylm hæbben   nales bletsunga ·   672
·ne þurfun ge wenan   wuldre biscyrede   [*42 b.]
þæt ge mec synfulle   mid searo-cræftum
under scæd sconde   scufan motan
ne in bæl-blæsan   bregdon on hinder   676
in helle hus   þær eow is hám sceapen
sweart sin-nehte   sacu butan ende   [650]
grim gæst-cwalu   þær ge gnornende
deáð sceolon dreogan   and ic dreama wyn   680
agan mid englum   in þam uplican
rodera rice   þær is ryht cyning

663. MS. woldum.

draw me wrathfully into dire torments,
ye, my murderers, ye wicked spoilers,
swart and triumphless.   Truly am I
gloriously filled, in the chamber of my soul,   652
with bright belief and with the Ruler's love;
in my bosom am I impelled unto that better home,
and lighted with His beams to the dearest
everlasting home, where is a fatherland,   656
fair and joyous, yea, in the Father's glory:
never there, in presence of the Saviour,
in the realm of God, shall be granted unto you
a beam of light or any hope of life,   660
for the arrogance that in your minds arose,
through idle boasting, that was all too great.
Ye weened and wished, rebelliously,
that ye might be in glory   664
equal with the Creator: then fared it worse with you,
when wrathfully the Ruler cast you down
into that swart torment, where, thereafter,
a pyre was kindled for you, charged with venom;   668
by stern decree joy was moved far from you,
yea, the fellowship of the angels; wherefore it must be,
now and for evermore, that ye shall have
malediction and burning heat, but naught of blessing.   672
Ye may not hope, ye creatures bereft of glory,
that, with cunning craft, sinful as ye are,
ye may shamefully thrust me under shade,
or snatch me backward into the fiery blaze,   676
into hell's house, where there is made for you a home,
swart in livelong night, and endless strife,
and bitter torment of the soul, where, wailing,
ye shall suffer death, while I shall own,   680
'mid angels in the lofty kingdom of the skies,
the joy of joys: there is the righteous King;

L

help *and* hælu   hæleþa cynne
duguð *and* drohtað·   ða cwom dryhtnes ár   684
halig of heofonum   se þurh hleoþor abead
ufan-cundne ege   earmum gæstum·
het eft hraðe   unscyldigne
of þam wræc-siðe   wuldres cempan   688
lædan lim-halne   þæt se leofesta   [661]
gæst gegearwad   in godes wære
on gefean ferde·   ða wearð feonda þreat
acol for ðam egsan   ofer-mæcga spræc   692
dyre dryhtnes þegn   dæg hluttre scán
hæfde guðlaces   gæst in gewealdum
modig mund-bora   meahtum spedig
þeostra þegnas   þrea-niedlum bond   696
nyd onsette *and* geneahhe bibead·
Ne sy him banes bryce   ne blodig wund   [670]
lices læla   ne laþes wiht
þæs þe ge him to dare   gedon motan   700
ac ge hine gesundne ásettaþ   þær ge hine sylfne genoman
he sceal þy wonge wealdan   ne magon ge him þa wic for-
     stondan·
ic eom se dema   se mec dryhten heht
snude gesecgan   þæt ge him sara gehwylc   704
hondum gehælde *and* him hearsume
on his sylfes dóm   *siþþan wæron·   [*43 a.]
ne sceal ic mine onsyn   fore eowere
mengu miþan   ic eom meotudes þegn   708
eom ic þara twelfa sum   þe he getreowweste   [681]
under monnes hiw   mode gelufade·
he mec of heofonum   hider onsende
geseah þæt ge on eorðan   fore sef[e]tum   712
on his wer-gengan   wite legdon·
Is þæt min broþor   mec his byagu gehreaw
ic þæt gefremme   þær se freond wunað

there is help and salvation for the race of men,
and troops and retinues.'   Then there came, holy from heaven,
a messenger of the Lord; in loud voice he announced   685
unto the wretched sprites terror from heaven above,
and bade them quickly lead back the guiltless one,
the champion of glory, whole of limb,   688
from that exile-track, so that, prepared aright,
that dearest soul might depart in joy
to God's protection.   Then was the band of fiends
chilled at that portent; the exalted spake,   692
the Lord's dear minister; day brightly shone.
A high Protector, in might abounding,
held Guthlac's spirit in His sway;
He bound those ministers of darkness by dire need,   696
imposed upon them force, and firmly commanded them :—
    ' Let there be in him no break of bone, nor bloody wound,
nor body's scar, nor aught of injury,
from all ye may have done unto his hurt;   700
but do ye place him sound there whence ye took him :
he shall have dominion o'er the plain; ye may not deny him
        these dwellings;
I am the judge; the Lord commanded me
to declare anon, that ye heal with your hands   704
his every hurt, and be obedient unto him
hereafter, according to His own decree.
I must not conceal my countenance
before your multitude; I am a minister of the Lord;   708
one of the twelve am I, whom He, whilst in human form,
loved with His soul as His most faithful ones.
He hath sent me down from heaven hither;
He saw that ye on earth, in envy,   712
laid torment upon His follower.
This is my brother; his affliction hath grieved me;
I will achieve this thing, here where my friend abideth
                        L 2

on þære socne þe ic þa sibbe wið hine   716
bealdan wille nu ic his helpan mot
þæt ge min onsynn oft sceawiað·   [690]
nu ic his geneahhe ˏneosan wille
sceal ic his word and his weorc in gewitnesse   720
dryhtne lædon he his dæde conn: 7

[VIII.]

Ð A wæs guðlaces gæst geblissad
     siþþan bartholomeus aboden hæfde
godes ærendu gearwe stodun   724
hæftas hearsume þa þæs halgan word
lyt ofer-leordun· ongon þa leofne sið
dragan dom-eadig dryhtnes cempa
to þam onwillan eorðan dæle·   728
hy hine bæron and him bryce heoldon   [701]
hofon hine hondum and him hryre burgun
wæron hyra gongas under godes egsan
smeþe and gesefte sige-hreðig cwom   732
bytla to þam beorge hine bletsadon
monge mæg-wlitas meaglum reordum·
treo-fugla tuddor tacnum cyðdon
eadges eft-cyme oft he him æte heold   736
þonne hy him hungrige ymb hond flugon
grædum gifre geoce ˚gefegon·   [˚43 b.]   [710]
swa þæt milde mod wið mon-cynnes
dreamum gedælde dryhtne þeowde   740
genom him to wildeorum wynne siþþan he þas woruld forhogde
Smolt wæs se sige-wong and sele niwe
fæger fugla reord folde geblowen
geacas gear budon guþlac moste   744
eadig ond onmod eardes brucan·
stód se grena wong in godes wære
hæfde se heorde seþe of heofonum cwom

721. comm: 7 the sole word on the line dividing the sections.

amid your persecution, (for towards him   716
I will fain preserve my friendship, now that I may help him),—
this thing to wit, that ye shall oft see here my countenance.
Now will I visit him full frequently;
I must bring his words and works in witness   720
unto the Lord: He knoweth his deeds.'

VIII.

Then was Guthlac's spirit gladdened,
after Bartholomew had declared
God's message. Ready stood   .   724
the thralls obedient: little transgressed they
the saint's behest. Then the Lord's famed champion
began to go the welcome way
unto that spot of earth he longed for.   728
They bore him, and preserved him from all hurt;
they raised him with their hands, and guarded him from fall:
under fear of God, their onward march
was unimpaired and easy. Triumphant came   732
the builder to the hill; many living kinds
blessed him; in voices strenuous,
and by signs, the bird-brood of the woods made known
the blessed man's return: oft had he held them food,   736
when, hungry, yea, greedily voracious, they flew
around his hand, and rejoiced in his succour.
Thus that gentle spirit served the Lord,
sundered from the joys of human kin;   740
in the wild beasts he took delight, after he had renounced this
        world.
Bright was the glorious plain and his new home;
sweet the birds' song; earth blossomed forth;
cuckoos heralded the year. Blessed and steadfast,   744
Guthlac might now enjoy his dwelling-place.
The green plain rested in God's protection;
the guardian, who had come from heaven,

feondas afyrde hwylc wæs fægerra   748
willa geworden in wera life   [731]
þara þe yldran usse gemunde
oþþe we selfe siþþan cuþen.
hwæt we þissa wundra gewitan sindon.   752
eall þas ge-eodon in ussera
tida timan forþon þæs tweogan ne þearf
ænig ofer eorðan ælda cynnes.
Ac swilc god wyrceð gæsta lifes   756
to trumnaþe þy læs þa tydran mod
þa gewitnesse wendan þurfe   [730]
þonne hy in gesihþe soþes brucaþ.
Swa se ælmihtiga ealle gesceafte   760
lufað under lyfte in lic-homan
monna mægðe geond middan-geard
wille se waldend þæt we wisdom a
snyttrum swelgen þæt his soð fore ús   764
on his giefena gyld genge weorðe.
ða he us to are and to ondgiete
syleð and sendeð sawlum rymeð
liþe lif-wegas leohte geræhte.   768
nis þæt huru læsast þæt seo lufu cyþeð   [741]
þonne heo in monnes mode getimbreð
gæstcunde *gife swa he guðlaces [*44 a.]
dagas and dæde þurh his dóm ahóf   772
wæs se fruma fæstlic feondum ón óndan
geseted wið synnum þær he siþþan lyt
wære gewonade oft his word gode
þurh eað-medu up onsende   776
let his ben cuman in þa beorhtan gesceaft
þoncade þeodne þæs þe he in þrowingum   [750]
bidan moste hwonne him betre lif
þurh godes willan agyfen worde.   780

751. MS. selfe: under the first e there is a small y by another hand.
756. Swilc: under the i is a small y by another hand. 780. agyfen:
originally agifen; i altered to y.

had banned the foes afar. Was any nobler wish 748
ever accomplished in the life of men,
of all whom our ancestors have memorized,
or we ourselves have since known?
Lo! of these wonders we are witnesses; 752
all these things happened in the time
of our own life-tides; wherefore not anyone
of the race of men on earth dare doubt it.
Verily, God worketh thus to strengthen the spirit's life 756
in fortitude, that feeble minds
may pervert His testimony the less,
when they enjoy the truth with their own sight.

    Thus the Almighty One loveth all created things 760
in fleshly covering 'neath the sky,
all the tribes of men o'er middle-earth;
fain would He, the Supreme, that we, aye prudently,
imbibe wisdom, so that His truth may become 764
current among us in payment for the gifts,
which He granteth and sendeth us for our grace
and for our understanding; for our souls He cleareth
smooth paths of life, adorned with light. 768
Verily, love doth not manifest its smallest gift,
when it establisheth spiritual grace
in the mind of man. So, in His might,
He exalted Guthlac's days and deeds. 772
The noble man was firm in zeal against the fiends,
steadfast against sin; thereafter
he bated little from his troth; oft in humility
he sent his words aloft to God, 776
and let his prayer reach to that bright creation,
and thanked the Lord therefore, that he, in suffering,
was allowed to bide the time, until, by God's will,
there should be granted him a better life. 780

Swa wæs guðlaces gæst gelæded ·
engla fæðmum in up-rodor
fore onsyne eces deman
læddon leoflice him wæs lean geseald   · 784
setl on swegle þær he symle mot
awo to ealdre eard-fæst wesan
bliðe bidan is him bearn godes
milde mund-bora meahtig dryhten   · 788
halig hyrde heofon-rices weard ·   [761]
Swa soðfæstra sawla motun
in ecne geard up gestigan
rodera rice þa þe ræfnað her   792
wordum and weorcum wuldor-cyninges
lare longsume on hyra lifes tid
earniað on eorðan ecan lifes
hames in heahþu þæt beoð husel-weras   796
cempan gecorene criste leofe
berað in breostum beorhtne geleafan   [770]
haligne hyht heortan clæne
weorðað waldend habbað wisne geþoht   800
fusne on forð-weg to fæder-eðle
gearweþ gæstes hus and mid gleawnesse
feond ofer-feohtað and firen-lustas
for-berað *in breostum broþor-sibbe   [*44 b.] 804
georne bigongað in godes willan
swencað hi sylfe sawle frætwað
halgum gehygdum heofon-cyninges bibod
fremmað on foldan fæsten lufiað   808
beorgað him bealo-niþ and gebedu secað   ——   [781]
swincað wið synnum healdað soð and ryht
him þæt ne hreoweð æfter hin-gonge ·
ðonne hy hweorfað in þa halgan burg ·   —   812
gongað gegnunga to hierusalem · ·
þær hi to worulde wynnum motun
godes onsyne georne biheoldan

                814. MS. motum.

Thus was Guthlac's spirit led,
in the embrace of angels, to heaven above;
they led him lovingly before the face
of the Eternal Judge. To him reward was given, 784
a seat in heaven, where he might aye,
to all eternity, be resident,
and joyfully abide; the Child of God
is his benign Protector; the Lord Almighty, 788
yea, the Warden of heaven's realm, is his holy Guardian.
   So may the souls of righteous men
ascend aloft to the eternal home,
the kingdom of the skies; those who here fulfil, 792
in words and works, the long-enduring lessons
of the King of Glory, during their life's career,
shall earn on earth eternal life,
a home on high: these are the true communicants, 796
the chosen champions dear to Christ;
they bear within their bosoms bright belief,
holy hope, a cleanly heart;
they worship the All-powerful; they have wise thought; 800
hastening on their onward way unto their Fatherland,
they dight their spirit's house, and with wisdom
overcome the fiend, and restrain all sinful lusts
within their hearts; brotherly love 804
they foster eagerly, and to please God
they mortify themselves, and adorn their souls
with holy meditations; they execute on earth
the heavenly King's behest; they love fasting; 808
they secure themselves from wicked hate, and seek prayer;
they toil 'gainst sin; they keep truth and justice.
It shall not rue them, after their going hence,
when they wend into the holy burgh, 812
and straightway go unto Jerusalem,
where joyfully they may for evermore
freely behold the countenance of God,

sibbe *and* gesihðe þær heo soð wunað   816
wlitig wuldorfæst ealtne widan ferh
on lifgendra londes wynne: 7 :—   [790]

[SAINT GUTHLAC. B.]

[I.]

ÆT IS WIDE CVÐ WEra cneorissum·
folcum gefræge þæt-te frymþa god   820
þone ærestan ælda cynnes
of þære clænestan cyning ælmihtig
foldan geworhte· ða wæs fruma niwe
ælda tudres onstæl wynlic   824
fæger *and* gefealic fæder wæs acenned·
adam ærest þurh ert godes·
on neorxna-wong þær him nænges wæs
willan onsyn ne welan brosnung·   828
ne lifes lyre ne lices hryre   [801]
ne dreames dryre ne deaðes cyme·
ac he on þam lande lifgan moste
ealra leahtra leas longe neotan   832
niwra gefeana· þær he *nó þorfte·   [*45 a.]
lifes ne lissa in þam leohtan ham
þurh ælda tid ende gebidan·
ac æfter fyrste to þam fæ[g]restan   836
heofon-rices gefean hweorfan mostan
leomu lic somud *and* lifes gæst   [810]
and þær siþþan á· in sin-dreamum
to widan feore wunian mostun   840
dryhtne on gesihðe butan deaðe forð
gif hy halges word healdan woldun
beorht in breostum *and* his bebodu læstan

in peace, with their own sight; there truly it abideth, 816
radiant and glorious, unto all eternity,
in the joyous land of living men.

SAINT GUTHLAC. B.

I.

'Tis widely known unto the generations of men,
'tis familiar unto folk, that Creation's God· 820
wrought of purest earth
the first one of the race of men,
He, the Almighty King. Then was the prime beginning
of mankind's progeny; its portion was full pleasant, 824
fair and joyous. First, through grace of God,
our father Adam was brought forth
in Paradise; there was no lack to him
of aught he wished; neither wealth's decay, 828
nor loss of life, nor body's fall,
nor joy's decline; nor death's approach;
but he in that land might live
void of all ill, and long enjoy 832
those new delights; there had he no need,
in that bright home, to await an ending
of his life or of his joys, through all the ages;
but in the course of time, limbs and body both, 836
and the spirit of life, might have wended their way
unto the fairest joy of heaven's realm,
and might have dwelt there ever afterwards
in endless bliss to all eternity, 840
in the presence of the Lord, aye, without death,
had they but deigned to keep the word of the Holy One,
bright in their breasts, and to perform His biddings,

æfnan on eðle hy to ær aþreat   844
þæt hy waldendes willan læsten ·
ac his wif genom wyrmes larum
blede forbodene , and of beame ahneop
wæstm biweredne ofer word godes ·   848
wuldor-cyninges and hyre were sealde   [821]
þurh deofles searo deað-berende gyfl
þæt ða sin-hiwan to swylte geteah ·
sippan se eþel uð-genge wearð   852
adame and euan eard-wica cyst
beorht oð-broden and hyra bearnum swa
eaferum æfter þa hy ón ún-cyððu ·
scomum scudende scofene wurdon   856
on gewin-woruld weorces onguldon
deopra firena þurh deaðes cwealm   [830]
þe hy unsnyttrum ær gefremedon
þære syn-wræce sippan sceoldon   860
mægð and mæcgas morþres on-gyldon
god-scyldge gyrn · þurh gæst-gedal ·
deopra firena deað in-geþrong
fira cynne feond rixade   864
geond middan-geard nænig monna wæs
of þam sige-tudre sippan æfre
godes willan þæs georn ne gynn-wised
þæt he bibugan mæge þone bitran drync ·   868
þone eue fyrn adame geaf [45 b.]   [841]
byrelade bryd geong þæt him bam gescód
in þam deoran hám deað ricsade
ofer fold-buend þeah þe fela wære   872
gæst-haligra þær hi godes willan
on mislicum monna gebihþum
æfter stede-wonga stowum fremedon
sume ær sume sið sume in urra   876
æfter tæl-mearce tida gemyndum

to fulfil them in that home. Too soon it irked them   844
to execute the Sovereign's will,
but at the serpent's rede the woman took
forbidden produce, and from the tree plucked off
prohibited fruit, against the word of God,   848
the King of Glory, and through the devil's guile
gave to her consort that death-bearing food,
which drew them both, husband and wife, to death.
Then that bright land, the best of habitations,   852
became alienate to Adam and to Eve,
withdrawn from them and from their children too,
from all posterity; then, in shame departing,
they were thrust into a foreign land,   856
into a world of toil; by death's pang
they atoned their deed, the deep transgressions,
which they had erewhile wrought unwisely:
women and men, guilty against God, since then,   860
in retribution for their sin, their deadly crime,
their deep transgressions, must pay the penalty
by their souls' severance. Death pressed in
unto the race of men; the fiends prevailed   864
throughout mid-earth; never since then
was any man of all that glorious race
so zealous for God's will or so impelled,
that he could escape the bitter drink   868
which Eve in days of yore gave Adam,
which that young bride poured forth: it ruined them both
in their dear home. Death prevailed
o'er earth's inhabitants; though there were many,   872
holy in spirit, who here performed
the will of God, in the varied homes of men,
throughout the dwellings of the plains;
some earlier, some later, some even in the memory   876
of our own times, according to our reckoning,

sigor-lean sohtun us secgað bec ·   [850]
Hu guðlac wearð þurh godes willan
eadig on engle he him ece geceas   880
meaht and mund-byrd mære wurdon
his wundra geweorc wide and side ·
breme æfter burgum geond bryten innan
hu he monge oft · þurh meaht godes   884
gehælde hyge-geomre hefigra wita
þe hine unsofte adle gebundne
sarge gesohtun of sið-wegum
freorig-mode symle frofre þær   888
æt þam godes cempan gearwe fundon   [861]
helpe and hælo nænig hæleþa is
þe areccan mæge oþþe rím wite
ealra þara wundra þe he in worulde her   892
þurh dryhtnes giefe dugeþum gefremede :— : 7

[II.]

OFT to þam wicum weorude cwomun
    deofla deað-mægen duguþa byscyrede
hloþum þringan þær se halga þeow   896
elnes anhydig eard weardade
þær hy mislice mongum reordum   [870]
on þam westenne woðe hofun
hludne here-cirm hiwes binotene
dreamum * bidrorene dryhtnes cempa [*46 a.]
from folc-toga feonda þreatum
wiðstod stronglice næs seo stund latu
earmra gæsta ne þæt onbid long   904
þæt þa wroht-smiðas wóp áhofun
hreopun hreð-lease hleoþrum brugdon
hwilum wedende swa wilde· deor
cirmdon on corðre hwilum cyrdon eft   908
minne man-sceaþan on mennisc hiw   [881]

893. One-line space between the sections.

have sought a glorious reward. Books tell us
how Guthlac became blessed in England
through the will of God: he chose for himself   880
eternal might and guardianship. Famed were
his works of wonder; 'twas bruited far and wide,
from town to town, throughout all Britain,
how, through the power of God, he oft had healed   884
many wretched ones of heavy pains,
many who, oppressed with grievous malady,
sought him from distant ways,
sorrowful and sad in mind; ever found they   888
comfort, and help, and healing, ready for them there
with him, God's champion. There is no man
that may recount or know the number
of all the wonders, that in the world here,   892
through favour of the Lord, he wrought for men.

II.

    Oft to those dwellings came, thronging in troops,
a deadly force of devils with their host,
cut off from glory, where the holy servant,   896
steadfast in courage, maintained his habitation.
There in that wilderness, bereft of winsome aspect,
of joys deprived, they raised on high
their varied shout in many tongues,   900
their war-whoop loud. The champion of the Lord,
His captain bold, stoutly withstood
the bands of foes. Time was not tardy
with those wretched sprites, nor was the respite long, 904
before the harm-contrivers raised their whoop;
ignobly clamoured they; oft varied they their strain;
now raging like wild beasts,
they howled in herds; now the vile and wicked scathers 908
turned themselves again into human shape

breahtma mæste   hwilum brugdon eft
awyrgde wær-logan   on wyrmes bleo
earme adloman   attre spiowdon·   912
symle hy guðlac   gearene fundon
þonces gleawne   he geþyldum bad
þeah him feonda hloð   feorh-cwealm bude·
Hwilum him to honda   hungre geþreatad   916
fleag fugla cyn   þær hy feorh-nere
witude fundon   and hine weorðedon   [890]
meaglum stefnum   hwilum mennisce
aras eað-medum   eft neosedon   920
and þær sið-frome   on þam sige-wonge
æt þam halgan þeowan   helpe gemetton
ferðþes frofre   nænig forþum wæs
þæt he sæwisc-mód   eft s1ðade   924
bean hyhta leas   ac se halga wer
ælda gehwylces   þurh þa æþelan meaht ·
þe hine seoalige   sohtun on ðearfe
hæleð hyge-geomre   hælde butu   928
lic and sawle   þenden lifes weard   [901]
ece ælmihtig   unnan wolde
þæt he blædes her   brucan [moste]
worulde lifes   wæs gewinnes þa   932
yrmþa for eorðan   ende-dogor
þurh nyd-gedal   neah ge-*þrungen   [*46 b.]·
siþþan he on westenne   wic-eard geceas
fiftynu gear   þa wæs frofre gæst   936
eadgum æ-bodan   ufan onsanded
halig of heahþu   hreþer innan born   [910]
afysed on forð-sið·   him færinga
adl in-gewod   he on elne swa þeah   940
ungeblyged bad   beorhtra gehata
bliþe in burgum   wæs þam ban-cofan
æfter niht-glome   neah geþrungen

922. MS. þeowea.   931. [moste] supplied by conjecture.

with loudest clamour; now the accursed traitors,
the fire-maimed wretches, changed again
to the serpent's hue, and spat forth venom.   912
Guthlac, the wise of thought, ever found they
ready; patiently he waited,
though the band of fiends threatened him with death.
Sometimes to his hand, by hunger forced,   916
thither flew the race of birds; there found they
certain succour, and lauded him
with eager voices; sometimes again,
human messengers approached him humbly,   920
and there, in that glorious plain, the travellers
found help and comfort for their spirits
with that holy servant.   Verily there was none
that journeyed thence abashed,   924
humbled, or void of hope, but through his noble might,
the holy man healed both the body
and the soul of everyone of folk,
who, afflicted, sought him in their need,   928
men sad of spirit, whilst life's Guardian,
eternal and almighty, would vouchsafe
that he might enjoy existence here,
life in this world.   Then the final day   932
of all his strife and hardships upon earth,
through the inevitable parting, was come near;
after he had chosen a dwelling in the waste
for fifteen years, then was the spirit of comfort   936
sent down unto that blessed godspeller,
holy from on high.   His spirit burned within,
bent on departure; suddenly disease
invaded him; yet with courage   940
he awaited, undismayed, His bright behests,
blithe in that dwelling-place.   In the gloom of night
pain pressed his body hard,

M

breost-hord ónboren   wæs se bliþa gæst   944
fús on forð-weg   nolde fæder engla
in þisse won-sælgan   worulde life
· leahtra leasne   long-fyrst ofer þæt   .   [930]
wunian leton   þe him on weorcum her   948
on his dagena tid   dædum gecwemde
elne unslawe ·   ða se † ælmihtiga·
let his hond cuman   þær se halga þeow
deormod on degle   dom-eadig bád   952
heard and hyge-rof   hyht wæs geniwad
blis in breostum   wæs se ban-cofa
adle onæled ·in-bendum fæst
lic-hord onlocen   leomu hefegedon   956
sarum gesohte   he þæt soð gecneow   .   .   [930]
þæt hine ælmihtig   ufan neosade
meotud fore miltsum   he his mod-sefan
wið þam fær-hagan   fæste trymede   960
feonda gewinna   næs he forht se-þeah
ne seo adl-þracu   etgle on mode
ne deað-gedal   ac him dryhtnes lof
born in breostum   brond-hat lufu   • .   964
sigor-fæst in sefan   seo him sara gehwylc
symle forswiðde   næs him sorg-cearu
on þas lænan tid   þeah his lic and gæst   [940]
hyra som-wiste   sin-hiwan tú   ·   968
deore ge-·-dæleð   dagas forð scridun   [· 47 a.]
niht-helma genipu   wæs neah seo tid
þæt he fyrn-gewyrht   fyllan sceolde
þurh deaðes cyme   domes hleotan   ——   972
efne þæs ilcan   þe usse yldran fyrn
frecne onfengon   swa him biforan worhton·
þa ærestan   ælda cynnes : 7 :—

945· fæder, between æ and d erasure of a letter in the MS.   950. MS.
hælmihtiga.   962. MS. engla.   966. MS. forswiðede, i. e. forswiðde.
969. MS. gedæled.   975. Half-line space between the sections.

his breast's treasure was enfeebled, the glad spirit 944
was eager for departure. The Father of the angels
would not let him, void of all transgression,
dwell any longer in this hapless
earthly life, for he, in his works here, 948
in the period of his days, had pleased Him
by deeds and active courage. Then the Almighty
let His hand come thither, where the holy vassal,
beloved, glorious, constant, and brave-hearted, 952
abode in secret: hope was renewed,
joy was in his breast. His body was inflamed
with burning sickness, held fast by bonds within;
his frame relaxed, his limbs waxed heavy, 956
afflicted with sore pains. He recognised the truth,
that, in His mercy, the Almighty Lord
had visited him from above: his mind
he strengthened firmly 'gainst the sudden onset 960
of the fiends' attacks: yet was he not afeard,
neither the disease's pang, nor death's severing,
was trying to his soul, but God's praise
burned in his breast, triumphant in his soul 964
dwelt ardent love, which aye o'ercame
his every pain. In that fading time,
his was no anxious care, though his body and his spirit,
dear wedded comrades twain, should part 968
their fellowship. Onward sped the days,
the shades of curtained night; the time was near
that he should fulfil, through death's approach,
that which was ordained of old, and gain 972
the self-same doom that our parents long ago,
the first of the race of men,
obtained full terribly, as they had erewhile earned it for them-
selves.

[III.]

ÐA wæs guðlace   on þa geocran tid   976
    mægen gemeðgad   mod swiþe heard   [950]
elnes anhydig   wæs seo adl þearl
hat and heoro-grim   hreþer innan weol
born ban-loca   bryþen wæs ongunnen   980
þætte adame   eue gebyrmde
æt fruman worulde   feond byrlade
ærest þære idese   and heo adame
hyre swæsum were   siþþan scencte   984
bittor bæde-weg   þæs þa byre siþþan
grimme onguldon   gaful-rædenne
þurh ær-gewyrht   þætte ænig ne wæs   [960]
fyra cynnes   from fruman siððan   988
món ón moldan   þætte meahte him
gebeorgan and bibugan   þone bleatan dryne
deopan deað-weges   ac him duru sylfa
on þa aliðnap tid   sona ontyneð   992
in-gong geopenað   ne mæg ænig þam
flæsce bifongen   feore wiðstondan
ricra ne heanra   ac hine ræseð on
gifrum grapum ·   Swa wæs guðlace   996
enge anhoga   æt-ryhte þa   [970]
æfter niht-scuan   neah geþyded
wiga wæl-gifre   hine wunade mid
an ombeht-þegn   se hine æghwylce   1000
daga neosade ·   Ongan ða deop-hydig
gleaw-mod gongan   to godes temple
þær he eþel-bodan   *inne wiste   [* 47 b.]
þone leofestan   lareow gecorenne   1004
and þa in-eode   eadgum to spræce
wolde hyrcnigan   halges lara
mildes meþel-cwida   fonde þa his mon-dryhten   [980]
adl-werigne   him ðæt in-gefeol   1008

III.

Guthlac's strength then, at that grievous time,   976
was all impaired; his mind was passing firm,
steadfast in courage; dire was that disease,
hot and fiercely grim; his heart was stirred within,
his body burned; the drink was ready,   980
which Eve had brewed for Adam
at the world's beginning. The fiend first served
the draught unto the woman, and she poured forth
thereafter the bitter cup for Adam,   984
her own consort; wherefore their children since
have paid full bitterly the tax determined
for that deed of old, so that there hath never been
anyone of the race of men, any man on earth,   988
ever since that first beginning, that could
secure himself, and 'scape the livid drink
of Death's deep cup, but at that awful time
the door anon unfasteneth of itself,   992
and showeth him the entrance. No one, with flesh invested,
whether of the high or low, can with his life
resist that foe, but he rusheth on him
with greedy clutchings. Thus that lonely wight,   996
all-unremitting, that slaughter-loving warrior,
after the shades of night, was nigh to Guthlac,
yea, in close contact with him. With Guthlac dwelt
one servant; he was wont to visit him   1000
each day, a thoughtful man and prudent,
and he went now to God's temple,
wherein, as he knew, was the land's apostle,
the chosen teacher and the best beloved;   1004
and he entered in for converse with that blessed man;
he would fain hear the saint's instructions,
the kind one's discourses; he found then his master
wearied with sickness; full heavily   1008

hefig æt heortan   hyge-sorge wæg
micle mod-ceare ·   ongan þa his magu frignan ·
hu gewearð þe þus , wine-dryhten min,
fæder, freonda hleo, ferð gebysgad   1012
nearwe genæged   ic næfre þe
þeoden leofesta   þyslicne ær
gemette þus meðne   meaht þu meðel-cwidum
worda gewealdan   is me on wene geþuht.   1016
þæt þe untrymnes   adle gongum ·   [990]
on þisse nyhstan   niht bysgade ·
sar-bennum gesoht   þæt me sorgna is
hatost on hreþre   ær þu hyge minne   1020
ferð afrefre. wast þu freo-dryhten
hu þeos adle scyle   ende gesettan ·
Him þa sið oncwæð   sona ne meahte
oroð up geteon   wæs him in-bogen   1024
bittor ban-coþa   beald reordade
eadig on elne   ondwis ageaf
ic wille secgan   þæt me sar gehran   [1000]
wærc in-gewod   in ðisse wonnan niht   1028
lic-hord onleac   leomu hefegiað
sarum gesohte   sceal þis sawel-hus
fæge flæsc-homa   fold-ærne biþeaht
leomu lames geþacan   leger-bedde fæst   1032
wunian wæl-ræste   wiga nealæceð
unlæt laces   ne bið þæs lengra swice
sawel-gedales   þonne seofon-niht
fyrst-gemearces   þæt min feorh heonan   1036
on þisse eahteþan   ende geseceð ·   [1010]
dæg scriþende   þonne dogor ° beoð   [° 48 a.]
on mold-wege   min forð scriþen
sorg geswedrad   and ic siþþan mot   1040
fore meotudes cneowum   meorda hleotan
gingra geafena   and godes lomber ·

1013. MS. genæged (i. e. genæged).   1040. MS. geswedrad.

it fell upon his heart; he bore deep sorrow
and much anxious care. Asked then his servant:—
    ‘How cometh it that thou, my friend and master,
my father, and the bulwark of thy friends, art thus   1012
afflicted and hard pressed? Never, my dearest lord,
have I found thee in such plight before,
thus feeble. Hast thou command of words
for converse? To my mind it seemeth,_____   1016
that, during this latter night, infirmity
hath overcome thee through onsets of disease,
and hath attacked thee with sore wounds. Of all sorrows
this is the hottest in my heart, until thou comfortest   1020
my mind and soul. Knowest thou, beloved master,
how this sickness shall have ending?’
    He answered him but tardily, he could not
draw his breath at once, a bitter malady   1024
oppressed him; bravely he spake,
blest with fortitude he gave reply:—
    ‘I would tell thee that pain hath seized me,
suffering hath invaded me in this wan night,   1028
and hath relaxed my body; my limbs wax heavy,
sorely visited. This dwelling of the soul,
this fated fleshly vesture, these limbs, coverings of clay,
decked in an earthy chamber, held fast on a lowly bed,   1032
must keep a mortal resting-place. The warrior draweth near,
not slow of fight: there will be no longer evasion
of the soul’s departing than seven nights,
according to appointed time, so that my life   1036
will hence and seek its end upon this eighth,
this approaching day: then all my days
upon this tract of earth will have departed,
all my grief will be assuaged, and then may I,   1040
before the knees of my Creator, share in the rewards
and in new gifts; then may I follow aye,

in sin-dreamum siþþan awo
forð folgian is nu fus ðider   1044
gæst siþes georn ́ nu þu gearwe const   ₁
leoma lif-gedal long is þis onhid
worulde-lifes · ða wæs wop and heaf   [1020]
geongum geocor sefa geomrende hyge   1048
siþþan he gehyrde þæt se halga wæs
forð-siþes fus he þæs fær-spelles
fore his mon-dryhtne ́ mod-sorge wæg
befige æt heortan hreþer innan swearc   1052
hyge hreow-cearig þæs þe [he] his hlaford ·
geseah ellor-fusne he þæs onbæru
habban ne meahte ac he hate let
torn þoliende tearas geotan   1056
weallan wæg-dropan wyrd ne meahte   [1030]
in fægum leng feorg gehealdan
deore frætwe · þonne him godemed wæs :— : 7

. [IV.]

ON-geat gæsta halig geomor-modes   1060
    drusend[n]e hyge ongan þa duguþa hleo
·glæd-mod gode leof geongran retan
wine leofestan wordum negan
ne beo þu unrot ðeah þeos adl me   1064
innan sæle /nis me earfeðe
to geþolianne þeodnes willan
dryhtnes mines ne ic þæs deaðes hafu   [1040]
on þas seocnan tid sorge on mode   —   1068
ne ic me here-hloðe helle-þegna
swiðe onsitte ne mæg synne on me
facnes frum-bearn fyrene gestælan
lices leahtor º ac in lige sceolon [º 48 b.]   1072
sorg-wylmum soden sár wanian ·

for ever afterwards, the Lamb of God,
'mid endless joys: now is my soul bound thither,   1044
yearning for its journey. Thou knowest now right well
my body's severance from life: long is this tarrying
of earthly life.' Then was there wailing and lament,
the spirit of the youth grew·sad, his mind was troubled, 1048
when he heard that the holy man
was bound upon the journey hence; at that sudden tiding
endured he heavy sorrow in his heart
for his liege lord; his soul grew dark within,   1052
his mind was all distressed, for he saw his master
departing otherwhere; he was unable
to restrain therefrom, but woe-begone
he suffered burning tears to fall,   1056
wave-drops to overflow. Fate might not
keep the cherished treasure, life,
within the doomed, longer than was ordained for him.

IV.

The holy soul perceived the drooping spirit   1060
of the sad youth: then began he, the help of men
and the beloved of God, in gladsome mood to cheer
the youth, his dearest friend, and to address him thus:—
'Be thou not sad, though this disease   1064
burneth within me; it is not hard for me
to undergo the will of the Supreme,
my Master, nor at this grievous time
have I in mind a care concerning death,   1068
nor am I much a-dread of all the multitude
of hell's ministers, nor may deceit's first-born
impute to me or sin or crime,
or body's deed of shame: but sodden in direful fires,   1072
they must themselves in flame sorely lament,

wræc-sið wepau   wilna biscirede
in þam deað-sele   duguða gehwylcre
lufena *and* lissa   min þæt leofe bearn   1076
ne beo þu on sefan to seoc   ic eom siþes fus   [1050]
up-eard niman   edleanan georn
in þam ecan gefean   ær-gewyrhtum
geseon sigora frean   min þæt swæse bearn   1080
nis me wracu ne gewin   þæt ic wuldres god
sece swegel-cyning   þær is sib *and* blis
dom-fæstra dream   dryhten *and*weard
þam ic georne   gæst-gerynum   1084
in þas dreorgan tid   dædum cwemde
mode *and* mægne   ic þa meorde wat
leahtor-lease   lean unhwilen   [1060]
halig on heahþu   þær min hyht myneð   1088
to gesecenne   sawul fundað
of lic-fate   to þam longan gefean
in ead-welan   nis þes eþel me
ne sar ne sorg   ic me sylfum wat   1092
æfter lices hryre   lean unhwilen.
Da se wuldor-maga   worda gestilde
rof rún-wita   wæs him ræste neod
reonig-modum   rodor swamode   1096
ofer niðða bearn   niht-rim scridon   [1070]
deorc ofer dugeðum   þa se dæg bicwom
on þam se lifgenda   in lic-homan
ece ælmihtig   ærist gefremede.   1100
dryhten mid dreame.   ða he of deaðe aras
onwald of eorðan   in þa eastor-tid
ealra þrymma þrym   ðreata mæstne
to heofonum ahóf.   ða he from helle astag.   1104
Swa se eadga wer   in þa æþelan tid
. on þone beorhtan dæg   blissum hremig
milde *and* gemet-fæst   mægen unsofte   [1080]

1091. *MS.* ingead (*i. e.* incad).   1098. þa; *originally* þe, *changed to* þa.
1103. *MS.* onwqald (*i. e.* onwald).

and wail their exile, cut off from all delights,
in that hall of death, from every goodly thing,
from love and mercy. My beloved son,   1076
be thou not too sad at heart; I am hastening on my way
to take a dwelling-place on high, yearning for reward
in that eternal joy for all my former works,—
to see the Lord of triumph. My beloved son,   1080
'tis no misery for me nor hardship, to seek
glory's God, heaven's King, where is peace and bliss,
joy of the exalted, and there the Lord is present,
whom I, with all the secret powers of my soul,   1084
with all my mind and strength, during this mournful tide,
have eagerly delighted with my deeds. I know that the reward
is faultless, a lasting recompense,
holy upon high; my heart's desire   1088
is to seek that place; my soul striveth
from its body's vessel to reach that lasting joy
'mid blissful happiness. This earthly home
hath neither pain for me nor sorrow; I know, for me,   1092
after my body's fall, there is an endless recompense.'

    Then the glorious hero, that sage renowned,
ceased from words; need had he of rest,
weary was his spirit. The heavens floated   1096
over the sons of men; a term of nights had passed
dark o'er mankind, when the day approached
on which the Living God, in human form,
the Eternal Lord Almighty, wrought His resurrection   1100
amid joy, when in the Easter-tide
Omnipotent He rose from earth, from death,
when He, glory of all glories, raised to heaven
a band innumerable, when He from hell ascended.   1104
Wherefore the blessed warrior, at that glorious tide,
on that bright day, blissfully exultant,
placid and tranquil, courageously exerted

*elne gesæfnde · Aras ða eorla wynn   [*49 a.]   1108
heard hyge-snottor   swa he hraþost meahte
meðe for ðam miclan bysgum ·   ongon þa his mod staþelian
leohte geleafan · lac ón-sægde
deop-hycgende   dryhtne · to willan ·   1112
gæst-gerynum   in godes temple
and his þegne ongon,   swa þam þeodne geras
þurh gæstes giefe   god-spel bodian
secgan sigor-tacnum   and his sefan trymman   1116
wundrum to wuldre   in þa wlitigan gesceaft   [1090]
to ead-welan   swa he ær ne sið
æfre to ealdre   oðre swylce
on ðas lænan tid   lare gehyrde   1120
ne swa deoplice   dryhtnes geryne
þurh menniscne   muð areccan
on sidum sefan   him wæs soþra geþuht
þæt hit ufancundes   engles wære   1124
of swegl-dreamum   swiþor micle
mægen-þegnes word   þonne æniges monnes lar
wera ofer eorðan   him þæt wundra mæst   [1100]
gesewen þuhte   þæt swylc snyttru-cræft   1128
ænges hæleða her   hreþer weardade
dryhta bearna   wæs þæs deoplic eall
word and wisdom   and þæs weres stihtung
mod and mægen-cræft   þe him meotud engla   1132
gæsta geocend   forgiefen hæfde :— : 7

[V.]

WÆRon feowere ða   forð gewitene
        dagas on rime   þæs se dryhtnes [þegn]
on elne bad   adle gebysgad   1136
sarum geswenced   ne he sorge wæg   [1110]
geocorne sefan   gæst-gedales

1128. MS. snyttrð, i. e. snyttro corrected to snyttru.   1133. Half-line
space between hæfde and WÆron.   1135. [þegn] supplied by conjecture.

all his strength, despite the pain, and he rose then,   1108
the firm, the wise, the joy of men, as he quickest might,
weary from his great afflictions: he began then to confirm his
    mind
with bright belief, and offered an oblation
to please his Lord, deeply meditating   1112
in God's temple, with all his secret spiritual might;
and then, as became the master, he began to preach the Gospel,
through the Spirit's grace, unto his servant,
and to speak in words triumphant, and to confirm his mind, 1116
wondrously, in the glory of that fair creation,
and in its happiness, so that, ne'er before, nor since,
never in this life, during this transient time,
heard he another teaching like unto that,   1120
nor heard he mysteries of the Lord explained
so deeply by the mouth of any man
of noble understanding: it seemed to him more truly
that they were angel's words from heaven,   1124
from the ethereal joys, words of some mighty servant (of the Lord),
far rather than the lore of any man,
of any mortal upon earth: it seemed to him
the greatest wonder, that the breast of any   1128
of the sons of men could hold such power of wisdom,
here in this world; so deep were all
the words, the wisdom, and the man's instruction,
the mind and power, which the Lord of angels,   1132
the Saviour of souls, had granted unto him.

V.

Four days in number had then passed away,
since first the servant of the Lord,
oppressed with sickness, direfully afflicted,   1136
waited courageously: he bore not sorrow,
nor sad mood, nor troubled spirit,

dreorigne hyge   deað nealæcte
stop stal-gongum ·   *strong *and* hreðe   [*49 b.]   1140
sohte sawel-hus   cōm se seofeða dæg
ældum *and*weard   þæs þe him in-geeonc
hat heortan neah   hilde-scurum
flacor flan-þracu   feorh-hord onleac   1144
searo-cægum gesoht   ongon ða snottor hæle
ár onbeht-þegu   æþeles neosan
to þam halgan hofe   fond þa hlingendne   [1120]
fusne on forð-sìþ   frean unwemne   1148
gæst-haligne   in godes temple
soden sar-wylmum ·   Wæs þa sihste tid
on midne dæg   wæs his mon-dryhtne
ende-dogor   æt-ryhte þa   1152
nearwum genæged   nyd-costingum
awrecen wæl-pilum   wló ne meahte
oroð up geteon   ellen-spræce
hleoþor ahebban ·   Ongon ða hyge-geomor   1156
freorig *and* ferð-werig   fusne gretan   [1130]
meðne mod-glædne   bæd hine þurh mihta scyppend
gif he his word-cwida   wealdan meahte
spræce a-hebban   þæt him on spellum gecyðde   1160
onwrige worda gongum   hu he his wisna truwade
drohtes on ðære dimman adle   ærðon hiue deað onsægde ·
Him se eadga wer   ageaf *and*sware
leof mon leofum   þeah he late meahte   1164
eorl ellen-heard   oreþe gebredan ·
min þæt swæse bearn   nis nu swiþe feor
þam ytemestan   ende-dogor   [1140]
nyd-gedales ·   þæt ðu þa nyhstan scealt   1168
in woruld-life   worda minra
næfre leana biloren   lare gehyran
noht longe ofer þis   læst ealle well
sware *and* winescype   word *þa wit spræcon   [*50 a.]   1172

for his soul's departing. Death drew nigh,
stepping with stealthy strides; strong and fierce   1140
he sought the soul-house. Came then the seventh day
to mortals' sight, since first the flickering arrows' force,
in hostile showers, sank hot within him,
nigh the heart, and had unlocked life's treasury,   1144
attacking it with guileful keys. Went then the prudent man,
his servant, his attendant, to visit the noble master
in that holy house : he found his blameless lord,
the holy spirit, lying on his bed there,   1148
in God's temple, bent on departure,
consumed with painful burning. 'Twas the sixth hour,
at noon-tide : his master's final day
had now approached its destined limit.   1152
Direfully assailed with sore affliction,
struck by darts of death, he could scarce
draw his breath, or raise his voice,
his mighty utterance. Sad then in mind, chill and soul-weary,
the servant greeted his departing lord,   1157
faint, yet glad in spirit; he prayed him, by the Creator of all might,
if he could command his utterance, if he were able
to summon speech, that he would make clear   1160
and reveal, in discourse of words, ere death prostrated him,
how he confided in his conduct, his life's course, in that dark
          malady.
To him the blessed hero gave reply,
the beloved spake to the beloved, tho' the bold warrior   1164
could but slowly draw his breath :—
    'Mine own dear son, 'tis now not very far
to the extreme and final hour
of life's sure parting, when, not long hereafter,   1168
never deprived of thy reward, thou shalt hear
the last instruction from my words
in this world's life. Fulfil well all
our covenant and friendship, the words we two have
          said to one another,   1172

leofast manna næfre ic lufan sibbe
þeoden æt þearfe þine forlæte
asanian beo þu on sið gearu
siþþan lic *and* leomu *and* þes lifes gæst   1176
asundrien som-wist hyra   [1150]
þurh feorg-gedal fyr æfter þon
þæt þu gesecge sweostor minre
þære leofestan on longne weg   1180
to þam fægran gefean forð-sið minne
on ecne eard *and* hyre eac gecyð
wordum minum þæt ic me warnade
hyre onsyne ealle þrage   1184
in woruld-life forðy ic wilnode
þæt wit unc eft in þam ecan gefean
on swegl-wuldre geseon mostun   [1160]
fore onsyne eces deman   1188
leahtra lease þær sceal lufu uncer
wærfæst wunian þær wit wilna á
in ðære beorhtan byrig brucan motun
eades mid englum· ðu hyre eac saga   1192
þæt heo þis ban-fæt beorge bifæste·
lame biluce lic orsawle
in þeostor-cofan þær hit þrage sceal
in sond-hofe siþþan wunian·   1196
ða wearð mod-geþanc miclum gebisgad   [1170]
þream for-þrycced þurh þes þeodnes word
ombeht-þegne þa he ædre oncneow
frean feorh-gedal þæt hit feor ne wæs   1200
ende-dogor ongon þa ofostlice
to his wine-dryhtne wordum mæðlan·
ic þec halsige hæleþa leofost
gumena cynnes þurh gæsta weard   1204
þæt þu hyge-sorge heortan minre
geeþe eorla wyn nis þe ende feor
þæs þe ic on galdrum ongieten hæbbe·   [1180]
oft mec geomor-sefa geohþa gemanode   1208

dearest of men!'—'Ne'er will I,
in thy need, my master, suffer friendship's love
to languish'.—'Be thou ready for a journey,
so soon as body and limbs and this spirit of life   1176
shall put their fellowship asunder
through life's severing. . Hasten on the errand,
that thou tell unto my sister,
the most beloved, my departure hence   1180
on a long journey, to that fair joy,
to an eternal home; and eke to her make known,
in mine own words, that I denied myself
her presence, during all the space   1184
of earthly life, for that I desired
that we two might again see one another
in the eternal joy, 'mid heavenly glory,
before the face of the Eternal Judge,   1188
void of all sin; there shall our love
continue constant; there may we evermore
enjoy our wishes, in that bright city,
happiness 'mid angels. Tell thou to her eke,   1192
that she commit this bone-case to the tomb,
and enclose in clay this soulless form
in a dark chamber, where for a while thereafter
it shall remain within its house of sand.'   1196
    Then was that zealous servant's mind
much troubled, and direfully oppressed,
through his lord's words; quickly then he knew
that his master's death, his final hour,   1200
was not far off. In haste he then began
to speak these words unto his friend and master:—
    'I beseech thee, dearest of men,
dearest of human kind, by the Guardian of spirits,   1204
that thou, delight of folk, alleviate
the sorrow of my heart! The end is not far off,
as I have learnt from thy divining words.
Oft my sad spirit, oft sorrow hot at heart,   1208

hat æt heortan · *hyge gnornende   [*50 b.]
nihtes nearwe   and ic næfre þe
fæder frofor min   frignan dorste ·
symle ic gehyrde   þonne heofones gim   1212
wyn-condel wera,   west onhylde
swegl-beorht sunne   setl-gonges fus
on † æfen-tid   oþerne mid þec ·
þegn æt geþeahte   ic þæs þeodnes word   1216
ares uncuþes   oft neosendes   [1190]
dæg-woman bitweon   and þære deorcan niht
meþel-cwide mæcges   and on morgne swa ·
ongeat geomor-mod   gæstes spræce   1220
gleawes in geardum   huru ic giet ne wat
ær þu me frea min   furþor cyðe
þurh cwide þinne   hwonan his cyme sindon :7

[VI.]

ÐA se eadga wer   ageaf andsware   1224
  leofum æfter longre hwile   swa he late meahte
elnes oncyðig   oreþe gewealdan
hwæt þu me wine min   wordum nægest   [1200]
fusne frignest   þæs þe ic furþum ær   1228
æfre on ealdre   ængum ne wolde
monna ofer-moldan   melda weorðan
þegne on þeode   butan þe nu ða
þy læs þæt wundredan   weras and idesa   1232
and on geað gutan   gieddum mænden ·
bi me lifgendum   huru ic nolde sylf
þurh gielp-cwide   gæstes mines
frofre gelettan   ne fæder mines   1236
æfre gemfnan   æbylg godes ·   [1210]
Symle me onsende   sige-dryhten min
folca feorh-giefa   siþþan ic furþum ongon
on þone æfteran   ánseld bugan   1240

1215. MS. heofen.   1223. One-line space between sindon :7 and ÐA.

oft my mind mourning at night in anguish
hath admonished me, and never durst I
question thee, my father, my comfort!
Always have I heard, whenever heaven's gem,   1212
the candle of men's joy, the bright heavenly sun,
declined at evening-tide unto the west,
hastening to its setting-place, another wight
in council with thee. Sad in mind, have I heard   1216
words of this warrior, of this unknown messenger,
visiting thee oft between the rush of day
and the dark night, the discourse of this friend;
yea, at morn, too, have I heard the speech of some wise guest
within this dwelling-place. But yet I know not,   1221
until thou, my master, explain it to me further
through thine own utterance, whence his comings are.'

VI.

Then the blessed man, after a long while,   1224
gave answer to his friend, as, void of strength,
he was but slowly able to command his breath:—
  'Lo, my friend, thou addressest me in words,
thou askest me, bound hence, concerning that   1228
which ne'er in life before I would be teller of
to any man upon this earth,
to any mortal among folk, save now to thee,
lest men and women should have wondered at it,   1232
and poured it out in folly, and told of it in songs,
during my life-time: truly I was not willing
to hinder, through boastful utterance,
my spirit's comfort, nor ever to excite   1236
the anger of my Father, of my God.
My glorious Lord, Giver of life to folk,
since first I did inhabit
this second hermitage, since that first year,   1240

gear-gemearces   gæst haligne
engel ufan-cundne   se mec efna gehwam
meahtig meotudes þegn   and on morgne eft
sigor-*fæst gesohte   and me sara gehwylc [*51 a.]   1244
gehælde hyge-sorge   and me in hreþre bileac
wuldres wil-boda   wisdomes giefe   [1220]
micle monig-fealdran   þonne ænig mon wite
in lifet her   þe me alyfed nis   1248
to gecyþenne   cwicra ængum
on fold-wege   fira cynnes
þæt me ne meahte   monna ænig
bideaglian   hwæt he dearninga   - 1252
on hyge hogde   heortan geþoncum
siþþan he me fore eagum   onsyne wearð
á ic on mode mað   monna gehwylcne
þeodnes þrym-cyme   oð þisne dæg   1256
leofast monna   nu ic for lufan þinre   [1231]
and gefer-scype   þæt wit fyrn mid unc
longe læstan / nelle ic lætan þe
æfre unrotne   æfter ealdor-lege   1260
meðne mod-seocne.   minre geweorðan
soden sorg-wælmum   á ic sibbe wiþ þe
healdan wille   nu of hreþer-locan
to þam soþan gefean   sawel fundað.   1264
nis seo tid latu   tydrað þis ban-fæt
greot-hord gnornað   gæst hine fyseð   [1240]
on ecne geard   ut-siþes georn
on sellan gesetu   nu ic swiðe eom   1268
weorce gewergad.   ða to þam wage gesag
heafelan onhylde.   hyrde þa gena
ellen on innan   oroð stundum teah.
mægne modig   him of muðe cwdm.   1272
swecca swetast.   swylce on sumeres tid
stincað on stowum   staþelum fæste

1248. MS. lifes.

hath always sent to me a holy spirit,
an angel from above : mighty and glorious,
this servant of the Lord hath sought me every evening,
and again at morn, and healed my every pain   1244
and sorrow of mind; (yea, that kindly messenger of glory
locked in my breast the gift of wisdom
more manifold by far than any man
may know of here in life, nor am I suffered   1248
to reveal to any living man
upon earth's ways, to any of mankind,
how it befell that not a man was able
to hide from me what secretly   1252
he pondered in his mind, in his heart's thoughts,
after he was visible before my eyes ;
ever concealed I in my soul from everyone
this angel's glorious coming until this day,   1256
O thou dearest of men! Now I for love of thee,
and for the fellowship which long since
we two have borne each other, I will not suffer thee
to abide for ever cheerless and a-weary,   1260
sick at heart and vexed by burning cares,
after my life's cessation, but for ever will I keep
friendship toward thee. From my breast's enclosure
my soul tendeth now unto the true delight ;   1264
time doth not tarry; this bone-case groweth weak,
this dust-heap mourneth; the spirit hasteneth
to an eternal dwelling, yearning for its exit hence
to nobler homes. I am all a-wearied now   1268
with pain.' Then sank he to the wall,
and bent his head, yet he maintained
his strength within; from time to time he drew his breath,
mighty still in vigour; from his mouth there came   1272
sweetest of odours, such as, in summer-tide,
mellifluous plants, blossoming full joyously

wynnum æfter wongum   wyrta geblowene·

hunig-flowende·   swá þæs halgan wæs,   1276

ond-longne dæg   oþ æfen forð   [1251]

oroð up-hlæden   þa se ·æþela glæm   [°51 b.]

setl-gong sohte   swearc norð-rodor

won under wolcnum   woruld miste ofer-teah·   1280

þystrum biþeahte   þrong niht ofer tiht

londes frætwa·   ða cwom leohta mæst

halig of heofonum   hædre scinan

beorhte ofer burg-salu   bad se þe sceolde   1284

eadig on elne   ende-dogor

awrecen wæl-strælum   wuldres scima   [1260]

æþele ymb æþelne   andlonge niht

scan scir-wered   scadu sweþredon   1288

to-lysed under lyfte   wæs se leohta glæm

ymb þæt halge hus   heofonlic condel

from æfen-glome   oþþæt eastan cwom

ofer deop-gelad   dægred-woma   1292

weder-tacen wearm   aras se wuldor-mago

eadig elnes gemyndig   spræc to his onbeht-þegne

torht to his treowum gesiþe   tid is þæt þu fere

and þa ærendu   eal biþence   1296

ofestum læde   swa ic þe ær bibead   [1271]

lac to leofre   nu of lice is

god-dreama georn   gæst swiðe fus·

Ahof þa his honda   husle gereorded   1300

eað-mod þy æþelan gyfle   swylce he his eagan ontynde·

halge heafdes gimmas   biseah þa to heofona rice

glæd-mod to geofona leanum   and þa his gæst onsende

weorcum wlitigne   in wuldres dream: 7   1304

1304. One-line space between dream:7 and ÐA.

throughout the plains, diffuse in places,
though firm-set in their stations; so was that saint's breath   1276
drawn aloft throughout the livelong day
until evening. Then the noble radiance
sought its setting-place; grey 'neath the clouds,   1279
the northern sky grew dark, and veiled the world with mist,
and covered it with gloom; night fell o'er the earth's expanse,
the land's adornments; then holy from the heavens
came the greatest of all lights serenely shining,
bright o'er the city-dwellings. The fated man awaited   1284
his final hour, happy in his courage,
though harassed by the darts of death. A noble gleam
shone the livelong night, with brightsome beams,
around the noble one, the shadows vanished,   1288
scattered beneath the sky. The radiant light,
the heavenly candle, was all around that holy house
from evening-gloom, until from out the east there came
o'er the deep way the rush of dawn,   1291
the genial weather-sign. Arose the glorious hero,
happy, mindful of fortitude; spake then the illustrious one
to his disciple, his faithful comrade:—'Time is that thou go,
and remember aright thy errands,   1296
and take with all speed, as I bade thee erewhile,
the message to the dear maiden: now soul from body
is quickly hastening, yearning for the joys divine.'

     Raised he then his hands, in humble mood, refreshed   1300
with that noble meal, the Eucharist, and he unclosed his eyes,
the holy jewels of his head, and looked then gladsomely
to heaven's realm, to the reward of grace, and sent his spirit
     thence,
all beauteous with its works, into the joy of glory.   1304

[VII.]

ÐA wæs guðlaces gæst gelæded
　　eadig on up-weg　englas feredun　　　　　　[1280]
to þam longan gefean · lic colode
belifd under lyfte ·　ða þær leoht ascan　　　　1308
beama beorhtast　eal þæt beacen wæs
ymb þæt halge hus · heofonlic *leoma　[*52 a.]
from foldan up　swylce fyren tor
ryht aræred　oð rodera hrof　　　　　　　　1312
gesewen under swegle　sunnan beorhtra
æþel-tungla wlite　engla þreatas
sige-leoð sungon　sweg wæs on lyfte
gehyred under heofonum　haligra dream ·　　1316
swa se burg-stede wæs　blissum gefylled　　[1291]
swetum stencum and swegl-wundrum
eadges yrfe-stol　engla hleoðres
eal innanweard　þær wæs ænlicra　　　　　1320
and wynsumra　þonne hit in worulde mæge
stefn areocan　hu se stenc and se sweg
heofonlic hleoþor　and se halga song ·
gehyred wæs　heah-þrym godes　　　　　　1324
breahtem æfter breahtme ·　beofode þæt ealond .
fold-wong onþrong .　ða afyrhted wearð　　[1300]
ar elnes biloren　gewat þa ofestlice
beorn unhyðig　þæt he bat gestag　　　　　1328
wæg-hengest wræc　wæter-þisa fór
snel under sorgum　swegl hate scan
blac ofer burg-salo　brim-wudu scynde
leoht lade fus　lagu-mearg snyrede　　　　1332
gehlæsted to hyðe　þæt se bærn-flota .
æfter sund-plegan　sond-lond gespearn
grond wið greote　gnorn-sorge wæg

1306. MS. feredōn (i. e. feredon altered to feredun)..　1329. MS. þisƿa
(i. e. þisa).

VII.

Then was Guthlac's spirit led, in bliss,
upon the upward way; angels bore him
unto that lasting joy; cold grew the body,
all lifeless 'neath the sky. Then shone there forth a light,   1308
the brightest of all beams; that beacon,
that heavenly gleam, circled the holy house,
from the earth upward, even as a fiery tower,
reared erect unto the heaven's roof;   1312
beneath the sky brighter than the sun it seemed,
than the beauty of the noble stars. Hosts of angels
sang a song of triumph; music was heard
in the air 'neath heaven, the melody of saints.   1316
Thus the house, the blessed one's dwelling-place,
was filled with blissful joys, with sweet fragrance,
and with heavenly angels' harmony:
all there within was too incomparable,   1320
too winsome, for any voice to tell,
here in the world, what the fragrance was like,
and how the melody, the heavenly strain and holy song,
was heard, and God's exalted praise.   1324
Moment after moment the island quaked,
the earth-plain crashed; then was the messenger afeard,
bereft of courage; with greatest speed then,
the hapless warrior hastened to ascend a boat;   1328
he urged the wave-horse; the water-courser sped,
impelled beneath the sorrowing wight. The heaven shone hot,
pale o'er the city-dwellings. Hastening lightly on its way,
the ocean-wood drove on: the laden water-horse   1331
rushed to the hithe, so that, after its ocean-play,
the floater of the surge contemned the sandy shore,
and ground against the gravel. Sad sorrow bore he

hate æt heortan hyge geomurne   1336
meðne mod-sefan se þe his mon-dryhten   [1311]
life bilidene last weardian ·
wiste wine leofne him þæs wopes hring
torne gemonade · teagor yðum weol ·   1340
hate hleor-dropan and on hreþre wæg
micle mod-ceare he þære mægeð sceolde
láce gelædan lað-spel * to soð   [*52 b.]
Cwom þa freorig-ferð · þær seo fæmne wæs   1344
wuldres wyn-mæg he þa wyrd ne máð
fæges forð-sið fus-leoð agol   [1320]
wine þearfende and þæt word acwæð ·
ellen biþ selast · þam þe oftost sceal   1348
dreogan dryhten-bealu deope behycgan
þroht þeoden-gedal þonne seo þrag cymeð
wefen wyrd-stafum þæt wat se þe sceal
áswæman sarig-ferð wat his sinc-giefan ·   1352
holdne biheledne he sceal bean þonan
geomor hweorfan þam bið gomenes wana ·
ðe þa earfeða oftost dreogeð
on sargum sefan huru ic swiðe ne þearf   1356
hin-sið behlehhan is hlaford min   [1331]
beorna bealdor and broþor þin
se selesta bi sæm tweonum
þara þe we on engle æfre gefrunen   1360
acennedne þurh cildes had
gumena cynnes to godes dome
wérigra wraþu woruld-dreamum of
wine-mæga wyn in wuldres þrym   1364
gewiten winiga hleo wica neosan
eardes on up-weg nu se eorðan dæl   [1340]
ban-hus abrocen burgum in innan
wunað wæl-ræste and se wuldres dæl   1368
of lic-fæte in leoht godes

1365. MS. wanga.

hot within his heart, a mournful spirit,   1336
and a mind full weary, for he knew that his master,
his beloved friend, remained behind there,
void of life. Sadly his outburst of weeping
minded him thereof; his tears, hot cheek-drops,   1340
poured forth in waves, and in his breast he bore
a heavy care,—to the maiden he must
bring the message, the grievous tale too true.

    Came he then, with trembling soul, where the maiden was, 1344
Glory's loved kinswoman; he concealed not the event,
the fated one's departure; in dire need of his friend
sang he the death-song, and these words spake:—

    'Courage is best for him who must too oft   1348
experience sorrow at his master's bale, and deeply ponder o'er
his grievous parting from his lord, when the season cometh,
woven with fate's decrees; he knoweth it who must pine
with sorrowing soul; he knoweth his generous dispenser   1352
to be hidden in the earth; bowed down, lamenting,
he must depart from thence. He lacketh all joy,
who suffereth oftentimes afflictions such as these
in his sad soul. I have no cause, forsooth,   1356
to be gladsome at his journey hence. My lord,
the prince of warriors, thy brother,
the noblest of all men 'twixt the seas
whom we in England have e'er had knowledge of,   1360
of all those born in child's condition
of the race of men, the staff of the weary,
his kinsmen's joy, his friends' protection,
by the doom of God hath fared from worldly joys   1364
to Glory's splendour, to visit the habitations
and the home on high. Now earth's portion,
the broken bone-house, resteth on a bed of death
within the dwelling-place, and Glory's portion   1368
hath sought its recompense, forth from the body's vessel

sigor-lean sohte *and* þo secgan het
þæt git a mosten in þam ecan gefean
mid þa sib-gedryht somud eard niman   1372
weorca wuldor-lean willum neotan
blædes *and* blissa· eao þe abeodan het
sige-dryhten mín þa he wæs siþes fus
þæt þu his lic-homan leofast mægða·   1376
eorðan bideahte/ nu þu ædre const   [1351]
sið-fæt minne / ic sceal sarig-ferð
hean-mod hweorfan hyge drusendne

*   *   *   *   *   *   *

[III. AZARIAH.]

[I.]

HIM þa azarias in-geþoncum   [*53 a.]
    hleoþrede halig þurh hatne lig
    dreag dædum georn dryhten herede
    wis in weorcum *and* þas word acwæð   4
meotud all-wihta þu eart meahtum swið
niþas to nerganne is þin noma mære
wlitig *and* wuldorfæst ofer wer-þeode
sindon þine domas on dæda gehwam   8
soðe geswiðde *and* gesigefæste·
eac þine willan in woruld-spedum
ryhte mid ræde rodera waldend
geoca us georne gæsta scyppend   12
and þurh hyldo help halig dryhten
nu we þec for þearfum *and* for þrea-nydum
and fore eað-medum arena biddaþ

1375. MS. þæs.   1379. drusendne *the last word of the page. The upper portion of leaf* 53 *has been cut off, whereby the concluding lines (three or four) of Guthlac, and ll. 28-33 of the next poem (see below) are lost.*

to the light of God; and he bade me say to thee
that ye two might ever keep one common home,
with all the kindred company, there in that endless bliss, 1372
as the glorious reward for works, and at will enjoy
prosperity and bliss. My noble master bade me eke
announce to thee, when he was hurrying on his way,
that thou, maiden most beloved, shouldst bedeck   1376
with earth his body. Now without delay thou understand'st
my journey. Sorrowing in soul, dejected,
I must wander forth; my drooping spirit . . . . .

     *   *   *   *   *   *   *   *

III. AZARIAH.

I.

THEN the holy Azariah raised his voice
full fervently, amid the burning flame;
zealously he suffered; wise in his works,
praised he the Lord, and spake these words:—   4

   'Lord of all creatures! thou art strong in might
to save mankind; thy name is great,
beauteous and glorious, throughout the nations;
thy judgments are, in every deed,   8
confirmed as true, and proved triumphant;
and eke thy will, in all the world's events,
is righteous and full of rede. O Ruler of the skies!
fain preserve thou us, Creator of all spirits!   12
and help us through thy grace, O holy Lord!
We now, in this our need and grievous plight,
in humble mood, pray thee for mercy,

lege bilegde   we þæs lifgende   16
worhton in worulde   eac þon wom ,dydon ·
,yldran usse   in oferhygdum
þin bibodu bræcon   burg-sittende
had ofer-hogedon   halgan lifes   20
wurdon we towrecene   geond widne grund
heapum tohworfne   hylda lease
wæs ure lif geond   londa fela
fracuð *and* gefræge   fold-buendum   24
nu þu usic bewræce   in þas wyrrestan
eorð-cyninges, æht-gewealda
in hæft heoro-grimmes   sceolon we þær hæþenra
þrea-nyd [*þolian. þæs þe þanc sie* ·   28
wereda wuldor cyning· þæt þu us þas wrace teodest·
ne forlet þu usic ána· ece drihten·
for þam miltsum· þe þec men hligað·
and for þam treowum· þe þu tirum fæst·
niða nergend· genumen] *hæfdes·   [*53 b.]
to abrahame· *and* to isace·
and iacobe· gæsta scyppend
þu him gehete   þurh hleoþor-cwidas   32
þæt þu hyra from-cynn   on fyrn-dagum
ycan wolde   þæt hit æfter him
on cyne-ryce   cenned wurde
yced on eorþan   þæt swa unrime   36
had to hebban   swa heofon-steorran
bugað bradne hwearft   oð brim-flodas·
swa waroþa sond   ymb sealt wæter ·
yþe geond ear-grund   þæt swa unrime   40
ymb wintra hwearft   weorðan sceolde
fyl nu þa frum-spræce   þeah þe user fea lifgen
wlitega þine word-cwidas   *and* ðin wuldor us·
gecyð cræft *and* meaht· nu þec caldeas   44

---

22. MS. toworfne.   28. þrea-nyd, the last word of 53 a. The missing
lines at the beginning of 53 b are supplied from the Cædmon Daniel, with
the change of the first word þoliað to þolian.

beset with flame. We have earned this in the world   16
during our life-time; our fathers, too,
in overweening pride wrought evil once;
dwelling in their cities, they brake thy bidding;
the state of holy living they despised;   20
we are now scattered o'er the spacious earth,
dispersed in bands, deprived of gracious favour;
our life hath been, throughout many a land,
hateful and infamous to earth's inhabitants.   24

    Now hast thou driven us into a tyranny,
the direfullest of any earthly king's,
into the bondage of one fiercely cruel, where we must (bear)
heathens' oppression. [Thanks be to thee for this,   28
bright King of hosts! that thou decreedst for us this exile.
Forsake us not, O sole Eternal Lord!
for thy pity's sake, for which men laud thee,
and for the covenants, which thou, men's Saviour,
fixed in glory, hadst made of yore]
with Abraham and with Isaac
and with Jacob. O thou Creator of all spirits!
by revelation thou didst promise them,   32
that thou wouldst fain, in days far off,
increase their progeny, that after them
it should be brought forth in the realm,
so increased on earth, in order to raise their state,   36
that as numberless as the stars of heaven
circle the broad expanse to the ocean-floods,
as the sand of the shores around salt waters,
as waves o'er ocean's bed, even so numberless   40
should it become in the course of years.
Fulfil thou now that speech of old; though few of us be living,
manifest thy utterance and thy glory unto us;
reveal thy power and might, that these Chaldeans,   44

and eac fela folca gefregen habban
þæt þu ana eart ece dryhten '
sige-rof settend and soð meotod
wuldres waldend and woruld-sceafta   48
swa se halga wer hergende wæs
meotudes miltse and his mod-sefan
rehte þurh reorde ða of roderum wearð
engel æl-beorhta ufon onsended   .52
wlite-scyne wer in his wuldor-homan ·
Cwom him þa to are and to ealdor nere
þurh lufan and þurh lisse se þone lig tosceaf
halig and heofon-beorht hatan fyres   ‾   56
þæt se bittra bryne beorgan sceolde
for þæs engles ege æfæstum þrim ·
Tosweop and *toswengde þurh swiðes meaht   [*54 a.] ·
liges leoman swa hyra lice ne scod ·   60
ac wæs in þam ofne þa se engel cwom
windig and wynsum · wedere onlicust
þonne on sumeres tid sended weorþeð
dropena dreorung mid dæges hwile ·   64
se wæs in þam fire for frean meahtum
halgum to helpe wearð se hata lig
todrifen and todwæsced þær þa dæd-hwatan
þry mid geþoncum þeoden heredon   68
bædon bletsige bearn in worulde
ealle gesceafte ecne dryhten
þeoda waldend swa hi þry cwædon
modum horsce þurh gemæne word :—: 7   ·-·—   72

[II.]

BLetsige þec bilwit fæder
woruld-sceafta wuldor and weorca gehwylc
heofonas and englas and hluttor wæter.
and eal mægen eorþan gesceafta ·   76

61. *MS.* hofne i. e. ofne.   69. *MS.* bletsunge.   72. *Half-line space after*
word.

and many other folk withal, may have knowledge
that thou alone art Lord Eternal,
Victorious Disposer, True Sovran,
Ruler of Glory and of all the world's creations.'   48

  Thus was the holy warrior praising then
the grace of his Creator, and expressed in speech
his mind's reflection. Then from the skies
an all-bright angel was sent down,   52
a man of beauteous aspect, in his garb of glory;
he came then for their aid, and for their life's salvation,
through love and through compassion; holy and heavenly bright,
he cast abroad the flame of that hot fire,   56
so that, in terror of that angel, the bitter burning
was forced to spare the pious three.

  He swept and scattered, through the Strong One's might,
the beams of flame, so that it injured not their bodies;   60
but it was in the furnace, when the angel came,
windy and winsome, to the air most like,
when in the summer-tide a fall of drops
chances to be sent during some time of day;   64
so was it in the fire, by the power of the Lord,
for the help of those holy men. The hot flame
was dispersed and quenched, where the zealous three
praised the Lord with all their thoughts,   68
and prayed Him bless the children of the world,
and all created things, the Eternal Lord,
the Ruler of all folk. Thus spake they,
the brave-hearted three, with words united :—   72

II.

 'May the glory of the world's creations bless thee,
benignant Father! and thy every work,
the heavens, the angels, and clear water,
and all the host of creatures of the earth.   76

o

bletsige þec soðfæst cyning   sunne and monan
leohte leoman   lifgende god'
hædre and hlutre   and heofon-dreame
wæstem weorðian   ful oft þu wuldor-cyning   80
þurh lyft lætest   leodum to freme
mildne morgen-ren   monig sceal siþþan
wyrt onwæcnan   eac þon wudu-bearwas
tanum tydrað   trymmað eorð-welan   84
hleoð and hluttrað   næfre hlisan ah
meotud þan maran   þonne he wið monna bearn
wyrceð wel-dædum   wis bið se þe con
ongytan þone geocend   þe us eall góod syleð   88
þe we habbað   þenden we her beoð
and us milde meotod   mare gehateð
gif we geearniað   elne willað.
ðonne feran sceal   *þurh frean hæse   [*54 b.]   92
sundor anra gehwæs   sawl of lice.
and þec god dryhten   gæstas hergen
byrnende fyr and beorht sumor
wearme weder-dagas   waldend manna   96
frean on ferðe   fremest eorð-welan
þurh monigne had   milde dryhten
and þec dæg and niht   domfæst cyning
loñgen and lufigen.   lux and tenebre   100
þe þas wer-þeoda   weardum healdað.
deop dryhtnes bibod   drugon hi þæt longe.
and þec crist cyning   ceolas weorðian
fæder forst and snaw   folca waldend   —   104
winter-bitera weder   and wolcna genipu
and þec lixende   ligetta hergen
blace breahtum hwate   bryten-rices weard
dyrne dryhten   a þin dom sy   108
gód and genge   þu þæs geornlice
wyrcest waldor-cyning   wæstmum herge

94. MS. gæstæn.   100. MS. lifigen.

May the sun and the moon's bright beams,
serene and pure, bless thee, thou righteous King,
thou living God! and may they glorify the fruits of earth
with joys of heaven. Full oft, O King of glory,   80
thou sendest through the air, for men's behoof,
mild morning rain; many a plant must then
awake to life, and eke the forest groves
teem then with branches; it strengtheneth earth's wealth,   84
fostereth and purifieth it. Never hath the Creator
greater glory than when he worketh benignly
for the sons of men. Wise is the man
that can recognise his Helper, who giveth us   88
all the good we have, while we are here,
and who, our kindly Maker, promiseth us more,
if we but merit and desire it fervently,
when, at the bidding of the Lord, sundered from each man,   92
the soul shall journey from the body.
Eke may all spirits, burning fire, radiant summer,
the warm season's days, praise thee,
Lord God, men's Ruler, as their Master,   96
with all their vital force. Thou shapest earthly wealth
in many a form, O thou benignant Lord!
Yea, let these praise thee, too, O glorious King!
and cherish thee, day and night, light and darkness,   100
that hold all folk in their dominion;
the Lord's stern longsome bidding have they obeyed.
Let cold winds adore thee, too, Christ King!
Father! Sovereign of folk! and frost and snow,   104
and bitter winter weathers, and the welkin's clouds,
and the glittering lightnings, bright and quickly flashing,
let them praise thee as their beloved Lord,
Guardian of this varying realm! Aye be thy power   108
mighty and prevailing. How zealously thou workest,
King of glory! Let things praise thee with their produce,

o 2

bletsien bledum   and þin blæd wese
a forð ece   ælmihtig god   112
wesað and weaxað   ealle wer-þeode
lifgað bi þam lissum   þe us se leofa cyning
ece dryhten   ær gesette
sinum bearnum to brice   bremen dryhten ·   116
ond þec halga god   hea duna
geond middan-geard   miltsum hergen
fæger folde   and fæder-rice ·
forðon waldend scop   wudige moras ·   120
lofe leanige   leohtes hyrde ·
bletsige þec soðfæst cyning   sæs and wætra
hea holmas   haligne dryhten
domlice deop wæter   and dryhtnes bibod   124
geofon-floda gehwylc   georne bihealdeð
þonne mere-streamas   meotudes ræswum
wæter onwealcað   witon eald-gecynd
þæt ær gescop   ece dryhten ·   128
lagu-floda bigong   leohtes hyrde ·
on þam wuniað   wid-ferende
* siðe on sunde   seldlicra fela ·   [* 55 a.]
bletsien þec þa ealle   ece dryhten   132
þurh þinne willan   wuldorfæst cyning ·
and þec ealle æf-sprynge   ece dryhten
heanne hergen   ful oft þu hluttor lætest ·
wæter wynlico   to woruld-hyhte ·   136
of clife clænum   þæt us se cyning gescop ·
monnum to miltse   and to mægen-eacan
bletsien þec   bil-wit fæder
fiscas and fuglas   fela-meahtigne   140
ealle þa þe onhreorað   hreo wægas
on þam bradan brime   bremen dryhten
hergen haligne   and heofon-fuglas   .
þa þe lacende   geond lyft farað   144

133. MS. wuldorfæst.   143. MS. fugulas (i. e. fuglas).

and bless thee with their fruits, and let thy glory live
for evermore eternally, Almighty God!   112
All the tribes of men exist and wax;
they live by the blessings, which the beloved King,
the eternal Lord, hath erst bestowed on us,
His children, for our use; praise they the Lord!   116
Eke let the high downs, throughout mid-earth,
praise thee, holy God, for all thy mercies,
and the fair fields, and each fatherland;
and may the woody moors,—for He, the Ruler, hath created them,—   120
repay with praise the Guardian of light.
May the seas and the rising sweeps of ocean,
and the deep waters, praise thee gloriously,
just King, as their holy Lord. Yea, each ocean-flood   124
gladly keepeth its Sovran's command,
when, through God's ministers, the sea-streams
make the waters roll. Old generations knew
that the Eternal Lord, Guardian of light,   128
created erst the course of ocean-floods,
in which there dwell, faring far and wide
in their journey in the deep, strange creatures many:
let all these bless thee, Lord Eternal,   132
Glorious King, after thine own desire;
and may all the river-springs extol thee,
Lord Eternal, as their Supreme. Full oft thou sendest
clear pleasant water, to rejoice the world,   136
from some pure cliff; our King created it for us,
in kindness towards men, and for our strength's increase.
O thou benignant Father! may fishes and birds
bless thee as their Almighty Lord;   140
let all things that stir the stormy waves
in the spacious sea, glorify their Lord,
and praise the Holy One; yea, the birds of heaven, too,
that journey, hovering lightly, through the air,   144

bletsien þec dryhten　deor and nyten
meotud monna bearn·　miltsum hergen
and ecne god · israhela cynn·
bletsien þe þine sacerdas　soðfæst cyning　　　　148
milde mæsseras　mærne dryhten
and þine þas　ðeoda hyrde·
swylce haligra　hluttre saule·
and ece god　eaðmod-heorte·　　　　　152
Nu þec ananias·　and azarias·
and misahel meotud　miltsum hergað
nu we geonge· þry· god bletsiað
fela-meahtigne　fæder in heofonum　　　　156
þone soðan sunu·　and þone sige-fæstan gæst·
forþon us onsende　sigora waldend
engel to are　seþe us[ic] bearg
fyr and feondas　and mid fiþrum bewreah　　　160
wið bryne-brogan　breahtmum hwurfun
ymb þæt hate hus　hæðne leode·
ða þæt ongeaton　godes andsacan
þæt hi ne meahtan　ne meotod wolde　　　164
*acwellan cnyhta sb·　ac hy crist scilde·　　　[*55 b.]
hwearf þa to healle　swa he hraþost meahte·
eorl acol-mod　þæt he ofer his ealdre gestod·
Abead þa for þære duguðe　deop ærende　　　168
haligra gehyld　hlyst wæs þær-inne
grom-hydig guma　þæt ic geare wiste
þæt we ·III· hæfdon　þeoda wisan
geonge cnichtas　for gæst-lufan　　　　172
gebunden to bæle　in byrnendes
fyres leoman·　nu ic þær ·IIII· men·
gesso to soðe　nales me sylfa gerad·
hweorfað nu æfter heorðe　nængum hat sceþeð　176
ofnes æled　ac him is engel mid
hafað beorhtne blæd　ne mæg him bryne sceþþan

149. MS. sacerdos; MS. soðfæst.　　149. [ic] required by metre.
165. MS. acwelan.　175. MS. sende to siðe; gesso to soðe in the Cædmon
version (Daniel, l. 416).

and beasts and cattle, let them bless thee, Lord !
Let the sons of men praise their Creator for His mercies,
the race of Israel their Eternal God ;
let thy priests bless thee, righteous King !   148
as their great Lord, yea, thy meek mass-priests,
and thy servants, too, O Guardian of all folk !
and eke the pure souls of the holy ones,
and the humble-hearted, O Eternal God !   152
Now Ananiah, and Azariah,
and Mishael, praise thee for thy mercies, Lord !
We three young men now bless thee, God,
Father Omnipotent in heaven,   156
and the true Son, and the victorious Spirit,
for that the Lord of triumphs hath sent to us
an angel, for our help, who hath protected us
'gainst fire and foes, and with his wings hath covered us   160
'gainst the heat's terror.' With uproar then,
the heathen nation thronged 'round that hot house,
when they, God's adversaries, perceived
that they might not (nor would God suffer it),   164
destroy the young men's faith, but Christ shielded them.

    Then the chieftain in trembling mood returned to the hall
as quickly as he might, so that he stood opposite his lord.
He announced then before the nobles his awful errand,—   168
the preservation of the holy ones. Listening was within that place,
(while) the fierce-minded man (thus spake) :—' This I well knew,
that we had bound to the pile,
in the burning fire's gleam, for their souls' love,   172
three leaders of the folks,
young striplings; now see I truly
four men there; nowise am I able to advise me.
They pass along the hearth; the oven's hot fire   176
hurteth not one of them, for an angel is with them ;
he hath bright splendour; the burning may not hurt

wlitigne wuldor-homan ·   ða þam wordum swealg
brego caldea   gewat þa to þam bryne gongan ·   180
anhydig eorl   þæt he ofer þam ade gestod
het þa of þam lige   lifgende bearn ·
nabocodonossor   near æt-gongan ·
ne forhogodon þæt þa halgan   siþþan hi hwæt-mode   184
woruld-cyninges   weorn gehyrdon ·
ac eodon of þam fyre   febrh unwemme
wuldre gewlitegad   swa hyra wædum ne scod
gifre gleda[nið]   ac hi mid gæst-lufan   188
synne geswencton   and gesigefæston
modum gleawe   in mon-þeawum
þurh fore-þoncas   fyr gedygdon : 7 : 7-

[IV. THE PHŒNIX.]

[I.]

HÆBBE IC GEFRUGnen ·   þætte is feor heonan
east-dælum on   æþelast londa
firum gefræge   nis se foldan sceat
ofer middan-geard   mongum gefere   4
folc-°agendra   ac he afyrred is   [°56 a.]
þurh meotudes meaht   mán-fremmendum ·
wlitig is se wong eall   wynnum geblissad
mid þam fægrestum   foldan stencum   8
ænlic is þæt iglond   æþele se wyrhta
modig meahtum spedig   se þa moldan gesette ·
ðær bið oft open   eadgum to-geanes
onhliden hleoþra wyn   heofon-rices duru   12
þæt is wynsum wong   wealdas grene
rume under roderum   ne mæg þær ren ne snaw

188. [nið] supplied from Daniel, l. 465.
191. dygdon the only word on the line dividing the sections.

his beauteous garb of glory.'   When the prince of the Chaldeans
caught those words, then the stubborn chief departed and went 180
unto the fire, until he stood over against the blaze.
Then Nebuchadnezzar bade the living children
approach nearer from amid the flame :
the holy ones slighted not this behest, after they, bold in spirit,
had heard so many words from that imperial king ;   185
but they went forth from the fire, in life uninjured,
with glory beautified, so that the gleeds' greedy hate
hurt not their garments ; but with their souls' love   .   188
they outwearied sin, and triumphed,
wise of heart, in manful virtues ;
through forethought they escaped e'en fire.

IV. THE PHŒNIX.

I.

I have heard tell that there is far hence,
in eastern parts, a land most noble,
famed 'mong folk.   That tract of earth is not
accessible to many o'er mid-earth,   4
to many chieftains ; but it is far removed,
through might of the Creator, from evil-doers.
Beauteous is all the plain, blissful with delights,
with all the fairest fragrances of earth ;   8
that island is incomparable ; noble the Maker,
lofty and in power abounding, who founded that land.
There the door of heaven's realm is oft-times opened
in sight of the happy, and the joy of its harmonies is revealed.   12
That is a winsome plain ; green wolds are there,
spacious beneath the skies ; nor rain, nor snow,

ne forstes fnæst   ne fyres blæst

ne hægles hryre   ne hrimes dryre   16

ne sunnan hætu   ne sin-caldu

ne wearm weder   ne winter-scur

wihte gewyrdan   ac se wong seomað

eadig *and* onsund   is þæt æþele lond   20

blostmum geblowen   beorgas þær ne muntas

steape ne stondað   ne stan-clifu

beah hlifiað   swa her mid us

ne dene ne dalu   ne dun-scrafu   24

hlæwas ne hlincas   ne þær hleonað · 60 ·

unsmeðes wiht   ac se æþela feld

wridað under wolcnum   wynnum geblowen

is þæt torhte lond   twelfum herra   28

folde fæðm-rimes   swa us gefreogum · gleawe

witgan þurh wisdom   on gewritum cyþað ·

þonne ænig þara heorga   þe her beorhte mid us

héa hlifiað   under heofon-tunglum ·   32

smylte is se sige-wong   sun-bearo lixeð

wudu-holt wynlic   wæstmas ne dreosað

beorhte blede   ac þa beamas á ·

grene stondað   swa him god bibead · ·   36

wintres *and* sumeres ·   wudu bið gelice ·

bledum gehongen   næfre brosniað ·

*leaf under lyfte   ne him lig sceþeð   [*56 b.]

æfre to ealdre   ær þon edwenden   40

worulde geweorðe   swa iu wætres þrym

ealne middan-geard   mere-flod þeahte

eorþan ymb-hwyrft   þa se æþela wong

æghwæs onsund   wið yð-fare   44

gehealden stod   hreora wæga

eadig unwemme   þurh est godes

bideð swa geblowen   oð bæles cyme ·

dryhtnes domes   þonne deað-ræced   48

15. MS. fnæft; a written over an erased letter.

nor breath of frost, nor fire's blast,
nor fall of hail, nor descent of rime,   16
nor sun's heat, nor endless cold,
nor warm weather, nor winter shower,
may there work any harm, but the plain abideth,
happy and healthful. The noble land   20
is all beflowered with blossoms; nor hills nor mountains
there stand steep, nor stony cliffs
tower there on high, as here with us;
nor dells nor dales, nor mountain-caves,   24
nor mounds, nor ridges, nor aught unsmooth,
abide there, but that noble plain
flourisheth 'neath the clouds, blossoming with delights.
This glorious land, this region, is higher   28
by twelve fathom-measures (as sages, wise with study,
reveal to us, through wisdom in their writings)
than any of the hills that brightly here, in our midst,
tower high, beneath the stars of heaven.   32
Serene is all that glorious plain; sunny groves shine there,
and winsome woody holts; fruits fall not there,
nor bright blossoms, but the trees abide
for ever green, as God commanded them.   36
In winter and in summer the forest is alike
behung with fruits; ne'er will the leaves
fade there beneath the sky, nor will flame injure them,
never, through all the ages, until a final change   40
befall the world. Lo, when once the water's rush,
the ocean's flood, o'erspread all middle-earth,
yea, all the world's career, yet that noble plain
secure 'gainst every chance, stood e'en then protected   44
'gainst the billowy course of those rough waves,
happy, inviolate, through the grace of God.
It shall abide thus blooming, until the coming of fire
and the judgment of the Lord, when the homes of death,   48

hæleþa heolstor-cofan onhliden weorþað·
nis þær on þam londe lað-geniðla
ne wop ne wracu wea-tacen nan
yldu ne yrmðu ne se enga deað   52
ne lifes lyre ne laþes cyme
ne synn ne sacu ne sar-wracu
ne wædle gewin ne welan onsyn
ne sorg ne slæp ne swar leger   56
ne winter-geweorp ne wedra gebregd
hreoh under heofonum ne se hearda forst
caldum cyle-gicelum onyseð ænigne
þær ne hægl ne hrim hreosað to foldan   60
ne windig wolcen ne þær wæter fealleþ
lyfte gebysgad ac þær lagu-streamas
wundrum wrætlice wyllan onspringað
fægrum fold-wylmum foldan leccaþ   64
wæter wynsumu of þæs wuda midle·
þa monþa gehwam of þære moldan tyrf
brim-cald brecað bearo ealne geond-farað
þragum þrymlice is þæt þeodnes gebod   68
þætte twelf siþum þæt tirfæste
lond geond-lace lagu-floda wynn·
sindon þa bearwas bledum gehongene
wlitigum wæstmum þær no waniað ·6·   72
halge *under heofonum holtes frætwe   [*57 a.]
ne feallað þær on foldan fealwe blostman
wudu-beama wlite ac þær wrætlice
on þam treowum symle telgan gehladene   76
ofett edniwe in ealle tid
on þam græs-wonge grene stondaþ
gehroden hyhtlice haliges meahtum
beorhtast bearwa no gebrocen weorþeð   80
holt on hiwe þær se halga steno ·
wanaþ geond wyn-lond þæt onwended ne bið

men's dark chambers, shall be opened.
In that land there is not hateful enmity,
nor wail, nor vengeance, nor any sign of woe,
nor old age, nor misery, nor narrow death,   52
nor loss of life, nor harm's approach,
nor sin, nor strife, nor sorry exile,
nor poverty's toil, nor lack of wealth,
nor care, nor sleep, nor grievous sickness,   56
nor winter's darts, nor tempests' tossing
rough 'neath heaven, nor doth hard frost,
with cold chill icicles, crush any creature there.
Nor hail nor rime descendeth there to earth,   60
nor windy cloud; nor falleth water there
driven by the wind, but limpid streams,
wondrous rare, spring freely forth;
with fair bubblings, from the forest's midst,   64
winsome waters irrigate the soil;
each month from the turf of the mould
sea-cold they burst, and traverse all the grove
at times full mightily. 'Tis the Lord's behest,   68
that twelve times o'er that glorious land
the joyous water-floods should sport.
The groves are all be-hung with blossoms,
with beauteous growths; the holt's adornments,   72
holy 'neath heaven, fade never there,
nor do fallow blossoms, the beauty of the forest-trees,
fall there to earth; but there, in wondrous wise,
the boughs upon the trees are ever laden,   76
the fruit is aye renewed, through all eternity.
On that grassy plain there standeth green,
decked gloriously, through power of the Holy One,
the fairest of all groves. The wood knoweth no breach   80
in all its beauty; holy fragrance resteth there
throughout that land; ne'er shall it be changed,

æfre to ealdre   ær þon endige
frod fyrn-geweorc   se hit on frymþe gesceop: 7   84

[II.]

Ðone wudu weardaþ   wundrum fæger
     fugel feþrum strong   se is fenix haten
þær se anhaga   eard bihealdeþ·
deormod drohtað   næfre him deaþ sceþeð   88
on þam will-wonge   þenden woruld stondeþ·
Se sceal þære sunnan   sið bihealdan
and ongean cuman   godes condelle
glædum gimme   georne bewitigan   92
hwonne up cyme   æþelast tungla
ofer yð-mere   eastan lixan
fæder fyrn-geweorc   frætwum blican
torht tacen godes   tungol beoþ ahyded   96
gewiten under waþeman   west-dælas ón
bideglad on dæg-red   and seo deorce niht
won gewiteð   þonne waþum strong
fugel feþrum wlonc   on firgen-stream   100
under lyft ofer lagu   locað georne
hwonne up cyme   eastan glidan
ofer sidne sæ   swegles leoma·
swa se æþela fugel   æt þam æ-springe   104
wlitig-fæst wunað   wylle-streamas
þær se tir-eadga   twelf siþum hine·
*bibaþað in þam burnan   ær þæs beacnes cyme   [*57 b.]
swegl-condelle   and symle swa oft   108
of þam wilsuman   wyll-gespryngum
brim-cald beorgeð   æt baða gehwylcum
Siþþan hine sylfne   æfter sund-plegan
heah-mod hefeð   on heanne beam·   112
þonan yþast mæg   on east-wegum

---

84. Half-line space between the sections.   103. *MS.* siðne.

to all eternity, until He who first created it
shall end His ancient work of former days.   84

II.

A bird, of pinions strong, wondrously fair,
inhabiteth this wood; Phœnix it is hight.
The lonely bird holdeth its dwelling there,
its brave existence; ne'er shall death scathe it   88
in that winsome plain, while the world standeth.
'Tis said it doth observe the sun's career,
and goeth to meet that gladsome gem,
God's candle, and watcheth eagerly,   92
until the noblest of the stars, the Father's work of old,
God's radiant token, doth rise up
o'er the billowy main, shining from the east,
gleaming in all its glory. The stars are hid,   96
sunk 'neath the ocean into western parts,
obscured amid the dawn, and murky night
darkling departeth; then, strong in flight,
the bird, proud of plumage, looketh longingly   100
into the mountain-stream, o'er the waters 'neath the sky,
until the light of heaven cometh up,
gliding from the east, o'er the spacious sea.
Thus the noble bird, resting in all its beauty   104
at the water-spring, haunteth the welling streams;
twelve times the glorious creature there
batheth in the brook, ere the coming of that beacon,
of the heaven's candle, and e'en as oft, at every bath,   108
cold as ocean's surge, it tasteth
of those pleasant springs of welling water.
After its watery play, it swingeth itself
proudly aloft unto a towering tree,   112
whence, most easily, it may observe

si'ð bi-healdan hwonne swegles tapur
ofer holm-þræce hædre blice
leohtes leoma lond beo'ð gefrætwad   116
woruld gewlitegad siþþan wuldres gim
ofer geofones gong grund gescineþ
geond middan-geard mærost tungla·
Sona swa seo sunne sealte streamas   120
héa ofer-hlifa'ð swa se haswa fugel·
beorht of þæs bearwes beame gewite'ð
fare'ð feþrum snell flyhte on lyfte
swinsa'ð and singe'ð swegle to-geanes·   124
'ðonne bi'ð swa fæger fugles gebæru
onbryrded breost-sefa blissum [h]remig
wrixle'ð wo'ð-cræfte wundor-licor
beorhtan reorde þonne æfre byre monnes   128
hyrde under heofonum siþþan heah-cyning
wuldres wyrhta woruld staþelode
heofon and eorþan, biþ þæs hleo'ðres sweg
eallum song-cræftum swetra and wlitigra   132
and wynsumra wrenca gehwylcum
ne magon þam breahtme byman ne hornas
ne hearpan hlyn ne hæleþa stefn
ænges on eorþan ne organan sweg   136
[h]leoþres geswin ne swanes feo'ðre
ne ænig þara dreama þe dryhten gescop
gumum to gliwe in þas geomran woruld
singe'ð swa and swinsa'ð sælum geblissad   140
*oþþæt seo sunne on su'ð-rodor   [*58 a.]
sæged weorþe'ð þonne swia'ð he
and hlyst gefe'ð heafde onbrygde'ð
þrist þonces gleaw and þriwa ascæce'ð   144
feþre flyht-hwate· fugol bi'ð geswiged
symle be twelf siþum tida gemearca'ð
dæges and nihtes swa gedemed is

115. *MS.* wræoa.   124. *MS.* toheanes.   126. *MS.* remig.
133. *MS.* winsumra.   137. *MS.* leoþres.

time's progress in the east, when heaven's taper,
that beam of light, shall serenely shine
o'er the water's rush. Earth is adorned, · 116
the world is made fair, as soon as glory's gem,
the noblest of the stars, journeying o'er ocean's course,
illumineth the ground throughout mid-earth.
Forthwith, soon as the sun mounteth on high 120
o'er the salt-streams, joyously the radiant bird
departeth from that forest-tree,
and, swift of wing, it goeth aloft in flight;
it warbleth and singeth towards the ethereal sky. 124
Then is the bearing of the bird so fair,
its spirit so exalted, buoyant with delight;
it varyeth its song with clearest note
more wonderfully than any child of man 128
hath ever heard 'neath heaven, since first
the King Supreme, glory's Creator, established the world,
heaven and earth. The music of its voice
is sweeter and more beauteous than any craft of song, 132
winsomer than any melody;
nor trumpets, nor horns, may equal that sound,
nor strain of harp, nor the voice of man,
of any man on earth, nor organ's tone, 136
nor harmonious lay, nor feathers of swan,
nor any of the sounds that the Lord hath created
for men's delight in this sad world.
It singeth and warbleth thus, blissful with joy, 140
till in the southern sky
the sun is sunk again; 'tis silent then,
and taketh to listening; it raiseth its head,
so bold, so wise in thought, and thrice it shaketh then 144
its plumage, bent on flight; then the bird is hushed.
It marketh aye the hours twelve times,
by day and night, even as it is ordained

bearwes bigenga þæt he þær brucan mot   148
wonges mid willum *and* welan neotan
lifes *and* lissa · londes frætwa
oð-þæt he þusende þisses lifes
wudu-bearwes weard wintra gebideþ ·   152
ðonne bið gehefgad haswig-feðra
gomol gearum frod [*g*]rene eorðan
áflyhð fugla [*wyn*] foldan geblowene
and þonne geeeceð side rice   156
middan-geardes þær nó men bugað
eard *and* eþel þær he ealdordom
onfehð fore-mihtig ofer fugla cynn ·
geþungen on þeode *and* þrage mid him   160
westen weardað þonne waþum strong
west gewiteð wintrum gebysgad
fleogan feþrum snel fuglas þringað
utan ymbe æþelne æghwylc wille   164
wesan þegn *and* þeow þeodne mærum
oþþæt hy gesecað *s*ýrwara lond
corðra mæste him se clæna þær
oðscufeð scearplice þæt he in scade weardað   168
on wudu-bearwe weste stowe
biholene *and* bihydde hæleþa monegum ·
ðær he heanne beam on holt-wuda
wunað *and* weardað wyrtum fæstne   172
under heofun-hrofe þone hatað men
fenix on foldan of þæs fugles noman ·
hafað þam treowe forgiefen tir-meahtig °cyning ⁻⁻ [°58 *b*.]
meotud mon-cynnes mine gefræge   176
þæt se ana is ealra beama
on eorð-wege up-lædendra
beorhtast geblowen ne mæg him bitres wiht
scyldum sceððan ac gescylded á · ,   180
wunað ungewyrded þenden woruld stondeð :− :7

154. *MS.* rene.   155. [*wyn*], *conjectural.*   156. *MS.* siðe, *corrected to*
siðe.   166. *MS.* fyrwara.   171. wuda, *corrected from* wuda.   173. *MS.*
heofum.   181. *One-line space between the sections.*

that the grove's habitant may there enjoy   148
the plain at will, and may partake of bliss,
of life and happiness, and of the land's delights,
until it, warder of that woody grove,
reacheth a thousand years of this life.   152
Then the grey-plumed bird waxeth heavy,
aged, stricken with years; the glory of all birds
fleeth from the verdant earth and flowering soil,
and seeketh then a spacious tract   156
of middle-earth, where men inhabit not,
as its dwelling-place and home; there, excelling all in might,
it gaineth lordship o'er the race of birds,
and is exalted in their midst, and for a season   160
inhabiteth with them the waste; then, strong in motion,
it hieth westwards, flying on swift piniona,
tho' stricken down by years. The birds throng
all around their noble lord; each would fain be   164
servant and minister to the glorious chief,
until it seeketh the Syrians' land
with train innumerable. There the pure bird
quickly driveth them from him, so that it may hold   168
a lone spot in the shadow of some woody grove,
concealed and hidden from the crowd of men.
In that holt-wood it keepeth and inhabiteth
a lofty tree, full firmly rooted   172
'neath heaven's roof; men call the tree
' Phœnix ' on earth, from this bird's name.
The gloriously mighty King, Lord of all mankind,
hath granted to that tree, as I have learned,   176
that of all the trees upon earth's tract
that rear on high their branches,
this one tree blossometh brightest; naught bitter
may cruelly scathe it, but shielded ever   180
it shall continue unimpaired, while the world standeth.

[III.]

Ð ONne wind ligeð   weder bið fæger
   hluttor heofones gim   halig scineð
beoð wolcen towegen   wætra þryþe   184
stille stondað   biþ storma gehwylc
aswefed under swegle   suþan bliceð
weder-condel wearm   weorodum lyhteð·
ðonne on þam telgum   timbran onginneð   188
nest gearwian   bið him neod micel
þæt he þa yldu   ofestum mote
þurh gewittes wylm   wendan to life
feorg geong ónfón   þonne feor and neah   192
þa swetestan   somnað and gædrað
wyrta wynsume   and wudu-bleda
to þam eard-stede   æþel-stenca gehwone
wyrta wynsumra   þo wuldor-cyning   196
fæder frymða gehwæs   ofer foldan gescop
to indryhtum   ælda cynne
sweter[t] under swegle   þær he sylf biereð
in þæt treow innan   torhte frætwe   200
þær se wilda fugel   in þam westenne
ofer heanne beam   hus getimbreð
wlitig and wynsum   and gewicað þær
sylf in þam solere   and ymb-seteð utan   204
in þam leaf-sceade   lic and feþre
on healfa gehware   halgum stencum
and þam æþelestum   eorþan bledum
siteð siþes fus   þonne swegles gim   208
on sumeres *tid   sunne hatost   [*59 a.]
ofer sceadu scineð   and gesceapu dreogeð
worald geond-wliteð·   þonne weorðeð his
hus onhæted   þurh hador swegl   213
wyrta wearmiað   will-sele stymeð

197. MS. gehwæs; there are traces of a small h above the line; it has been
erased or become obliterated.   199. MS. swetes.

III.

When the wind is still, and the weather is fair,
and heaven's holy gem serenely shineth,
when the clouds are scattered, and the water-floods   184
rest silent, when every storm
is hushed 'neath heaven, and from the south
shineth the season's genial lamp, and giveth light to multitudes,
then it beginneth to build upon the branches,   188
and to prepare its nest. Great is its desire then,
through impulse of knowledge, that it may change,
with greatest speed, old age for life,
and obtain fresh youth. Then far and near   192
it gathereth and collecteth choicest spoil,
winsome herbs and foliage of the wood,
for its homestead; yea, every noble fragrance
of goodly herbs, which glory's King,   196
Father of all beginnings, created o'er the earth,
sweetest 'neath heaven, as blessings
for the race of men. These radiant treasures
it beareth by itself to the hollow of that tree,   200
and on its lofty branches, there in that wilderness,
the wild bird buildeth up its habitation,
fair and winsome, and dwelleth all alone
within its sunny chamber, and in the leafy shade   204
surroundeth its body and its wings, on either side,
and all about, with holy fragrances,
and with the noblest blossoms of the earth;
its itteth ready for its journey hence. When in summer-tide,   208
heaven's gem, the sun, shineth most hot,
high o'er the shade, and, surveying all the world,
fulfilleth fate's decree, then the bird's house
becometh heated through the heaven serene;   212
the herbs grow warm, and the goodly chamber reeketh

swetum swæccum þonne on swole byrneð
þurh fyres feng fugel mid neste
bæl bið onæled þonne brond þeceð   216
heore-dreorges hus hreoh onetteð
fealo lig feormað and fenix byrneð
fyrn-gearum frod þonne fyr þigeð
lænne lic-homan lif bið on siðe   220
fæges feorh-hord þonne flæsc and ban
ád-lég æleð hwæþre him eft cymeð
æfter fyrst-mearce feorh edniwe
siþþan þa yslan eft onginnað   224
æfter lig-þræce lucan togædere
geclungne to cleowenne þonne clæne bið
beorhtast nesta bæle forgrunden
heaþo-rofes hof hra bið acolad   228
ban-fæt gebrocen and se bryne sweþrað
þonne of þam ade æples gelicnes
on þære ascan bið eft gemeted
of þam weaxeð wyrm wundrum fæger   232
swylce he of ægerum ut-alæde
scir of scylle þonne on sceade weaxeð
þæt he ærest bið swylce earnes brid
fæger fugel-timber · ðonne furþor gin   236
wridað on wynnum þæt he bið wæstmum gelic
ealdum earne and æfter þon
feþrum gefrætwad swylc he æt frymðe wæs
beorht geblowen þonne bræd weorþeð   240
eal edniwe eft acenned
synnum asundrad sumes onlice
swa mon to andleofne eorðan wæs[t]mas
on hærfeste ham gelædeð   244
wiste *wynsume ær wintres cyme [*59 b.]
on rypes timan þy læs hi renes scur
awyrde under wolcnum þær hi wraðe metað

with the sweet scents, and in that glowing heat,
in the fire's grip, bird and nest are burnt together.
The pile is kindled; then fire enwrappeth   216
that sad creature's house; hurrying fiercely
the yellow flame devoureth, and the Phœnix,
stricken with by-gone years, burneth then; fire devoureth
its frail body; its life, the doomed one's spirit,   220
is journeying forth; the pyre's flame scorcheth
flesh and bone; yet, after appointed time,
new life again returneth unto it,
when the ashes once again begin,   224
after the flame's force, to combine together,
shrunk up into a ball. When that brightest nest,
the warrior-bird's abode, becometh clean,
pulverized by fire, its corpse is grown cold,   228
its bone-case is broken, and the burning ceaseth.
Then, after that conflagration, an apple's likeness
will be found once more amid the ashes,
from which waxeth a worm, wondrously fair,   232
as if it had been brought forth from eggs,
pure from the shell. Then in the shade it waxeth,
so that at first it is like an eagle's young,
a fair fledgeling; then further yet   236
it thriveth joyfully, till it becometh like in form
to an old eagle, and thereafter it is
richly dight with plumage, as it was at first,
radiantly adorned; then its flesh   240
becometh all renewed, born again,
sundered from sin; much in the same way
as men bring home, for their sustenance,
the fruits of earth, pleasant food,   244
at the harvest, at reaping-time,
ere winter's coming, lest the rain-shower
destroy them 'neath the clouds; thus find they protection,

fodor-þege gefean   þonne forst and snaw   .   .   .   248
mid ofer-mægne   eorþan þeccað   .
winter-gewædum   of þam wæstmum sceal   .
eorla ead-wela †   eft alædan
þurh cornes gecynd   þe ær clæne bið   .   252
sæd onsawen   þonne sunnan glæm
on lenctenne   lifes tacen   .   . .
weceð woruld-gestreon   þæt þa wæstmas beoð
þurh agne gecynd   eft acende   256
foldan frætwe   swa se fugel weorþeð   .
gomel æfter gearum   geong edniwe   _
flæsce bifongen   nó he foddor þigeð
mete on moldan   nemne mele-deawes   .   260
dæl gebyrge ·   se dreoseð oft
æt middre nihte   bi þon se modga his
feorh afedeð   oþþæt fyrn-gesetu
agenne eard   eft geseceð : – : 7   264

[IV.]

Þonne bið aweaxen   wyrtum in gemonge   .
    fugel feþrum dæl   feorh bið niwe
geong geofona ful   · þonne he of greote his   .
lic leoþu-cræftig   þæt ær lig fornom ·   268
somnað swoles lafe   searwum gegædrað   .
bán gebrosnad   æfter bæl-þræce
and þonne gebringeð   ban and yslan
ades lafe   eft ætsomne   .   : ˉ   272
and þonne þæt wæl-reaf   wyrtum biteldeð
fægre gefrætwed ·   ðonne áfysæd bið
agenne eard   eft to secan ·
þonne fotum ymb-fehð   fyres lafe   276
clam biclyppeð   and his cyþþu eft
sun-beorht gesetu   seceð on wynnum
eadig eþel-lond   * eall bið geniwad   [*60 a.] .

248. MS. gefeon.   251. MS. ead-welan.   264. One-line space between
the sections.

the delights of food, when frost and snow,   248
with overpowering might, cover earth
with winter-weeds. From those fruits
men's riches shall again come forth,
through grain's nature, which is sown at first   252
as a mere seed; then the sun's gleam
in spring-tide awakeneth the signs of life,
the world's great wealth, so that the fruits,
earth's adornments, through their own kind,   256
are again produced. Thus the bird,
old in the course of years, becometh young again,
with flesh invested. Food it toucheth not,
nor meat on earth, save that it tasteth a little   260
of the honey-dew, which often falleth
at midnight; thereby the noble bird
maintaineth its life, till it seeketh again
its ancient dwelling-place, its own abode.   264

IV

When the bird of proud plumage is grown up
among the herbage, when its life is new,
young, and full of grace, then from the dust, with active limbs,
it collecteth its body, that the flame devoured before,   268
the leavings of the fire; skilfully it gathereth
the perished bones, after the fire's force,
and bringeth then the bones and ashes,
the relics of the pyre, again together,   272
and covereth then with herbs that spoil of death,
adorned so richly. 'Twill then be impelled
to seek again its own abode.
It graspeth then with its feet, it seizeth with its claws,   276
the fire's leavings, and seeketh joyously
its home again, its sun-bright habitation,
its happy native land. All shall be renewed,

feorh *and* feþer-homa   swa he æt frymþe wæs   280
þa hine ærest god   on þone æþelan wong
sigor-fæst sette   he his sylfes þær
bán gebringeð   þa ær brondes wylm·
on beorh-stede   bæle forþylmde   284
ascan to eacan   þonne eal geador
bebyrgeð beadu-cræftig   ban *and* yslan
on þam eálonde   bið him edniwe·
þære sunnan segn·   þonne swegles leoht   288
gimma gladost   ofer garsecg up·
æþel-tungla wyn   eastan lixeð
Is se fugel fæger   forweard hiwe
bleo-brygdum fag   ymb þa breost foran   292
is him *þæt* heafod   hindan grene
wrætlice wrixle*d*   wurman geblonden
þonne is se finta   fægre gedæled
sum brun sum basu   sum blacum splottum   296
searolice beseted   sindon þa fiþru
hwit hindan-weard   *and* se hals grene
nioþo-weard *and* ufe-weard   *and* þæt nebb lixeð
swa glæs oþþe gim   geaflas scyne   300
innan *and* utan   is seo eag-gebyrd
stearc *and* hiwe   stane gelicast
gladum gimme   þonne in gold-fate
smiþa orþoncum   biseted weorþeð·   304
is ymb þone sweoran   swylce sunnan hring
beaga beorhtast   bregden feðrum
wrætlic is seo womb neoþan   wundrum fæger
scir *and* scyne   is se scyld ufan   308
frætwum gefeged   ofer þæs fugles bæc·
Sindon þa sceancan   scyllum biweaxen
fealwe fotas   se fugel is on hiwe
æghwæs ænlic   ónlicost péan·   312
wynnum geweaxen   þæs gewritu secgað·
nis he hinder-weard·   *ne hyge-gnlsa   [*60 *b*.]

its life and plumage, as it was at the beginning,   280
when God first set it all triumphant
in that noble plain. It bringeth there the bones
of its very self, which the fire's rage had erewhile
encompassed on the mound with burning flame,   284
yea, and its ashes too. Then the warrior-bird
burieth all together there, its bones and ashes,
in that island. Full new again for it
is the sign of the sun, when heaven's light,   288
of gems the most joyous, the winsomest of all the noble stars,
(journeying) up o'er ocean, shineth from the east.
The bird is fair of hue to look upon,
bright with varied colours about its breast, in front;   292
its head is green behind,
curiously variegated, blent with scarlet;
thereto, its tail is beauteously divided,
part brown, part purple, part studded cunningly   296
with pale spots; the wings
are hindward white, and the neck green,
downward and upward, and the beak glisteneth
like glass or gem; its jaws are bright,   300
both within and without; its eye's faculty
is strong, and 'tis in aspect likest to a stone,
a sparkling gem, when in a golden vessel
it hath been set by smiths' artifice.   304
Around its neck there is, like to the sun's orb,
the brightest of all rings, with feathers woven;
marvellous is its belly beneath, wondrously fair,
bright and beauteous; the shield above,   308
over the bird's back, is richly put together;
its legs, and fallow feet, are all o'ergrown
with scales. The bird is altogether
unique in aspect; most like unto a peacock,   312
winsomely grown up, that writings tell of.
It is not sluggish, nor dilatory of mood,

swar ne swongor swa sume fuglas
þa þe late þurh lyft lacað fiþrum.   316
ac he is snel and swift and swiþe leoht
wlitig and wynsum wuldre gemearcad.
Ece is se æþeling se þe him þæt ead gefeð.
þonne he gewiteð wongas secan   320
his ealdne eard of þisse eþel-tyrf
swa se fugel fleogeð folcum oð-eaweð
mongum monna geond middan-geard.
þonne somnað suþan and norþan   324
eastan and westan eored-ciestum
farað feorran and nean folca þryþum
þær hi sceawiaþ scyppendes giefe
fægre on þam fugle swa him æt fruman sette   328
sigora soð-cyning sellicran gecynd
frætwe fægran ofer fugla cyn.
ðonne wundriað weras ofer eorþan
wlite and wæstma and gewritu cyþað   332
mundum mearciað on marm-stane
hwonne se dæg and seo tíd dryhtum geeawe
frætwe flyht-hwates. Ðonne fugla cynn.
on healfa gehwone heapum þringað   336
sigað sid-wegum songe lofiað
mærað modigne meaglum reordum
and swa þone halgan hringe beteldað
flyhte on lyfte fenix biþ on middum   340
þreatum biþrungen þeoda wlitað
wundrum wafiað hu seo wil-gedryht
wildne weorþað worn æfter oþrum
cræftum cyþað and for cyning mærað   344
leofne leod-fruman lædað mid wynnum
æþelne to earde oþþæt se anhoga
oðfleogeð feþrum snel þæt him gefylgan ne mæg
drymendra gedryht þonne duguða wyn.   348
of þisse eorþan tyrf eþel seceð:7

333. MS. mearm (i.e. marm), r written over an erasure.   336. MS.
gehwere.   342. MS. weðað.

not heavy nor indolent, as some birds are,
that slowly on their pinions sport through air,   316
but it is prompt and swift, and very light,
beauteous and winsome, and gloriously adorned.
Eternal is the Sovran, who granteth it that bliss!

    It departeth then to seek the plains,   320
its ancient dwelling-place, from this tract of earth;
and as the bird flieth, it is manifest to folk,
to many men o'er middle-earth;
and they assemble then, from south and north,   324
from east and west; in banded hosts,
in crowds of people, from far and near they come,
that they may there behold the Maker's grace
nobly revealed in that bird, even as, at the beginning   328
victory's true King assigned to it a noble nature,
and adornments fair, excelling all the race of birds.
Then mortals throughout earth admire
its beauty and its form, and their writings reveal it,   332
with their hands they design it in marble-stone,
whenever day and hour sheweth to multitudes
that bird's splendour, so swift of flight. Then the race of birds
throng in crowds, on every side,   336
descending from the distant ways; they praise in song
and glorify in powerful strains that noble creature;
and in a ring they thus surround that holy bird,
while in flight in the air; the Phœnix is in the midst,   340
pressed by the multitudes. The people view,
they are moved with wonder, how the devoted band,
flock after flock, honoureth that wild bird,
and powerfully announceth it, and extolleth it as their king, 344
as their beloved chief, and leadeth joyfully
their noble lord unto its dwelling-place, till that the lone bird,
swift of wing, doth fly away, so that the joyous band
can no more follow it. Thus the delight of multitudes   348
seeketh its native land, from this tract of earth.

[V.]

˙SWA se gesæliga   æfter swylt-hwile   [°61 a.]
S his eald-cyðþe   eft geneosað
fægre foldan   fugelas cyrrað   350
from þam guð-frecan   geomor-mode
eft to earde   þonne se æþeling bið
giong in geardum   god ana wat
cyning ælmihtig   hu his gecynde bið   356
wif-hades þe weres   þæt ne wat ænig
monna cynnes   butan meotod ana
hu þa wisan sind   wundorlice
fæger fyrn-gesceap   ymb þæs fugles gebyrd   360
þær se eadga mot   eardes neotan
wylle-streama   wudu-holtum in ·
wunian in wonge   oþþæt wintra bið
þusend urnen   þonne him weorþeð   364
ende lifes ·   hine ád þeceð ·
þurhæled-fyr   hwæþre eft cymeð
aweaht wrætlice   wundrum to life
forþon he drusende   deað ne bisorgað   368
sare swylt-cwale   þe him symle wat
æfter lig·þræce   lif edniwe
feorh æfter fylle   þonne fromlice
þurh briddes hád   gebreadad weorðeð   372
eft of ascan   edgeong weseð
under swegles hleo   bið him self gehwæðer
sunu and swæs fæder   and symle eac
eft yrfe-weard   ealdre lafe   376
forgeaf him se meahta   mon-cynnes fruma
þæt he swa wrætlice   weorþan sceolde
eft þæt ilce   þæt he ær þon wæs
feþrum bifongen   þeah hine fyr nime ·   380
Swa þæt ece lif   eadigra gehwylc

371. MS. ílle.

V.

Thus the blessed bird, after its time of death,
visiteth again its old country,
that fair field. The birds return, 352
sad in spirit, to their native lands,
leaving their bold warrior. Then the noble creature,
young again, dwelleth in its home. God alone knoweth,
the Almighty King, what its sex is, 356
female or male; no one knoweth,
none of the race of men, save the Creator alone,
how wondrous the conditions are,
the fair decrees of old, concerning this bird's birth! 360
There may the blessed one enjoy its home,
the welling streams, and in the woody holts
may dwell, and in the plain, until a thousand years
have run their course; then cometh to pass 364
its life's ending; the pile covereth it
with kindled fire; yet again it cometh
wondrously to life, awakened strangely.
Wherefore, though drooping, it hath no fear of death, 368
of death's dire pangs, for it knoweth aye
that life is renewed after the flame's force,
that there is a new existence after its destruction,
when from its own ashes, it becometh speedily restored, 372
born again as bird, and groweth young again,
'neath heaven's shelter. To itself 'tis all in all,
both son and tender father, and ever also, in due course,
the inheritor of its old relics. 376
The Almighty, mankind's Creator, hath granted it,
that it should again become, in wondrous wise,
the same thing that it was before,
clad with feathers, though fire consume it. 380
   Thus each blessed one chooseth for himself

æfter sár-wræce sylf geceoseð
þurh deorcne deað þæt he dryhtnes mot
æfter gear-dagum geofona neotan   384
on sin-dreamum *and siþþan á ·   [*61 *b*.]
wunian in worulde weorca to leane ·
þisses fugles gecynd sela gelices
bi þam gecornum cristes þegnum   388
beacnað in burgum hu hi beorhtne gefean
þurh fæder fultum on þas frecnan tid
healdaþ under heofonum and him heanne blæd
in þam uplican eðle gestrynaþ ·   392
habbaþ we geascad þæt se ælmihtiga
worhte wer and wif þurh his wundra sped
and hi þa gesette on þone selestan
foldan sceata þone fira bearn   396
nemnað neorxna-wong · þær him nænges wæs
eades onsyn þenden eces word
halges hleoþor-cwide healdan woldan
on þam niwan gefean þær him nið gescod   400
eald-feondes æfest se him æt gebéad
beames bléde þæt hi bu þegun
æppel unrædum ofer est godes ·
byrgdon forbodene þær him bitter wearð   404
yrmþu æfter æte and hyra eaferum swa
sarlic symbel sunum and dohtrum
wurdon teonlice toþas idge
ágeald æfter gylte hæfdon godes yrre   408
bittre bealo-sorge þæs þa byre siþþan
gyrne onguldon þe hi þæt gyfl þegun
ofer eces word forþon hy eðles wyn
geomor-mode · ofgiefan sceoldon   412
þurh nædran nið · þa heo nearwe biswac
yldran usse in ær-dagum
þurh fæcne ferð þæt hi feor þonan

393. *MS.* geascad, *corrected from* geascað. 396. *MS.* sceaten. 407. *MS.* wærden, *i.e.* wurdon.

the life eternal, after sore tribulation here,
through dark death, that he may enjoy,
after his past days, the gifts of the Lord,   384
in everlasting revelry, and thenceforth evermore
dwell in that world, in recompense for his works.

 This bird's nature is much like
to the chosen ones, Christ's servants;   388
it betokeneth to folk, how they, through the Father's aid,
may possess bright joy 'neath heaven,
e'en in this perilous time, and may eke gain
exalted happiness in the celestial home.   392
We have learnt that the Almighty
wrought man and woman through his wondrous might,
and set them then in the choicest
of earth's regions, which the sons of men   396
call Paradise; there had they
no lack of happiness, while they were willing
to preserve the Eternal's word, the Holy One's decree,
in that new joy. But hatred scathed them there,   400
the old fiend's envy, who proffered them food,
fruit of the tree, so that they both tasted
the apple thoughtlessly; against God's pleasure,
they ate what was forbidden. There had they   404
bitter misery after the eating, they and their children too;
'twas a sorry feasting for their sons and daughters;
their greedy teeth became their bane;
it requited them according to their guilt. They had God's anger, 408
bitter baleful sorrow, and their children since
have dearly paid, because they ate that fruit
against the Eternal's word. Therefore were they doomed,
sad in spirit, to forsake that land's delight,   412
through the serpent's envy; it cunningly deceived
our parents then, in those days of yore,
by its guileful spirit, so that they, far from thence,

in þas deað-dene drohtað sohton·   416
sorgfulran gesetu him wearð selle lif
heolstre bihyded *and* se halga wong
þurh feondes searo fæste bityned·
wintra mengu· *oþþæt wuldor-cyning   [* 62 a.]   420
þurh his hider-cyme halgum to-*geanes*
mon-cynnes gefea meþra frefrend
and se anga hyht eft on-tynde⁊

[VI.]

IS þon gelicast þæs þe us leorneras   424
  wᵗordum secgað *and* writu cyþað
þisses fugles gefær þoɪʌe frod ofgiefeð
eard *and* eþel *and* gecaldad bið
gewiteð werig-mod wintrum gebysgad   428
þær he holtes hleo heah gemeteð
in þam he getimbreð tanum *and* wyrtum
þam æþelestum eard-wic niwe
nest on bearwe bið him neod micel   432
þæt he feorh-geong eft onfon mote
þurh liges blæst lif æfter deaþe
edgeoug wesan *and* his eald-cyðþu
sun-beorht gesetu secan mote   436
æfter fyr-baðe swa ða fore-gengan
yldran usse an-forleton
þone wlitigan wong *and* wuldres setl
leoflic on laste tugon longne sið   440
in hearmra hond þær him hettende
earme aglæcan oft gescodan·
wæron hwæþre monge· þa þe meotude we[l]
gehyrdun under heofonum halgum ðeawum   444
dædum domlicum þæt him dryhten wearð
heofona heah-cyning hold on mode·
ðæt is se hea beam in þam halge nu·

---

421. *MS.* to-heanea.   423. tynde, *on a line by itself, divides the sections.*
425. *MS.* weordum.   443. *MS.* we.

in this vale of death, sought a sojourn,   416
sorrowful abodes. For them the better life
was hidden in darkness, and the holy plain,
through the fiend's artifice, was fast closed
for many winters, until the King of glory,   420
mankind's Joy, the Comfort of the weak,
our only Hope, through His advent hither
unto the holy, opened it again.

VI.

Most like thereto is this bird's course,   424
(from what doctors declare to us in words,
and writings reveal,) when aged it forsaketh
its home and country, and is become old.
It departeth, weary in spirit, oppressed with years,   428
to where it findeth the lofty shelter of the holt,
wherein it buildeth, with twigs and plants,
with noblest plants, a new abode,—
a nest within that grove. Great is its desire,   432
that it may again receive, through blast of flame,
renewed youth, life after death,
and be young again, and seek again
its old country, its sun-bright habitations,   436
after the fire-bath. So those fore-goers,
our ancestors, left behind them
that beauteous plain and seat of glory,
in all its loveliness, and went a long journey   440
into the power of the evil ones, where their enemies,
the wretched monsters, oft-times injured them.
Yet were there many, who well 'neath heaven
obeyed their Maker with holy rites,   444
with glorious deeds, so that the Lord,
heaven's high King, was graciously inclined to them.
That is the lofty tree, wherein His holy ones

wic weardiað þær him wihte ne mæg   448
eald-feonda nán atre sceþþan ·
facnes tacne on þa frecnan tid
þær him nest wyrceð wið niþa gehwam
dædum domlicum dryhtnes cempa   452
þónne he ælmessan *earmum dæleð   [* 62 b.]
dugeþa leasum and him dryhten gecygð
fæder on fultum forð onetteð
lænan lifes leahtras dwæsceþ   456
mirce mán-dæde healdeð meotudes æ ·
beald in breostum and gebedu seceð
elænum gehygdum and his cneo bigeð
æþele to eorþan flyhð yfla gehwylc   460
grimme gieltas for godes egsan
glædmod gyrneð þæt he godra mæst
dæda gefremme þam biþ dryhten scyld
in siþa gehwane sigora waldend   464
weoruda wil-giefa þis þa wyrta sind
wæstma blede þa se wilda fugel
somnað under swegle side and wide
to his wic-stowe þær he wundrum fæst   468
wið niþa gehwam nest gewyrceð ·
Swa nu in þam wicum willan fremmað
mode and mægne meotudes cempan
mærða tilgað þæs him meorde wile   472
ece ælmihtig eadge forgildan
beoð him of þam.wyrtum wic gestaþelad
in wuldres byrig weorca to leane
þæs þe hi geheoldan halge lare   476
hate æt [h]eortan hige weallende
dæges and nihtes dryhten lufiað
leohte geleafan leofne ceosað
ofer woruld-welan ne biþ him wynne hyht   480
þæt hy þis læne lif long gewunien

477. MS. eortan.

hold now their habitation; none of their ancient foes   448
may injure them in aught with venom there,
with specious guile, in this time of peril.
There the champion of the Lord maketh for himself a nest,
by glorious deeds, against each enmity,   452
when he dealeth alms unto the poor,
unto those void of blessings, and invoketh the Lord,
the Father, to his aid, hasteneth forth
from this frail life, blotteth out transgressions,   456
dark wicked deeds, holdeth the Creator's law
boldly in his breast, and seeketh prayer
with pure meditations, boweth his knee
piously to earth, fleeth each evil thing,   460
all horrid sins, in dread of God,
and fain desireth that he may perform
the greatest number of good deeds ; the Sovran,
the Lord of victory, the Ruler of hosts, is his shield,   464
at every season. These are the plants,
the blossoming fruits, that the wild bird
gathereth far and wide 'neath heaven,
unto its dwelling-place, where, wondrously secure   468
'gainst all enmity, it maketh a nest.
Thus do the champions of the Lord fulfil His will
with mind and main, in their habitations now,
and practise virtue; for this the Eternal Almighty   472
will requite them with a blessed recompense.
A habitation shall be formed for them,
in glory's city, from those plants, as their works' reward,
because they have held the holy lore   476
fervently in their hearts, with ardent soul,
both day and night; they love the Lord
with bright belief, and choose the Beloved
before all worldly wealth; no joy find they in the hope   480
that they may long maintain this transitory life.

þus eadig eorl   ecan dreames
heofona hames   mid heah-cyning
earnað on elne   oþþæt ende cymeð·   484
dogor-rimes   þonne deað nimeð
wiga wæl-gifre   wæpnum geþryþed
ealdor anra gehwæs   *and* in eorþan fæðm
snude· *sendað   sawlum binumene   [*63 a.]   488
læne lic-homan   þær hi longe beoð
oð fyres cyme   foldan biþeahte·
Ðonne monge beoð   on gemot lædad
fyra cynnes   wile fæder engla   492
sigora soð-cyning   seonoþ gehegan
duguða dryhten   deman mid ryhte
þonne æriste   ealle gefremmaþ
men on moldan   swa se mihtiga cyning   496
beodeð brego engla   byman stefne
ofer sidne grund   sawla nergend
bið se deorca deað   dryhtnes meahtum
eadgum geendad   æðele hweorfað   500
þreatum þringað   þonne þeos woruld
scyld-wyrcende   in scome byrneð
ade onæled   weorþeð anra gehwylc
forht on ferþþe   þonne fyr briceð   504
læne lond-welan   lig eal þigeð
eorþan æht-gestreon   æpplede gold
gifre forgripeð   grædig swelgeð
londes frætwe   þonne on leoht cymeð·   508
aldum þisses   in þa openan tid
fæger *and* gefealic   fugles tacen ·
þonne anwald eal   up astellað
on byrgenum   ban gegædrað   512
leomu lic somod   *and* liges gæst
fore cristes cneo   cyning þrymlice

Thus may a happy mortal bravely earn
eternal joy, a heavenly home,
with the High King, till the end cometh   484
of the number of his days, when death,
the blood-thirsty warrior, with weapons armed,
seizeth the life of everyone, and quickly sendeth
into earth's bosom the frail bodies,   488
deprived of souls; there shall they long abide,
covered with earth, until the fire's coming.
Many of the race of men shall then be led
unto the meeting, and the Father of the angels,   492
the true King of victory, the Lord of hosts,
will hold a synod then, and will judge aright.
All men on earth shall then achieve
their resurrection, even as the Almighty King,   496
the Prince of angels, the Saviour of souls,
shall by the trumpet's voice proclaim o'er the wide waste.
By the Sovran's might, dark death shall then be ended
for the blessed ones; nobly shall they go;   500
in crowds shall they press on, when this world,
working iniquity, shall burn ignominiously,
consumed with conflagration. Each one shall then become
fearful in spirit, when the fire breaketh   504
the land's frail wealth, and flame devoureth wholly
earth's possessions, and eagerly graspeth
apple-shaped gold, and greedily swalloweth
the treasures of the world. Then, at that all-disclosing time, 508
this bird's betokening, so fair and joyous,
shall be revealed to men in the light of day,
when the Supreme Power shall raise up all
in their sepulchres, and shall gather their bones,   512
their limbs and body, and the flame's guest,
before Christ's knee; the King in all His majesty,

of his heah-setle   halgum scineð
wlitig wuldres gim   wel biþ þam þe mot   516
in þa geomran tid   gode lician : 7

[VII.]

Ð ÆR þa lic-homan   leahtra clæne
    gongað glæd-mode   gæstas hweorfað
in ban-fatu   þonne bryne stigeð   520
heah to heofonum   hat bið monegum
eges-lic æled ·   *þonne anra gehwylc   [* 63 b.]
soð-fæst ge synnig   sawel mid lice
from mold-grafum   seceð meotudes dóm   524
forht áfæred   fyr bið on tihte
æleð uncyste   þær þa eadgan beoð
æfter wræc-hwile   weorcum bifongen
agnum dædum   þæt þa æþelan sind   528
wyrta wynsume   mid þam se wilda fugel
his sylfes nest   biseteð utan
þæt hit færinga   fyre byrneð
for-sweleð under sunnan   and he sylfa mid ·   532
and þonne æfter lige   líf eft onfehð
edniwinga   swa bið anra gehwylc
flæsce bifongen   fira cynnes
ænlic and edgeong   se þe his ágnum her   536
willum gewyrceð   þæt him wuldor-cyning
meahtig æt þam mæþle   milde geweorþeð
þonne hleoþriað   halge gæstas
sawla soð-fæste   song ahebbað   540
clæne and gecorene   hergað cyninges þrym
stefn æfter stefne   stigað to wuldre ·
wlitige gewyrtad   mid hyra wel-dædum ·
beoð þonne amerede   monna gæstas   544
beorhte ábywde   þurh bryne fyres ·
ne wene þæs ænig   ælda cynnes
þæt ic lyge-wordum   leoð somnige

517. One-line space between the sections.

from His high throne, shall shine upon the holy,
a beauteous gem of glory. Well will it be with them,　516
who at that awful time may please their God.

VII.

Then all flesh, clean of base iniquity,
shall wend in gladsome mood, and the souls shall pass
into the bodies, when the burning riseth　520
high to heaven. Hot for many a one shall be
that dreadful fire, when every mortal,
both the just and sinful, soul and body,
from earthy graves shall seek the Creator's doom,　524
fearfully appalled ; the fire shall be on its way,
and shall burn men's transgressions. There shall the blessed
with their works, with their own deeds, be encircled,
after their wretched time on earth. These are the noble　528
and the pleasant plants, wherewith the wild bird
surroundeth its own nest without,
so that it suddenly burneth with fire,
and kindleth under the sun, and itself within it,　532
and then, after the flame, receiveth life anew.

So every one of the race of men,
with flesh invested, shall be beauteous
and young again, whosoever achieveth,　536
by his own will here, that the King of glory,
the Almighty, will be gentle with him at that meeting,
when holy spirits shall lift up their voices,
and righteous souls shall raise a song,　540
and the pure and chosen shall praise their Sovran's majesty;
strain on strain shall mount to glory,
sweetly perfumed with their goodly deeds.
The souls of men shall then be proved,　544
brightly re-edified by fire's heat.

Let none of human kind imagine,
that I of lying words compose my lay,

write woð-cræfte gehyrað witedom   548
iobes gieddinga · þurh gæstes blæd
breostum onbryrded beald reordade
wuldre geweorðad he þæt word geowæð ·
Ic þæt ne for-hycge heortan geþoncum   552
þæt ic in minum neste neo-bed ceose
hæle hrá-werig gewite hean þonan
on longne sið lame * bitolden   [* 64 a.]
geomor gu-dæda in greotes fæðm   556
and þonne æfter deaþe þurh dryhtnes giefe
swa se fugel fenix feorh edniwe
æfter æriste agan mote ·
dreamas mid dryhten þær seo deore scolu   560
leofne lofiað ic þæs lifes ne mæg
æfre to ealdre ende gebidan
leohtes and lissa þeah min lic scyle
on mold-ærne molsnad weorþan   564
wyrmum to wyllan swa þeah weoruda god
æfter swylt-hwile sawle alyseð
and in wuldor áweceð me þæs wen næfre
forbirsteð in breostum ðe ic in brego engla   568
forð-weardne gefean fæste hæbbe ·
ðus fród guma on fyrn-dagum
gieddade gleaw-mod godes spel-boda
ymb his æriste in ece lif   ·   572
þæt we þy geornor ongietan meahten
tir-fæst tacen þæt se torhta fugel
þurh bryne beacnað bana lafe
ascan and yslan ealle gesomnað   576
æfter lig-bryne · lædeþ siþþan
fugel on fotum to frean geardum
sunnan to-geanes þær hi siþþan forð
wuniað wintra fela wæstmum geniwad   580
ealles edgiong þær ænig ne mæg
in þam leod-scype læþþum hwopan
swa nu æfter deaðe þurh dryhtnes miht

or write my verse! Hear ye the wisdom   548
of Job's songs; through the spirit's gift,
in his breast inspired, gloriously honoured,
he boldly spake, and said these words:—
    'I repine not in my heart's thoughts,   552
that I must choose my death-bed in my nest,
that I, a man wearied to death, go abject hence
on a long journey, covered with clay,
into dust's embrace, lamenting my former deeds;   556
and then may I, through the Lord's grace, after death,
after resurrection, even as the bird Phœnix,
be able to possess new life,
delights with the Lord, where the dear concourse   560
praise Him, the Beloved. Of that life need I never
expect an ending unto all eternity,
nor of its light, nor of its joys. Although my body
shall become corrupted in its earthy home,   564
a prey to worms, yet the God of hosts,
after the hour of death, will redeem my soul,
and awaken it to glory; hope of this
never faileth in my breast, for in the Lord of angels   568
my abiding joy have I firmly fixed.'
    Thus the wise man, of soul sagacious,
God's prophet, sang in ancient days
about his resurrection into eternal life,   572
that we might the better understand
the glorious sign that the radiant bird
betokeneth by its burning. Its bones' remnants,
ashes and cinders, it gathereth all together,   576
after the flaming fire; these the bird carrieth then,
with its feet, to the courts of the Lord,
towards the sun; there thenceforth
abide they many years, in form renewed,   580
quite young again; there in that realm
no one may threaten them with injury.
    So now, after death, through the Lord's might,

somod siþiaþ   sawla mid lice   584
fægre gefrætwed   fugle gelicast
in ead-welum   æþelum stencum
þær seo soþ-fæste   sunne lihteð
wlitig ofer weoredum   in wuldres byrig : 7   588

[VIII.]

* **D**Onne soð-fæstum   sawlum scineð   [* 64 *b*.]
     heah ofer hrofas   hælende crist
him folgiað   fuglas scyne
beorhte gebredade   blissum hremige   592
in þam gladan ham   gæstas gecorene
ece to ealdre   þær him yfle ne mæg
fah feond gemah   facne sceþþan
ac þær lifgað á· leohte werede·   596
swa se fugel fenix   in freoþu dryhtnes
wlitige in wuldre   weorc anra gehwæs
beorhte bliceð   in þam bliþan hám
fora on-syne   ecan dryhtnes·   600
symle in sibbe   sunnan gelice
þær se beorhta beag   brogden wundrum·
eorcnan-stanum   eadigra gehwam
hlifað ofer heafde   heafelan lixað   604
þrymme biþeahte   ðeodnes cyne-gold
soð-fæstra gehwone   sellic glengeð
leohte in life   þær se longa geféa
ece *and* ed-geong   æfre ne sweþrað   608
ac hy in wlite wuniað   wuldre bitolden
fægrum frætwum   mid fæder engla·
ne bið him on þam wicum   wiht to sorge
wroht ne weþel   ne gewin-dagas   612
hungor se hata   ne se hearde þurst
yrmþu ne yldo   him se æþela cyning
forgifeð goda gehwylc   þær gæsta gedryht
hælend hergað *and* heofon-cyninges   616

584. *MS.* siþian *corrected to* siþiaþ.   588. *One-line space between the
sections.*   599. *MS.* bliþam.

souls shall journey together with the body,   584
, richly adorned, (most like to that bird,)
in blessedness, 'mid sweetest fragrance,
where the true and constant sun doth shine
beauteous o'er multitudes in glory's city.   588

VIII.

    Then o'er the righteous souls, high o'er
the vaults of heaven, shineth the Saviour Christ:
Him follow resplendent birds,
radiantly restored, blissfully exulting   592
in that glad home, spirits chosen
unto all eternity ; there the foul impious fiend
may not basely injure them by guile,
but they live there aye, begirt with light,   596
as the bird Phœnix, in the Lord's peace,
beauteous in glory. The works of everyone
shall brightly shine in that blithe home
before the face of the Eternal Lord,   600
in endless bliss, like to the sun.
There the bright crown of each blessed one,
wondrously bewrought with precious stones,
towereth o'er the head; their brows shine bright   604
with majesty bedecked; the Sovran's diadem
gloriously adorneth each righteous man
with light in that life, where lasting joy,
eternal and ever young, never abateth ;   608
but they dwell in beauty, gloriously clad
in fair adornments, with the Father of the angels.
    In those homes there is naught to cause them grief,
nor crime, nor poverty, nor days of strife,   612
nor hot hunger, nor cruel thirst,
nor misery, nor age; to them the noble King
giveth every good. There the hosts of spirits
praise the Saviour, and celebrate the power   616

meahte mærsiað singað metude lof
swinsað sib-gedryht swega mæste
hædre ymb þæt halge heah-seld godes
bliþe bletsiað bregu selestan   620
eadge mid englum efen-hleoþre þus·
Sib si þe soð god and snyttru-cræft
and þe þonc sý· *þrym-sittendum   [* 65 a.]
geongra gyfena goda gehwylces   624
micel únmæte mægnes stren[g]ðu
heah and halig heofonas sindon
fægre gefylled fæder ælmihtig
ealra þrymma þrym þines wuldres   ＼   628
uppe mid englum and on eorðan somod·
gefreoþa usic frymþa scyppend þu eart fæder ælmihtig
in hean-nesse heofuna waldend·
ðus reordiað ryht-fremmende   632
manes ámerede in þære mæran byrig
cyne-þrym cyþað caseres lof
singað on swegle soð-fæstra gedryht
þam anum is ece weorð-mynd·   .   636
forð butan ende næs his frymð æfre
eades ongyn þeah he on eorþan her
þurh cildes hád cenned wære
in middan-geard hwæþre his meahta sped   640
heah ofer heofonum halig wunade
dom unbryce þeah he deaþes cwealm
on rode-treow[e] ræfnan sceolde
þear-lic wite he þy þriddan dæge   644
æfter lices hryre lif eft onfeng
þurh fæder fultum· swa fenix beacnað
geong in geardum god-bearnes meaht
þonne he of ascan eft onwæcneð   648
in lifes lif leomum geþungen

of heaven's King, and sing praise to the Creator;
the blissful hosts hymn sweetly,
with loudest melody, around the holy throne of God;
blithely the happy ones, together with the angels,   620
bless the Sovran Prince, with one voice, thus:—
    'Peace be thine, true God, and wisdom's power,
and thanks to thee, sitting in majesty,
for thy recent gifts, and for every good!   624
Great and immeasurable is thy might's strength,
high and holy; the heavens are filled
in wondrous wise, Father Almighty,
Majesty of all majesties, with thy glory,   628
above 'mid angels, and eke on earth.
Protect us, Creator of all causes! Thou art Father Almighty,
in the realm on high, Ruler of heaven!'
    Thus declare they, workers of righteousness,   632
proved 'gainst guilt, in that glorious city;
the concourse of the just proclaim His regal majesty
and sing their Sovran's praise in heaven,
for to Him alone is eternal honour,   636
ever without end. Never had He origin,
nor was there a beginning of His bliss, tho' He on earth here,
on middle-earth, in child's condition,
was brought forth; yet the fulness of His might   640
continued holy, high o'er heaven,
His glory was inviolate, though He was doomed
to suffer death's pang, dire tribulation,
on the rood-tree. On the third day,   644
after His body's fall, He received life once again,
through the Father's aid. Thus the Phœnix, young in its home,
betokeneth the power of the Child Divine,
when it riseth again from its ashes   648
into the life of life, with limbs complete.

swa se hælend us [h]elpe gefremede
þurh his lices gedal   lif butan ende ·
swa se fugel swetum   his fiþru tú   652
and wynsumum   wyrtum gefylleð
fægrum fold-wæstmum   þonne afysed bið ·
þæt sindon þa word   swa us gewritu secgað
hleoþor * haligra   þe him to heofonum bið   [* 65 b.]   656
to þam mildan gode   mód afysed
in dreama dream   þær hi dryhtne to giefe
worda and weorca   wynsumne stenc ·
in þa mæran gesceaft   meotude bringað ·   660
in þæt leohte lif   sy him lof symle
þurh woruld worulda   and wuldres blæd
ár and onwald   in þam up-lican
rodera rice   he is on ryht cyning   664
middan-geardes   and mægen-þrymmes
wuldre biwunden   in þære wlitigan byrig ·
Hafað us alyfed ·   lucis auctor ·
þæt we motun hér   merueri   668
gód-dædum begietan ·   gaudia in celo ·
þær we motun ·   maxima regna ·
secan and gesittan   sedibus altis ·
lifgan in lisse   lucis et pacis   672
agan eardinga   alma letitiæ ·
brucan blæd-daga   blandem et mitem ·
geseon sigora fréan ·   sine fine ·
and him lof singan   laude perenne ·   676
eadge mid englum ·   alleluia : 7 : — : 7

650. MS. elpa.   667. MS. aðtor.   668. MS. motum.   672. MS. er,
partly corrected to et.   673. MS. letitiç.   677. Two-line space
between this and the next section.

Thus the Saviour effected help for us,
life without end, through His body's death.

And as for the sweet and winsome herbs, 652
the fair fruits of earth, wherewith the bird
filleth its two wings, and is then impelled away,
these are the words and utterances of saints,
(as Scripture telleth us,) whereby their spirits 656
are impelled to heaven, to the benignant God,
unto the joy of joys; there, unto the Lord, the Creator,
they bring as a gift the pleasant fragrance
of their words and works into that glorious creation, 660
that radiant life. Praise be to Him ever,
throughout all ages, and fulness of glory,
honour and sovereignty, in the exalted
kingdom of the skies! He is the rightful King 664
of middle-earth and of the majestic hosts,
wrapt in glory in that beauteous city!

Us hath permitted the Author of light,
that we may here rightly merit, 668
with good deeds obtain, delights in the sky,
where we may seek most glorious realms,
and may sit in heavenly seats,
live in the bliss of light and of peace, 672
possess genial abodes of joy,
own blissful days, gentle and mild
see the Lord of triumph ever, without ending,
and sing to Him praise, with praise perennial, 676
happy 'mid angels. Alleluia!

[V. SAINT JULIANA.]

[I.]

HWÆT WE ÞÆT HYRDON· hæleð eahtian
deman dæd-hwate þætte in dagum gelamp
maximianes se geond middan-geard
arleas cyning eahtnysse áhof   4

cwealde cristne men circan fylde
geat on græs-wong god-hergend[r]a
hæþen hild-fruma haligra blod
ryht-fremmendra wæs his rice * brad   [* 66 a.]   8
wid and weorðlic ofer wer-þeode
lytesna ofer ealne yrmenne grund·   --
foron æfter burgum swa he biboden hæfde
þegnas þryðfulle of[t] hi þræce rærdon   12
dædum gedwolene þa þe dryhtnes · ǽ·
feodon þurh firen-cræft feondscype rærdon·
hofon hæþen-gield halge cwelmdon
breotun boc-cræftge bær[n]don gecorene   16
gæston godes cempan gare and lige·
Sum wæs æht-welig æþeles cynnes
rice gerefa rond-burgum weold
eard weardade oftast symle   20
in þære ceastre commedia·
heold hord-gestreon oft he hæþen-gield
ofer word godes weoh gesohte
neode geneahhe wæs him noma cenned   24
heliseus hæfde ealdordom
micelne and mærne· ða his mod ongon
fæmnan lufian hine fyrwet bræc
iulianan hio in gæste bær   28
halge treowe hogde georne
þæt hire mægð-had máná gehwylces

---

6. MS. hergenda.   12. MS. of.   16. MS. bærdon.

V. SAINT JULIANA.

I.

Lo! this thing heard we warriors laud,
   brave men extol; it came to pass
in Maximian's day, the impious king
who raised up persecution throughout mid-earth,   4
slew Christian men, and overthrew the church;
the heathen war-chief shed on grassy plain
the blood of the holy, praisers of God,
workers of righteousness. His empire was far-spread,   8
spacious and exalted o'er mankind,
but little less than o'er the whole wide world.
From town to town, as he had bidden,
went his tyrannic ministers; oft roused they violence,   12
deed-deluded men, who in their wickedness
hated the law of God, raised up enmity,
exalted heathen idols, tortured the holy,
destroyed the learned, burned the chosen,   16
racked God's champions with dart and flame.

   There was a wealthy man of noble race,
a powerful count; he ruled o'er frontier towns;
he defended the land repeatedly;   20
in the city of Nicomedia kept he
his treasure-hoard. Oft sought he, —
zealously withal, heathen idols, heathen temples,
against the word of God. Heliseus   24
was the name he bore; his power
was great and mighty. Now his heart began
to love a damsel, Juliana, to wit;
desire subdued him; but she had holy faith   28
within her spirit, and earnestly resolved,
that she would keep her maidenhood

fore cristes lufan   clæne geheolde.
ða wæs sio fæmne   mid hyre fæder willan   32
welegum biweddad   wyrd ne ful cuþe
freond-rædenne   hu heo from-hogde
geong on gæste   hire wæs godes egsa
mara in gemyndum   þonne eall þæt maþþum-gesteald   36
þe in þæs æþelinges   æhtum wunade.
þa wæs se weliga   þæra wif-gifta
gold-spedig guma   georn on mode
þæt him mon fromlicast   fæmnan gegyrede   40
bryd to bolde   heo þæs beornes lufan
fæste wiðhogde   þeah þe feoh-gestreon
under hord-locan   hyrsta únrím   [66 b.]
æhte ofer eorþan   heo þæt eal forseah   44
and þæt word acwæð   on wera mengu.
Ic þe mæg gesecgan·   þæt þu þec sylfne ne þearft
swiþor swencan   gif þu soðne god
lufast and gelyfest   and his lof rærest   48
ongietest gæsta hleo   ic beo gearo sona
unwaclice   willan þines
swylce ic þe secge   gif þu to sæmran gode
þurh deofol-gield   dæde biþencest   52
hætsð hæþen-weoh   ne meaht þu habban mec
ne geþreatian   þe to gesingan
næfre þu þæs swiðlic   sar gegearwast
þurh hæstne nið   heardra wita   56
þæt þu mec onwende   worda þissa.
ða se æþeling wearð   yrre gebolgen
firen-dædum fah   gehyrde þære fæmnan word
het ða gefetigan   ferend snelle   60
hreoh and hyge-blind   haligre fæder
recene to rune   reord úp ástag
siþþan hy togædre   garas hlændon
hilde-þremman   hæðne wæron begen   64

clean of every blemish, for love of Christ.

Then was the damsel, with her father's will,   32
betrothed unto the rich one.   He knew not fully what was fated,
how the young maiden loathed his friendship
with all her soul.   In her mind the fear of God
was greater than all the treasured wealth,   36
that dwelt in the possession of that prince.

Then was the wealthy wight, so rich in gold,
desirous in his mind for the espousals,
that the damsel should be made ready for him with all speed,   40
a bride in his abode.   She firmly withstood
the chieftain's love, tho' he possessed on earth
rich store of treasure 'neath his coffer-locks,
jewels unnumbered; all that she despised,   44
and in the midst of many men, she spake these words :—

'I can tell thee that thou need'st not
afflict thyself more; if thou lovest and believest
the true God, and exaltest His praise,   48
and recognisest the Protection of all spirits, I am forthwith
resolutely ready for thy will.
Likewise I say to thee, if thou wilt indeed confide,
through devilry, in a worse god,'   52
and vowest heathen offerings, thou may'st not have me,
nor force me to be thy bride.
Never shalt thou, through vehement hate,
pain so violent prepare, pain of cruel torments,   56
that thou shalt turn me from these words.'

Then was the prince, the crime-stained one,
inflamed with anger; he heard the damsel's words;
cruel and blind of soul, he bade swift messengers   60
quickly fetch the holy maiden's father
to counsel with him.   Their voices rose,
as soon as the bold warriors had inclined
their spears together.   Heathens were they both,   64

synnum seoce swcor *and* aþum.
ða reordode rices hyrde
wið þære fæmnan fæder frecne mode
darað hæbbende me þin dohtor hafað　　　　　68
geywed orwyrðu heo me ón án sagað
þæt heo mæg-lufan minre ne gyme
freond-rædenne me þa fraceðu sind
on mod-sefan mæste weorce　　　　　　　72
þæt heo mec swa torne tæle gerahte
fore þissum folce het me fremdne god
ofer þa oþre þe we ær cuþon
welum weorþian wordum lofian　　　　　76
* on hyge hergan oþþe hi nabban.　[* 67 a.]
geswearc þa swið-ferð swor æfter worde,
þære fæmnan fæder ferð-locan onspeon
ic þæt geswerge þurh soð godu　　　　　80
swa ic áre æt him æfre finde.
oþþe þeoden æt þe þine hyldu
win-burgum in gif þas word sind soþ
monna leofast þe þu me sagast　　　　　84
þæt ic hy ne sparige ac on spild giefe
þeoden mæra þe to geweald[e]
dem þu hi to deaþe gif þe gedafen þince
swa to life læt swa þe leofre sy.　　　　　88
eode þa fromlice fæmnan to spræce
anræd *and* yre-þweorg yrre gebolgen
þær he glæd-mod geonge wiste
wic weardian he þa worde cwæð.　　　　　92
ðu eart dohtor min seo dyreste
and seo sweteste in sefan minum
ange for eorþan minra eagna leoht.
Iuliana þu on geaþe hafast　　　　　　96
þurh þin orlegu unbiþyrfe

---

72. *MS.* sifan; si *written over an erasure.*　74. fremdne; n *written*
over an erasure.　　86. *MS.* geweald.

sick with sins, father and son-in-law.

Then spake the guardian of that realm
with the damsel's father, in rugged mood,
raising his spear:—'Me hath thy daughter   68
shown indignity; she saith to me outright,
that she careth not for my affection,
nor for my friendship; her insults cause me
greatest grief within my heart,   72
for she hath angrily reproved me thus
before this folk; a strange God
she bade me worship with wealth, praise with words,
and magnify in thought, above the others   76
that we knew erst, or else not have her.'

At these words the damsel's father swore;
he grew dark with anger; he disclosed his mind:—
'I swear by the true gods,   80
so may I ever find honour with them,
or thy favour, my lord, with thee,
in our joyous cities, if these words be true,
dearest of men, that thou sayest unto me,   84
that I will not spare her, but to perdition give her,
great lord, into thy power.
Judge thou her to death, if it seem good to thee,
or let her live, as to thee is liefer!'   88

Then went he forthwith thither to speak with the damsel,
resolved and crossed with ire, inflamed with wrath,
where he knew the young maid abode
in gladsome mood. He spake then in these words:— 92

'Thou art my daughter, the dearest
and the sweetest in my heart,
my only one on earth, the light of mine eyes,
Juliana! Thou hast foolishly taken,   96
through thy hostility, a fruitless course,

ofer witena dom   wisan gefongen.
wiðsæcest þu to swiþe   sylfre rædes.
þinum bryd-guman   se is betra þonne þú.
æþelra for eorþan   æht-spedigra
feoh-gestreona   he is to freonde god.
forþon is þæs wyrþe   þæt þu þæs weres frige
ece ead-lufan   an ne forlæte·: 7

100

104

[II.]

HIM þa seo eadge   ageaf andsware
    iuliana   hio to gode hæfde
freond-rædenne   fæste gestaþelad
næfre ic þæs þeodnes   þafian wille
mæg-rædenne   nemne he mægna god
geornor bigonge   þonne he gen dyde
lufige mid lacum   *þone þe leoht gescop
heofon and eorðan   and holma bigong
eodera ymb-hwyrft   ne mæg he elles mec
bringan to bolde   he þa bryd-lufan
sceal· to oþerre   æht-gestealdum
idese secan   nafað he ænig her.
hyre þa þurh yrre·   ageaf andsware
fæder feondlice   nales frætwe ouheht·
ic þæt gefremme   gif min feorh leofað
gif þu unrædes   ær ne geswicest
and þu fremdu godu   forð bigongest
and þa forlætest   þe us leofran sind
þe þissum folce   to freme stondað
þæt þu ungeara   ealdre scyldig
þurh deora gripe   deaþe sweltest
gif þu geþafian nelt   þing-rædenne
modges gemanan   micel is þæt ongin
and þrea-niedlic   þinre gelican
þæt þu forhycge   hlaford urne.

[* 67 b.] ·

108

--

112

116

120

--

124

128

against the judgment of wise men;
thou dost reject too stubbornly thy suitor,
through thy self-will. He is better than thou,   100
nobler before the world, richer in possessions,
in money and in wealth; he as a friend is good;
wherefore 'tis worth much that thou abandon not
this man's affection, his lasting love.'   104

II.

To him the blessed maiden, Juliana,
then gave answer; firmly had she strengthened
her bond of friendship with God:—
'Ne'er will I endure this lord's   108
espousal, save he worship the God of might
more zealously than he yet hath done,
and adore Him with offerings, who created the light,
heaven and earth and the seas' expanse,   112
the circuit of the zones; he may not otherwise
bring me to his dwelling; he must seek
a bride's affection in another woman
with his vast treasures; naught hath he here.'   116
   To her in anger her father then gave answer
hostilely; precious gifts he promised not:—
'This will I do, as my soul liveth,
if thou cease not from thy folly,   120
if thou still wilt worship strange gods,
and forsake those which are dearer to us,
which stand ready to help this folk,—
thou shalt forthwith forfeit thy life,——   124
and shalt die the death by the grip of beasts,
if thou wilt not accept his plighted troth,
this proud lord's wooing! 'Tis a mighty task,
fraught with dire misery, for the like of thee   128
thus to despise our lord.'

Him þa seo eadge ageaf *andsware*
gleaw *and* gode leof iuliana ·
ic þe to soðe secgan wille   132
bi me lifgendre nelle ic lyge fremman
næfre ic me ondræde domas þine
ne me weorce sind wite-brogan
hilde-woman þe þu hæstlice   136
mán-fremmende to me beotast
ne þu næfre gedest þurh gedwolan þinne
þæt þu mec acyrre from cristes lofe ·
ða wæs ellen-wód yrre *and* reþe   140
frecne *and* ferð-grim fæder wið dehter ·
het hi þa swingan susle þreagan
witum wægan *and* þæt word acwæð
onwend þec in gewitte *and* þa word oncyr   144
þe þu unsnyttrum ær gespræce
þa þu goda ussa gield forhogdest ·
Him seo unforhte ageaf *andsware*
þurh gæst-gehygd iuliana   148
næfre þu gelærest þæt ic *leasingum   [*·68 a.]
dumbum *and* deafum deofol-gieldum
gæste geniðlum gaful onhate
þam wyrrestum wites þegnum ·   150
ac ic weorðige wuldres ealdor
middan-geardes *and* mægen·þrymmes
and him anum to eal biþence
þæt he mund-bora min geweorþe   156
helpend *and* hælend wið hell-sceaþum ·
hy þa þurh yrre affricanus ·
fæder fæmnan ageaf on feonda geweald ·
helisco he in æringe   160
gelædan het æfter leohtes cyme
to his dom-setle duguð wafade
on þære fæmnan wlite folc eal geador ·
hy þa se æðeling ærest grette   164
hyre bryd-guma bliþum wordum ·

To him then made reply the blessed maid,
wise and dear to God, Juliana:—
    'This will I declare in all truth;   132
while I live, I will not lie;
I will never dread thy dooms,
nor am I troubled by the terrors of torture,
the alarms of battle, wherewith hastily   ·   136
thou threatenest me in thy wickedness,
nor shalt thou e'er effect, through thy error,
to turn me from my love of Christ!'
    Then was the father furious with his daughter,   140
fiercely wroth, terribly grim;
he bade men scourge her, afflict her with torments,
o'erwhelm her with tortures, and spake these words:—
    'Return to thy senses, and disclaim the words   144
that thou spakest foolishly erewhile,
when thou didst despise the worship of our gods.'
    The fearless Juliana gave him then,
through her soul's resolve, this answer:—   148
    'Never shalt thou induce me to promise tribute
to false deceptions, dumb and deaf,
to devilish idols, to these soul-destroyers,
the vilest ministers of hell's perdition;   152
for I worship the Prince of glory,
of middle-earth, and of the hosts sublime;
in Him alone I wholly put my trust,
that He will become my Protector,   156
my Helper and my Saviour, 'gainst hellish fiends.'
    Angrily then Africanus, her father,
gave the maiden into the power of her foes,
unto Heliseus. He at early dawn,   160
after the coming of light, bade her be led
to his judgment-seat. His followers, all his folk,
were a-wondered at the maiden's beauty.
The chieftain, her bridegroom, at first then   164
greeted her with kindly words:—

mín se swetesta sunnan scima
iuliana · hwæt þu glæm hafast
ginfæste giefe geoguð-hades blæd   168
gif þu godum ussum gén geowemest
and þe to swa mildum mundbyrd secest
[h]yldo to halgum beoð þe ahylded fram
wraþe geworhtra wita uurim   172
grimra gyrna þe þe gegearwad sind
gif þu onsecgan nelt soþum gieldum ·
Him seo æþele mæg ageaf andsware
næfre þu geþreatast þinum beotum   176
ne wita þæs fela wraðra gegearwast
þæt ic þeodscype þinne lufie ·
buton þu forlæte þa leasinga
weoh-weorðinga and wuldres god   180
ongyte gleawlice gæsta scyppend
meotud mon-cynnes in þæs meahtum sind
a butan ende ealle gesceafta.
ða for þam folce frecne mode   184
beot-wordum spræc bealg hine swiþe
folc-agende and þa fæmnan het
þurh nið-wræce *nacode þennan   [* 68 b.]
and mid sweopum swingan synna lease ·   188
Ahlog þa se here-rinc hosp-wordum spræc
þis is ealdordom uncres gewynnes ·
on fruman gefongen gen ic feores þe
unnan wille þeah þu ær fela   192
unwærlicra worda gespræce
onsoce to swiþe þæt þu soð godu
lufian wolde þe þa lean sceolan
wiþer-hycgend[r]e wite-brogan   196
æfter weorþan butan þu ær wiþ hi
geþingige and him þonc-wyrþe
æfter leahtor-cwidum lac onsecge

'Mine own, my sweetest sunshine,
Juliana! ah, thou hast radiant beauty,
never-fading grace, the flower of youth!   168
If thou wilt e'en yet propitiate our gods,
and from them, so merciful, seek protection for thyself,
favour from these holy ones, from thee shall be averted
torments numberless, direfully dight,   172
cruel afflictions, which are prepared for thee,
if thou wilt not sacrifice to true divinities.'

    To him the noble maiden gave reply :—
'Ne'er shalt thou so compel me by thy threats,   176
nor prepare so many direful torments,
as to make me love thy fellowship,
unless thou forsake these false beliefs,
this idol-worship, and wilt wisely recognise   180
the God of glory, the Creator of spirits,
the Lord of mankind, in whose power,
ever without end, are all created things.'

    Then before the folk, in savage mood,   184
in threatening words, spake the people's lord;
he was fiercely angered; in cruel vengeance,
he ordered the damsel to be stretched naked,
the sinless maid to be scourged with whips.   188
Laughed then the warrior, and spake in words of mockery:—

    'Lo, the victory of our strife,
gained at the outset! yet life will I
grant thee, though thou hast already   192
spoken many reckless words,
and hast too fiercely refused to cherish
the true gods; retribution,
terrible torments, shall befall thee, stubborn soul,   196
hereafter, unless thou be reconciled with them
ere long, and, for thy blasphemies,
offer them gifts, worthy of their thanks,

sibbe gesette læt þa sace restan   200
laðð leod-gewin · gif þu leng ofer þis
þurh þin dol-willen gedwolan fylgest ·
þonne ic nyde sceal niþa gebæded
on þære grimmestan god-scyld wrecan   204
torne teon-cwide þe þu tælnissum
wiþ þa selestan sacan ongunne ·
and þa mildestan þara þe men witen
þe þes leodscype mid him longe bieode ·   208
him þæt æþele mód únforht oncwæð
ne ondræde ic me domas þine
awyrged wom-sceaða ne þinra wita bealo
hæbbe ic me to hyhte heofon-rices weard   212
mildne mund-boran mægna waldend
se mec gescyldeð wið þinum scinlace
of gromra gripe þe þu to godum tiohhast ·
ða sind geasne goda gehwylces   216
idle orfeorme unbiþyrfe
ne þær freme meteð fira ænig
soðe sibbe þeah þe sece to him
freond-rædenne he ne findeð þær   220
duguþe mid deoflum ic to dryhtne mín
mód staþelige se ofer mægna gehwylc
waldeð · * wide-ferh wuldres agend   [* 69 a.]
sigora gehwylces þæt is soð cyning :7   224

[III.]

Đa þam folc-togan fracuðlic þuhte
þæt he ne meahte mód oncyrran
fæmnan fore-þonc he bi feaxe het
ahón and ahebban on heanne beam   228
þær seo sun-sciene slege þrowade
sace sin-grimme siex tida dæges
and he oðre het eft asettan

and establish peace with them. Let our contention rest, 200
this hateful strife ! If after this thou followest
error any longer, through thy wilful folly,
then must I needs, constrained by thy hate,
avenge this guilt against the gods, this angry blasphemy, 204
on thee, their fiercest adversary, who, with insults,
hast thus begun to strive against the best
and gentlest beings whom men know,
whom this people hath long reverenced in their midst.' 208
   Him that noble spirit fearlessly addressed :—
'I stand not in dread of thy dooms,
cursed foul ruffian, nor the bale of thy torments !
I place my hope in the Guardian of the heavenly realm, 212
the merciful Protector, the Sovran of all powers;
He will shield me, despite thy delusion,
from those fiends' clutches, whom thou thinkest gods;
they are void of every good, 216
empty, worthless, unavailing ;
no man findeth profit there,
nor true peace, although he seek
their friendship; not there, among the devils, 220
findeth he blessing. In the Lord
I fix my spirit, in Him who o'er-ruleth
every power through all eternity, the Prince of glory,
the Lord of all triumph ; He is the true King.' 224

III.

   A heinous thing it seemed to the chieftain,
that he could not convert the mind,
the resolution of that damsel. He bade her by the locks
be hanged, and raised on a high tree, 228
where the sun-bright maiden suffered blows,
fierce unceasing torments, six hours of the day ;
and then her hated foe bade her anon

lað geniðla *and* gelædan bibead   232
to carcerne ' hyre wæs cristes lof
in ferð-locan   fæste biwunden
milde mod-sefan   mægen unbrice ·
ða wæs mid clustre   carcernes duru   236
behliden homra geweorc   halig þær-inne
wærfæst wunade   symle heo wuldor-cyning ·
herede æt heortan   heofon-rices god
iu þam nyd-clafan   nergend fira   240
heolstre bihelmad   hyre wæs halig gæst
singal gesið ·   ða cwom semninga
in þæt hlin-ræced   hæleða gewinna
yfeles andwis   hæfde engles hiw   244
gleaw gyrn-stafa   gæst-geniðla
helle hæftling   to þære halgan spræc ·
hwæt dreogest þu   seo dyreste
and seo weorþeste   wuldor-cyninge   248
dryhtne ussum   ðe þes dema hafað
þa wyrrestan   witu gegearwad
sar ende-leas   gif þu onsecgan nelt
gleaw-hycgende   *and* his godum cweman   252
wes þu ón ófeste   swa he þec ut heonan
lædan hate   þæt þu lac hraþe
onsecge sigor-tifre * ær þec swylt nime   [* 69 b.]
deað fore duguðe   þy þu þæs deman scealt   256
ead-hreðig mæg   yrre gedygan ·
frægn þa fromlice   seo þe forht ne wæs
criste gecweme   hwonan his cyme wære ·
hyre se wræc-mæcga   wið þingade   260
ic eom engel godes   ufan siþende
þegn geþungen   *and* to þe sended
halig of heahþu   þe sind heardlicu
wundrum wæl-grim   witu geteohhad   264
to gring-wræce   het þe god beodan

264. MS. wel, e for æ, not an uncommon error of the MS., though often
corrected into æ.

be taken down again, and commanded her   232
to be led to prison. In her soul's recess
praise of Christ was fast entwined,
in her gentle spirit dwelt strength indomitable.

The prison door, the work of many hammers,   236
was then closed with a bar, the holy maid within;
firm in faith remained she; ever praised she,
with all her heart, the King of glory, the God of heaven's realm,
the Saviour of men, in that place of durance,   240
though enwrapt with gloom. To her was the Holy Spirit
a constant companion. Then came suddenly
into that grated cell the foe of men,
expert in evil; an angel's form had he,   244
the foe of souls, versed in cruel trickery,
the thrall of hell: he spake to the holy maid :—

'Why suffer thus, thou that art dearest
and most precious unto the King of glory,   248
unto our Lord! For thee hath this judge
prepared the most grievous torments,
endless pain, unless thou, wisely considering,
wilt offer sacrifice, and appease his gods.   252
Hasten, as soon as he command thee
to be led from hence, quickly to offer
gifts, a sacrifice for victory, ere destruction seize thee,
death in the sight of multitudes. Thereby shalt thou,   256
blessed maiden, escape this judge's anger.'

Boldly then asked him the fearless maid,
acceptable to Christ, from whence his coming was.
To her the wretched creature thus replied :—   260

'I am an angel of God, journeying from above,
a trusty minister, and I am sent to thee,
holy from heaven. Grievous torments,
wondrously deadly, are prepared for thee,   264
for thy cruel punishment. God, the Lord's Son,

s

bearn waldendes þæt þe burge þa·
ða wæs seo fæmne for þam fær-spelle
egsan geaclad þe hyre se aglæca   268
wuldres wiþer-breca wordum sægde
ongan þa fæstlice ferð staþelian
geong grondorleas to [gode] cleopian
nu ic þec beorna hleo biddan wille   272
ece ælmihtig þurh þæt æþele gesceap
þe þu fæder engla æt fruman settest
þæt þu me ne læte of lofe hweorfan
þinre ead-gife swa me þes ar bodað   276
frecne fær-spell þe me fore stondeð·
swa ic þe bil'witne biddan wille
þæt þu me gecyðe cyninga wuldor
þrymmes hyrde hwæt þes þegn sy   280
lyft-lacende þe mec læreð from þe
on stearcne weg hyre· stefn oncwæð
wlitig of wolcnum word hleoþrade·
forfoh þone frætgan and fæste geheald   284
oþþæt he his sið-fæt secge mid·ryhte
ealne from orde hwæt his æþelu syn·
ða wæs þære fæmnan · ferð geblissad
dóm-eadigre heo þæt deofol genom † † †   288
* ealra cyninga cyning to cwale syllan.   [* 70 a.]
ða gen ic gecræfte þæt se cempa ongon
waldend wundian weorud to-segon
þæt þær blod and wæter butu æt-gædre   292
eorþan sohtun. ða gen ic herode
in hyge bisweop þæt he iohannes bibead
heafde biheawan· ða se halga wer
þære wif-lufan wordum styrde   296
unryhtre æ· eac ic gelærde
simon searo-þoncum þæt he sacan ongon

271, 272. MS. to cleopianne.   286. MS. ealdne, i.e. ealne.   288. MS.
eadigre. After genom a leaf of the MS. is evidently missing, though there is
no trace of its having been cut out of the MS.

bade me announce to thee that thou protect thyself therefrom.'

Then was the damsel struck with terror
at the sudden tidings, which the wretched monster,　　　268
Glory's adversary, declared to her in words.
The young and guileless maid began then
firmly to strengthen her soul and to call on God :—

'Thee, Refuge of mortals, Eternal Almighty,　　　272
will I now beseech, by the noble creation,
which Thou, Father of the angels, didst in the beginning ordain,
that thou suffer me not to turn from the praise
of thy blessed grace, according to the impious sudden message
that this messenger announceth, who standeth before me.　　277
Wherefore I will beseech thee, merciful Lord,
that Thou, Glory of kings, Lord of majesty,
reveal to me, what this minister is,　　　280
this floater through the air, who directeth me
to a rugged way, far from thee.' To her spake
a sweet voice from the clouds, and uttered these words :—

'Seize the proud fiend, and hold him fast,　　　284
till he rightly recount his whole career,
from the beginning, what his origin is.'

Then was the noble damsel's soul
rejoiced ; she seized the devil . . . .　　　288
'The King of all kings (I contrived) to betray to death ;
moreover I effected that the soldier resolved
to wound the Lord, while the multitude looked on,
so that blood and water, both together,　　　292
sought the earth there. Herod's mind, too,
I incited, so that he commanded John's head
to be cut off, when the holy man
reproved by words his love for the woman,　　　296
his unlawful marriage. Also I instructed
Simon by my cunning, so that he began to strive

wiþ þa gecorenan   cristes þegnas
and þa halgan weras   hospe gerahte   300
þurh deopne gedwolan   sægde hy dryas wæron·
neþde ic nearo-bregdum   þær ic neron bisweac
þæt he acwellan het   cristes þegnas.
petrus· and paulus·   pilatus ær   304
on rode aheng   rodera waldend
meotud meahtigne   minum larum
swylce ic egias   eac gelærde
þæt he unsnytrum   andreas het·   308
áhón haligne   on heanne beam
þæt he of galgan his   gæst onsende
in wuldres wlite   þus ic wraþra fela
mid minum broþrum   bealwa gefremede   312
sweartra synna   þe ic asecgan ne mæg
rume areccan   ne gerím witan
heardra hete-þonca·   him seo halge oncwæð
þurh gæstes giefe   iuliana·   316
þu scealt furþor gén   feond mon-cynnes
siþ-fæt secgan   hwa þec sende to me·
hyre se aglæca   ageaf andsware
forht afongen   friþes orwena.   320
hwæt mec min fæder   on þas fóre to þe
hell-warena cyning   hider onsende
of þam engan hám   se is yfla * gehwæs   [*70 b.]
in þam grorn-hofe   geornfulra þonne ic   324
þonne he usic sendeð   þæt we soðfæstra
þurh misgedwield   mód óncyrren
ahwyrfen from halor   we beoð hyge-geomre
forhte on feroþe   ne biþ us frea milde   328
egesful ealdor   gif we yfles noht
gedon habbaþ   ne durran we siþþan
for his onsyne   ower geferan
þonne he onsendeð   geond sidne grund   332

207. MS. swylc.   213. MS. asengan.   222. MS. wærena.   215. MS. so.

against the chosen ministers of Christ,
and those holy men with contumely reproached, 300
in deep folly, and said they were sorcerers.
I ventured on cunning wiles when I deceived Nero,
so that he bade men slay Christ's servants,
Peter and Paul. Pilate erewhile 304
had hanged on the rood the Ruler of the skies,
the mighty Lord, through my devices.
I, too, in like manner, instigated Hegias,
that he unwisely bade Andrew, 308
the holy Saint, to be hung on a high tree.
so that from the gallows he sent forth his soul
unto beauteous glory. Thus have I, with my brethren,
perpetrated many dire atrocities, 312
many swart sins, which I cannot tell,
nor fully relate, nor can I know the number
of my cruel evil plans.' Him the holy maid,
Juliana, through the Spirit's grace, addressed:— 315
  'Thou shalt still further, foe of mankind,
explain thy journey, who hath sent thee to me,'
  To her the wretch gave answer,
seized with fear, hopeless of peace:— 320
  'Lo! me, my father, the King of hell's inhabitants,
hath sent hither on this journey unto thee,
from that narrow home; he, in that sad home,
is more zealous e'en than I for every evil. 324
When he sendeth us forth to pervert,
by delusion, the minds of the righteous,
to turn them from salvation, we are sad of mind,
afeared in soul. No kind master to us 328
is our dreadful Lord. If we naught evil
have achieved, we venture not thereafter
to go anywhere in his presence.
Then he sendeth o'er the wide world, 332

þegnas of þystrum   hateð þræce ræran
gif we gemete sín   on mold-wege
oþþe feor oþþe neah   fundne weorþen
þæt hi usic binden   and in bæl-wylme   336
suslum swingen   gif soðfæstra
þurh myrrelsan   mod ne oðcyrreð
haligra hyge   we þa heardestan
and þa wyrrestan   witu geþolað   340
þurh sar-slege   nu þu sylfa meaht
on sefan þinum   soð gecnawan
þæt ic þisse noþe wæs   nyde gebæded
þrag mælum geþread   þæt ic þe sohte ·:7·   344

[IV.]

Þᴀ gen seo halge ongon   hæleþa gewinnan
    wrohtes wyrhtan   wordum frignan
fyrn-synna fruman   þu me furþor scealt
secgan sawla feond   hu þu soðfæstum   348
þurh synna slide   swiþast sceþþe
facne bifongen ·   hyre se feond oncwæð
wrecca wærleas   wordum mælde
ic þe ead-mæg   yfla gehwylces   352
ór gecyðe   oð ende forð
þara þe ic gefremede ·   nalæs feám siðum
synna wundum   þæt þu þy sweotolicor
sylf gecnawe ·   ᵃþæt þis is soð nales leas ·   [*71 a.]   356
ic þæt wende   and witod tealde
þriste geþonoge   þæt ic þe meahte
butan earfeþum   anes cræfte
ahwyrfan from halor   þæt þu heofon-cyninge   360
wiðsoce sigora frean   and to sæmran gebuge ·
onsægde synna fruman   þus ic soðfæstum

338. MS. neod cyrreð.   340. MS. geþoljað, i.e. geþolað.   344. One-
line space between the sections.   350. One or two letters erased after hyre.
354. MS. sindon.

his ministers forth from darkness; he biddeth them prepare
  violence for us;
if we be met upon earth's ways,
or should be found far or near,
that they bind us and scourge us with torments 336
in the fire's heat. If the minds of the righteous,
the thoughts of the holy, through stumbling-blocks,
turn not aside, we suffer torments,
the cruellest and the most grievous, 340
by painful blows. Now thou thyself
may'st know the truth within thy mind,
that I was needs constrained to this adventure,
from time to time tormented, that I should seek thee.' 344

IV.

Then yet the holy maid resolved to question with words
the foe of men, the worker of wickedness,
the beginner of sin in days of yore:—' Thou shalt yet further
tell me, thou enemy of souls! how thou the righteous 348
dost chiefly injure, through their lapse into sin,
ensnared by thy guile.' Her the fiend addressed;
the perfidious wretch spake in these words:—
 ' I will reveal to thee, blessed maiden, 352
from the beginning to the end, the cause of every evil,
which I by wounds of sin have furthered,
no few times, so that thou thyself may'st
the more clearly know, that this is true and not false. 356
I weened and reckoned it as certain,
in my daring thought, that I, by my craft alone,
without difficulty, might turn thee away
from salvation, that thou wouldst deny 360
heaven's King, the Lord of triumph, wouldst bow to a worse God,
wouldst sacrifice to the author of sin. Thus do I pervert,

þurh mislic bleo mod oncyrre
þær ic hine finde ferð staþelian 364
to godes willan ic beo gearo sona
þæt ic him monigfealde modes gælsan
ongean bere grimra geþonca
dyrnra gedwilda þurh gedwolena rím 368
ic him geswete synna lustas
mæne mod-lufan þæt he minum hraþe
leahtrum gelenge larum hyrað
ic hine þæs swiþe synnum onæle 372
þæt he byrnende from gebede swiceð
stepeð stronglice staþolfæst ne mæg
fore leahtra lufan lenge gewunian
in gebed-stowe swa ic brogan to 376
laðne gelæde þam þe ic lifes of-ónn
leohtes geleafan and he larum wile
þurh modes myne minum hyran
synne fremman he siþþan sceal 380
godra gum-cysta geasne hweorfan
gif ic ænigne ellen-rofne
gemete modigne metodes cempan
wið flan-þræce nele feor þonan 384
bugan from beaduwe ac he bord ongean
hefeð hyge-snottor haligne scyld
gæstlic guð-reaf nele gode swican
ac he beald in gebede bid-steal gifeð 388
fæste on feðan ic sceal feor þonan
hean-mod hweorfan hroþra bidæled ·
*in gleda gripe gehðu mænan [°71 b.]
þæt ic ne meahte mægnes cræfte 392
guðe wiðgongan ac ic geomor sceal
secan oþerne ellenleasran
under cumbol-hagan cempan sænran
þe ic onbryrdan mæge beorman mine 396
agælan æt guþe þeah he godes hwæt
onginne gæstlice ic beo gearo sona ··

by various pretexts, the mind of the righteous.
When I find him strengthening his soul   364
to God's will, I am straight prepared
to bear unto him wantonness of spirit,
full manifold grim thoughts,
dark errors, through numerous delusions.   368
I sweeten for him the delights of sin,
the vicious desires of the heart, so that he,
allured to vice, quickly obeyeth my teachings.
Him so greatly do I inflame with sin,   372
that he, burning, shrinketh from prayer;
he steppeth forth boldly; for love of iniquity,
he can no longer remain firm
in the place of prayer. Thus bring I hateful terror 376
unto him whom I begrudge his life,
his bright belief. If he my doctrines ————
with full purpose of heart is willing to obey,
and to perpetrate sin, thenceforth must he live 380
wanting in all noble virtues.
But if I find a man courageous,
a valiant champion of the Lord,
resisting mine arrow's force, one who will not flee 384
far thence from the contest, but, wise in soul,
raiseth up against me a holy shield,
his ghostly armour, one who will not forsake God,
but, bold in prayer, maketh a stand 388
firmly in battle, then must I abashed
far from thence depart, bereft of comfort.
In gleeds' embrace must I bemoan my cares,
for that I might not, by dint of power, 392
prosper in my warfare; saddened
must I seek another, less courageous,
a worse warrior, in the ranks of battle,
whom with my harm I may induce 396
to be slack in warfare. Though he aught of good
may resolve in spirit, I am forthwith ready

þæt ic in-gehygd　eal geond-wlite
hu gefæstnad sy　ferð innanweard　　　　　400
wið-steall geworht　ic þæs wealles geat
ontyne þurh teonan　bið se torr þyrel
in-gong geopenad　þonne ic ærest him
þurh eargfare　in onsende　　　　　404
in breost-sefan　bitre geþoncas
þurh mislice　modes willan
þæt him sylfum　selle þynceð
leahtras to fremman　ofer lof godes　　　　　408
lices lustas　ic beo lareow georn
þæt he mon-þeawum　minum lifge
acyrred cuðlice　from cristes sé
mód gemyrred　me to gewealde　　　　　412
in synna seað　ic þære sawle ma
geornor gyme　ymb þæs gæstes forwyrd
þonne þæs lic-homan　seþe on legre sceal
weorðan in worulde　wyrme to hroþor　　　　　416
bifolen in foldan　Ða gien seo fæmne spræc
saga earm-sceapen　unclæne gæst
hu þu þec geþyde　þystra stihtend
on clænra gemong　þu wið criste géo　　　　　420
wærleas wunne　and gewin tuge
hogdes wiþ halgum　þe wearð helle seað
niþer gedolfen　þær þu nýd-bysig
fore oferhygdum　eard gesohtes　　　　　424
wende ic þæt þu þy wærra　weorþan sceolde
*wið soþfæstum　swylces gemotes　　　　[*72 a]
and þy unbealdra　þe þe oft wiðstod
þurh wuldor-cyning　willan þines　　　　　428
Hyre þa se werga　wið-þingade
earm aglæca　þu me ærest saga,
hu þu gedyrstig　þurh deop gehygd
wurde þus wig-þrist　ofer eall wifa cyn　　　　　432
þæt þu mec þus fæste　fetrum gebunde
æghwæs orwigne　þu in ecne god

to pry through all his inmost thoughts,
howe'er secured the soul may be within, 400
arrayed as a bulwark. The rampart's gate
with malice open I; when the tower is pierced,
an entrance forced, then at first,
through mine archery, I send forth 404
into his bosom bitter thoughts,
through various desires of the heart,
so that it seemeth to him a better thing
to perpetrate iniquity, bodily lusts, 408
than to praise God. I become his diligent instructor,
that in mine evil habits he may live,
manifestly turned from the law of Christ,
his mind seduced into my power, 412
into the abyss of sin. I care more zealously
for the soul's, for the spirit's utter ruin,
than for the body's, which in the grave,
here in this world, committed to earth, 416
shall become a prey to worms.' Then yet the damsel spake:—
'Say, wretched creature, spirit unclean,
dispenser of darkness, how couldst thou press
into the company of the pure! Thou thyself, traitor, 420
didst once strive 'gainst Christ, didst wage war,
and didst plot against the Holy One. For thee was the pit of hell
dug beneath, where thou, worried with woes,
for thine overweening pride, soughtest a home. 424
I trowed that thou wouldst be the more wary,
of all such meetings with the righteous,
and the less bold, for they have oft,
through the King of glory, withstood thy will.' 428
— To her the accursed, the miserable wretch,
made rejoinder thus:—'Do thou first tell me
how thou, daring one, becamest through thy deep thought
thus bold in strife, beyond all womankind, 432
that thou hast bound me fast with fetters thus,
wholly defenceless! Thou in thine Eternal God,

þrym-sittendne þinne getreowdes
meotud mon-cynnes swa ic in minne fæder   436
hell-warena cyning hyht staþelie
þonne ic beom onsended wið soðfæstum
þæt ic in mán-weorcum mod oncyrre
hyge from halor me hwilum biþ   440
forwyrned þurh wiþer-steall willan mines
hyhtes æt halgum swa me her gelamp
sorg on siþe ic þæt sylf gecneow
to late micles sceal nu lange ofer þis   444
scyld-wyrcende scame þrowian·
forþon ic þec halsige þurh þæs hyhstan meaht
rodor-cyninges giefe se þe on rode-treo
geþrowade þrymmes ealdor   448
þæt þu miltsige me þearfendum
þæt unsælig/eall ne forweorþe
þeah ic þec gedyrstig and þus dol-willen
siþe gesohte þær ic swiþe me   452
þyslicre ær þrage ne gewende:7

[V.]

Ð A seo wlite-scyne wuldres condel
        to þam wær-logan wordum mælde·
Ðu scealt anddettan yfel-dæda ma   456
hean helle gæst ær þu heonan mote
hwæt þu *to teonan þurh-togen hæbbe   [*72 b.]
micelra mán-weorca manna tudre
deorcum gedwildum hyre þæt deofol oncwæð   460
nu ic þæt gehyre þurh þinne hleoþor-cwide
þæt ic nyde sceal niþa gebæded
mod meldian swa þu me beodest
þrea-ned þolian is þeos þrag ful strong   464
þreat ormæte/ic sceal þinga gehwylc
þolian and þafian on þinne dóm

sitting in majesty, hast placed thy trust,
in mankind's Maker, e'en as I in my father,   436
the King of hell's inhabitants, repose my hope,
when I am sent against the righteous,
that I in wicked deeds may turn their minds,
their spirits, from salvation. Sometimes   440
through their opposition I am denied my will,
my hope with the holy, as to me hath here befallen
sorrow in my journey! This perceive I myself,
much too late. Now must I long, sin-working,   444
endure shame, on account of this;
wherefore I beseech thee, through the might of the Supreme,
through the grace of heaven's King, the Prince of majesty,
who on the rood-tree suffered,   448
that thou pity me, miserable one,
that all unblessed I perish not,
though I daringly and thus foolishly
sought thee in this journey, where verily I expected not   452
such a time as this for myself.'

V.

Then the beauteous lamp of glory
spake in words to the perfidious fiend :—
  'Thou shalt confess more evil deeds,   456
vile spirit of hell! ere thou mayst hence,
yea, all the mighty works of wickedness
thou hast accomplished, to harm the race of men
by dark delusions.' Her the devil thus addressed :—   460
  'Now hear I in thine utterance
that I must needs, by hate constrained,
tell all my mind, and must suffer this pang,
as thou commandest me. This course is too severe,   464
this chastisement too great. Each thing must I
surrender and submit unto thy doom,

wom-dæda onwreon   þy ic wide-ferg
sweartra gesyrede   of[t] ic syne ofteah   468
ablende bealo-þoncum   beorna únrim
monna cynnes   mist-helme forbrægd
þurh attres ord   eagna leoman
sweartum scurum   and ic sumra fet   472
forbræc bealo-searwum   sume in bryne sende
in liges locan   þæt him lasta wearð
siþast gesyne   eac ic sume gedyde
þæt him ban-locan   blode spiowedan   476
þæt hi færinga   feorh aleton
þurh ædra wylm   sume on yð-fare
wurdon on weg   wætrum bisencte
on mere-flode   minum cræftum   ,480
under reone stream   sume ic rode bifealh
þæt hi hyra dreorge   on hean galgan
lif aletan   sume ic larum geteah
to geflite fremede   þæt hy færinga   484
eald-æíþoncan   edniwedan
beore dru[n]cne   ic him byrlade
wroht of wege   þæt hi in win-sele
þurh sweord-gripe   sawle forletan   488
of flæsc-homan   fæge scyndan
sarum gesohte   sume þa ic funde ·
butan *godes tacne gymelease   [*73 a.]
ungebletsade   þeah ic bealdlice   492
þurh mislic cwealm   minum hondum
searo-þoncum alog   ic asecgan ne mæg
þeah ic gesitte   sumer-longne dæg
eal þa earfeþu   þe ic ær and siþ   496
gefremede to facne   siþþan furþum wæs
rodor aræred   and ryne tungla
folde gefæstnad   and þa forman men ·
adam and acue.   þam ic ealdor oðþrong   500

each black crime must I reveal, that I have ever
cunningly devised.   I have oft withdrawn men's sight;   468
with baleful thoughts have I blinded folk innumerable
of human kind; with a mist-veil, with dark showers,
with poisoned arrows, have I reft
the light of their eyes. Of some have I broken the feet   471
by wicked snares; some into fire have I sent,
into flame's embrace, so that no trace of them
was visible thereafter. And some have I afflicted,
that their bodies spouted blood,   476
so that suddenly they let forth life
through their veins' fount. Some on the billowy waves,
while on their way, were by my devices
submerged by the waters into the ocean-flood,   480
below the raging stream. Some to the cross have I consigned,
so that sadly they their life resigned
on the vile gallows. Some have I led on by my teachings,
and have urged to strife, so that they suddenly   484
have renewed old grudges,
drunken with beer; for them poured I forth
discord from the cup, so that in the guest-hall,
through clutch of sword, they let forth the soul   488
from the body; dying they hastened forth,
beset with wounds. Some whom I found
without God's token, heedless
and unblessed, these nevertheless I boldly   492
by various deaths, by crafty devices,
slew with my hands. I may not declare,
though I sit here a summer-long day,
all the miseries which I early and late   496
have guilefully achieved, since first
the firmament was upreared and the course of the stars,
since earth was established and the first folk,
Adam and Eve, whom I deprived of life,   500

and hy gelærde   *þæt* hi lufan dryhtnes
ece ead-giefe   an forleton
beorhtne bold-welan   *þæt* him bæm gewearð
yrmþu to ealdre   *and* hyra eaferum swa   504
mircast mán-weorca   hwæt sceal ic má riman
yfel ende-leas   ic eall gebær
wraþe wrohtas   geond wer-þeode
þa þe gewordun   widan feore   508
from fruman worulde   fira cynne
eorlum on eorþan   ne wæs ænig þara
þæt me þus þriste   swa þu nuþa
halig mid hondum   hrinan dorste   512
næs ænig þæs modig   mon ofer eorþan
þurh halge meaht   heah-fædera nán
ne witgena   þeah þe him weoruda god
onwrige wuldres cyning   wisdomes gæst   516
giefe unmæte   hwæþre ic gong to þem
agan moste   næs ænig þara
þæt mec þus bealdlice   bennum bilegde
þream forþrycte   ær þu nuþa   520
þa miclan meaht   min ofer-swiðdest
fæste forfenge   þe me fæder sealde
feond mon-cynnes   þa he mec feran het
þeoden of þystrum   *þæt* ic þe sceolde   524
synne swetan   þær mec sorg bi-*cwom   [*73 *b*.]
hefig hond-gewinn   ic bihlyhhan ne þearf
æfter sar-wræce   sið-fæt þisne
magum in gemonge   þonne ic mine sceal   528
agiefan gnorn-cearig   gaful-rædenne
in þam reongan hám   Đa se gerefa het
gealg-mod guma iulianan
of þam engan hofe   ut gelædan   532
on hyge halge   bæþnum to spræce
to his dom-setle   heo þæt deofol teah

and so instructed them, that they forsook
love of the Lord, eternal happiness,
bright bliss of paradise; that darkest wicked deed
to both of them and to their offspring too   504
brought misery for ever. Why should I further enumerate
endless evil? I have begotten
all hateful crimes throughout mankind,
which have come to pass among mortal folk,   508
among men on earth, through all the ages,
from the world's beginning. There was not one of them
that boldly thus durst touch me
with their hands as thou dost now, O holy maid!   512
No man on earth was ever thus courageous,
through holy might, none of the patriarchs,
none of the prophets; though the God of hosts, the King of glory,
had revealed to them the spirit of wisdom,   516
infinite grace, yet I access to them
might gain; there was not one of them
that thus boldly loaded me with chains,
overwhelmed me with distress, until now at last   520
thou hast overcome, thou hast firmly arrested,
my great power, which my father, mankind's foe,
gave me, when he, my lord, bade me
depart from the gloom, that I should sweeten   524
sin for thee; thence sorrow hath befallen me,
a heavy struggle. After thy sore revenge,
I may not be-laugh 'mong my comrades
this expedition, when I, oppressed with care,   528
must render my fixed tribute
in that sad home.' Then the count,
the fierce-minded wight, commanded Juliana,
holy of soul, to be led forth   532
from that narrow house, for converse with the heathen
at his judgment-seat. Animated in her spirit,

T

breostum inbryrded   bendum fæstne
halig hæþenne   ongan þa hreow-cearig   536
sið-fæt seofian   sár cwanian
wyrd wanian   wordum mælde·
ic þec halsige   hlæfdige min·
iuliana   fore godes sibbum   540
þæt þu furþur me   fraceþu ne wyrce
edwit for eorlum   þonne þu ær dydest
þa þu oferswiþdest   þone snotrestan
under hlin-scuan   hel-warena cyning   544
in feonda byrig   þæt tis fæder user
morþres mán-frea·   hwæt þu mec þreades
þurh sár-slege   ic to soþe wat
þæt ic ær ne siþ   ænig ne mette   548
in woruld-rice   wiþ þe gelic
þristran geþohtes   ne þweorh-timbran
mægþa cynnes   is on me sweotul
þæt þu unscamge   æghwæs wurde   552
on ferþe fród·   Ða hine seo fæmne forlet
æfter þreo-hwile   þystra neosan
in sweartne grund   sawla gewinna[n]
on wita forwyrd   wiste he þi gearwor   556
manes melda   magum to secgan
susles þegnum   hu him on siðe gelomp :⁊7

[VI.]

· · · · · · · · · · · ·*georne ær [*74 a.]
heredon on heahþu·   and his halig [wuldor]   560
sægdon soðlice   þæt he sigora gehwæs
ofer ealle gesceaft   ana wolde
ecra ead-giefa·   Ða cwom engel godes
frætwum blican   and þæt fyr tosceaf   564

544. MS. werena.   545. MS. his.   555. MS. gewinna.
559. A page of MS. is missing between gelomp, the last word of 73 b., and
georne, the first of 74 a. The substance of the missing passage may be in-
ferred from the Latin original (see Notes).   560. A word is omitted
after halig: there is no hiatus in the MS.

she drew the devil along with her, fast in bonds;
the holy maiden drew the heathenish fiend. Sad then   536
began he to lament his errand, to bewail his pain,
to deplore his fate; thus spake he in words:
'I beseech thee, lady mine,
Juliana, by God's peace,   540
put not upon me fresh indignity,
reproach before men, as thou didst before,
when thou overcamest under the prison roof
the most cunning, the king of hell's inhabitants,   544
in the city of thy foes; that is our father,
the impious lord of sin. Yea! thou hast chastised me
by painful stroke; I truly know
that I have never met, early or late,   548
in the world's realm, any like unto thee
in daring thought, nor more intractable,
among all womankind. To me 'tis manifest
that thou art become wholly blameless,   552
full wise of soul.' Then the damsel dismissed him,
the foe of souls, after his forced stay,
to visit darkness down in the swart abyss,
in hell's perdition; the better knew he then,   556
the announcer of wickedness, to narrate unto his mates,
the ministers of torment, how it befell him on his journey.

VI.

. . . . erewhile eagerly
they lauded Him on high and His holy glory;   560
they said that truly He alone ordained
each victory, each lasting gift of happiness,
through all creation. Then came God's angel,
shining resplendently, and scattered the fire;   564

gefreode *and* gefreoðade   facnes clæne
leahtra lease   *and* þone lig towearp .
heoro-giferne   þær seo halge stód .
mægþa bealdor   on þam midle gesund   568
þæt þam weligan wæs   weorc to þolianne
þær he hit for worulde   wendan [*ne*] meahte
sohte synnum fah   hu he sarlicast
þurh þa wyrrestan   witu meahte   572
feorh-cwale findan   Næs se feond to læt .
se hine gelærde þæt he læmen fæt
biwyrcan het   wundor-cræfte
wiges womum   *and* wudu-beamum   576
holte bi[h]lænan .   ða se [*hearda*] bibead
þæt mon þæt lam-fæt   leades gefylde
and þa onbærnan het   bæl-fira mæst
ád onælan   se wæs æghwonan   580
ymb-boren mid brondum   bæð hate weol .
het þa ofestlice   yrre gebolgen
leahtra lease   in þæs leades wylm
scufan butan scyldum .   þa toscaden wearð   584
lig tolysed   lead wide sprong
hat heoro-gifre   [h]æleð wurdon acle
árasad for þy ræse   þær on rime forborn
þurh þæs fires fnæst   fif *and* hund-seofontig   588
hæðnes herges   Da gen sio halge stód
ungewemde wlite   næs hyre wloh ne brægl
ne feax ne fel   fyre gemæled
ne lic ne leoþu   heo in lige stód   592
æghwæs onsund   sægde ealles þonc
dryhtna *dryhtne   þa se dema wearð   [* 74 b.]
hreoh *and* hyge-grim   ongon his hrægl teran
swylce he grennade   *and* gristbitade   596
wédde on gewitte   swa wilde deor
grymetade gealg-mod   *and* his godu tælde

567. *MS.* halie.   570. *MS.* wendan meahte.   577. *MS.* bilænan.
There is no hiatus in MS. between se *and* bibead; hearda, *is conjectural.*
586. *MS.* æleð.

freed and protected the guileless maid
and sinless; he cast aside the flame,
fiercely-raging, where in the midst the holy damsel,
chief of women, stood safe and sound.   568
It was a hard thing for the rich lord to endure,
as he might not change it before all the world; ———
sin-stained sought he then, how he might most grievously,
by the direfullest torments, compass   572
her destruction. The fiend was not too slow;
he so instructed him, that he commanded men to make
an earthen vessel with wondrous artifice,
with war-horrors, and to beset it with forest trees,   576
with wood. Then the cruel one bade,
that they should fill with lead that earthen vessel,
and ordered them to kindle then a vast bale-fire,
to light the pile. It was surrounded   580
with brands on every side; the bath boiled hotly.
Chafed with anger, he bade them with all speed
to thrust the innocent, the guiltless maid,
into the surging lead. Then was the flame scattered   584
and dissolved; the lead spread far and wide,
hot, fiercely raging. The men were horror-stricken
at its torrent: there were burnt,
by the fire's breath, seventy-five in number   588
of the heathen host. But yet the holy damsel stood there
with spotless beauty; nor her hem nor her robe,
nor locks nor skin, nor body nor limbs,
were marked by the fire; she stood there in the flame   592
wholly inviolate, and spake her thanks for all
unto the King of kings. Then was the judge
fierce and furious; he began to tear his robe,
and grimly grinned, and gnashed his teeth;   596
he was maddened in mind, like a wild beast;
savagely he raged, and blasphemed his gods,

þæs þe hy ne meahtun   mægne wiþstondan
wifes willan   wæs seo wuldres mæg   600
anræd and unforht   eafoða gemyndig
dryhtnes willan   þa se dema het
aswebban sorg-cearig   þurh sweord-bite
on hyge halge   heafde bineotan   604
criste gecorene   hine se cwealm ne þeah
siþþan he þone fintan   furþor cuþe :—:7

[VII.]

Ða wearð þære halgan   hyht geniwad
and þæs mægdnes mód   miclum geblissad   · 608
siþþan heo gehyrde   hæleð eahtian
inwit-rune   þæt hyre ende-stæf
of gewin-dagum   weorþan sceolde
lif alysed   het þa leahtra ful   612
clæne and gecorene   to cwale lædan
synna lease   Ða cwom semninga
hean helle gæst   hearm-leoð agól
earm and unlæd   þone heo ær gebond   616
awyrgedne   and mid witum swong .
cleopade þa for corþre   cear-gealdra full
gyldað nu mid gyrne   þæt heo goda ussa
meaht forhogd[e]   and mec swiþast   · 620
geminsade   þæt ic to meldan wearð
lætað hy laþra   leana hleotan
þurh wæpnes spor   wrecað ealdne nið
synne gesohte   ic þa sorge gemon .   624
hu ic bendum fæst   bisga unrim
on anre niht   eárfeþa dreag
yfel ormætu .   *þa seo eadge biseah   [* 75 a.]
ongean gramum   iulianat   628
gehyrde heo hearm galan   helle deofol .
feond mon-cynnes   ongon þa on flean sceacan

---

599. MS. hyne meahtum.   620. MS. forhogd.   · 628. MS. iulianan.

because they could not with might and main
withstand a woman's will. Aye was the maid of glory   600
resolved and fearless, mindful of her strength,
of the Lord's will. Then the judge, sorely worried,
commanded them by bite of sword to put to death
the holy-hearted one, to deprive of head   604
Christ's chosen maid; her death profited him naught,
when he further knew the sequel.

VII.

Then was the holy damsel's hope renewed,
the maiden's mind was greatly cheered,   608
when she heard the men pursuing
their evil counsel, that there should be
a final ending of her days of trouble,
her life set free. Then the sinful one commanded them   612
to lead to death the pure and chosen maid,
so sinless. There came then suddenly
hell's vile sprite; a baleful song sang he,
the hapless wretch, the accursed fiend,   616
whom she had erewhile bound and sorely scourged;
full of dire enchantments, before the multitude he cried:—
'Requite now with evil that she hath despised
our gods' might, and me most grievously   620
humbled, so that I became a traitor.
Let her now receive hateful recompense,
through the weapon's wound! Avenge your ancient grudge,
ye sin-sick mortals! My sore plight bear I in mind,   624
how I, fast in bonds, during one night,
endured afflictions numberless, dire woes,
evils immeasurable.' Then the blessed Juliana
looked up towards the hateful sprite;   628
she heard hell's devil, mankind's foe,
singing harm; then began he to depart in flight,

wita neosan *and* þæt word acwæð
wa me forworhtum nu is wen micel   632
þæt heo mec eft wille earmne gehynan
yflum yrmþum swa heo mec ær dyde.
Ða wæs gelæded lond-mearce neah
and to þære stowe þær hi stearc-ferþe   636
þurh cumbol-hete cwellan þohtun.
ongon heo þa læran *and* to lofe trymman
folc of firenum *and* him frofre gehet
weg to wuldre *and* þæt word ácwæð.   640
gemunað wigena wyn *and* wuldres þrymm
haligra hyht heofon-engla god
he is þæs wyrðe þæt hine wer-þeode
and eal engla cynn úp on roderum   644
hergen heah-mægen þær is help gelong
ece to ealdre þam þe agan sceal.
forþon ic leof weorud læran wille
æ-fremmende þæt ge eower hus   648
gefæstnige þy læs hit fer-blædum
windas toweorpan weal sceal þy trumra
strong wiþstondan storma scurum
leahtra gehygdum ge mid lufan sibbe   652
leohte geleafan to þam lifgendan
stane stið-hygde staþol fæstniað
soðe treowe *and* sibbe mid eow
healdað æt heortan halge rune   656
þurh modes myne þonne eow miltse giefeð
fæder ælmihtig þær ge [*frofre*] agun
æt mægna gode mæste þearfe.
* æfter sórg-stafum forþon ge sylfe neton [* 75 b.]   660
ut-gong heonan ende lifes
wærlic me þinceð þæt ge wæccende
wið hettendra hilde-woman
wearde healden þy læs eow wiþer-feohtend.   664

640. MS. ácwýð, i. e. ácwæð.   664. MS. hydge.
658. frofre, conjectural.

to visit hell's torments, and these words exclaimed:—
'Woe is me, undone! now ween I indeed   632
that she again will humble me, poor wretch,
by evil miseries, as she did before.'
  Then the maid was led near to the land-march,
unto the place where the hard-hearted men,   636
in their warlike hate, resolved to slay her.
Then began she to instruct the folk, and to exhort them
from sin to the praise of God, and promised them comfort,
the way to glory, and spake these words:—   640
  'Remember ye the Delight of warriors, the Glory of glories,
the Hope of the holy, the heavenly angels' God.
He deserveth that mankind should praise Him,
and all the angelic race in the skies above,   644
the host on high, where help abideth for him,
to all eternity, who is destined to possess it.
Wherefore, dear people, I would fain exhort you,
who keep His laws, that ye make firm   648
your house, lest the winds o'erthrow it
with sudden blasts; the firmer then will be the wall,
stoutly will it withstand tempestuous storms,
thoughts of wickedness. Do ye, with love's goodwill,   652
with bright belief, firm in spirit,
fix your foundation on the living Rock;
true faith and peace among yourselves
hold ye in your hearts, and the holy mysteries,   656
with the soul's full purpose; then will the Almighty Father
grant you grace, when ye have greatest need
of comfort from God Omnipotent,
after your afflictions. Verily, ye yourselves know not   660
your exit hence, your life's ending;
prudent then methinketh it, that ye watch
'gainst the war-whoop of your enemies,
and hold ward, lest, fighting 'gainst you,   664

weges forwyrnen to wuldres byrig
biddað bearn godes þæt me brego engla
meotud mon-cynnes milde geweorþe
sigora sellend sibb sy mid eowic   668
symle soð lufu · Ða hyre sawl wearð
alæded of lice to þam langan gefean
þurh sweord-slege þa se syn-scaþa
to scipe sceoh-mod sceaþena þreate   672
heliseus eh-stream sohte
leolc ofer lagu-flod longe hwile
on swon-rade swylt ealle fornom
secga hloþe and hine sylfne mid   676
ær þon hy to lande geliden hæfdon
þurh þearlic þrea þær ·xxx· wæs
and feowere eac feores onsohte
þurh wæges wylm wigena cynnes   680
heane mid hlaford hroþra bidæled
hyhta lease helle sohton
ne þorftan þa þegnas · in þam þystran ham ·
seo geneat-scolu · in þam neolan scræfe   684
to þam frum-gare feoh-gestealda ·
witedra wenan þæt hy in win-sele
ofer beor-se[t]le beagas þegon ·
æpplede gold ungelice wæs   688
læded lof-songum lic haligre
micle mægne to mold-græfe
þæt hy hit gebrohton burgum in innan
sid folc micel · þær siððan wæs   692
geara gongum godes lof hafen
þrymme micle oþ þisne dæg
mid þeodscipe Is me þearf micel ·
þæt seo halge me helpe gefremme   [76 a.]   696
þonne me gedælað deorast ealra
sibbe toslitað sin-hiwan tu

they hinder your way unto glory's city.
Pray ye the Child of God, that the Prince of angels,
the Lord of mankind, the Giver of victories,
be merciful to me. Peace be with you, 668
true love for ever!' Then was her soul
led from her body unto the lasting joy,
through stroke of sword. Then the miscreant,
affrighted, took to ship; with his band of ruffians, 672
Heliseus sought the ocean-stream;
long tossed he o'er the water-flood,
upon the swan-road. Death destroyed them all,
his band of men and himself with them, 676
through terrible distress, before they
had sailed unto land. There were
four and thirty of the race of warriors
bereft of life through the wave's rage, 680
servants together with their lord; comfortless,
hopeless, they sought hell.
His thanes, his retinue, had no need there,
in that dark home, in that nether cave, 684
to expect from their chieftain the rich possessions
promised, nor (might they hope) to receive,
in the guest-hall, across the beer-bench,
rings and golden bosses! How differently 688
was the holy maiden's corse led to its grave,
with songs of praise, with a mighty concourse!
A great multitude from far and wide brought it
within the city-boundaries. Thereafter, 692
in the course of years, God's praise was there exalted,
with glorious pomp, until this day,
in the midst of folk. Great is my need,
that the saint afford me help, 696
when the dearest of all comrades part from me,
when the two consorts sever their kinship,

micle mod-lufan   min sceal of lice
sawul on sið-fæt   nat ic sylfa hwider   700
eardes uncyðþu   of sceal i[o] þissum
secan oþerne   ær-gewyrhtum
gongan iu-dædum   geomor hweorfeð.
C· Y· and· N·   cyning biþ reþe   704
sigora syllend   þonne synnum fah
E· W· and U·   acle bidað
hwæt him æfter dædum   deman wille
lifes to leane.   L· F· beofað   708
scomað sorg-cearig   sar eal gemon
synna wunde   þe ic siþ oþþe ær
geworhte in worulde   þæt ic wopig sceal
tearum mænan   wæs an tid to læt   712
þæt ic yfel-dæda· ær gescomede
þenden gæst and lic   geador siþedan
onsund on earde   þonne arna biþearf
þæt me seo halge   wið þone hyhstan cyning   716
geþingige   mec þæs þearf monaþ
micel modes sorg   bidde ic monna gehwone
gumena cynnes   þe þis gied wræce
þæt he mec neodful   bi noman minum   720
gemyne modig   and meotud bidde
þæt me heofona helm   helpe gefremme
meahta waldend   on þam miclan dæge
fæder frofre gæst   in þa frecnan tid   724
dæda demend   and se deora sunu
þonne seo þrynis   þrymm-sittende
in annesse   ælda cynne
þurh þa sciran gesceaft   scrifeð bi gewyrhtum   728
meorde monna gehwam   forgif us mægna god
þæt we þine onsyne   æþelinga wyn
milde gemeten   on þa mæran tid:—Amen:7

701. i[o], a letter erased after i.

their mighty love, and my soul shall journey
forth from my body, I know not whither,   700
to an unknown dwelling-place. Hence from this place,
shall I seek another, according to my former works,
my deeds of old. Sad shall depart
C, Y, and N; the King, the Giver of victory,   704
shall then be wroth, when, sin-stained,
E, W, and U, trembling shall await
what He will adjudge to them according to their deeds,
as life's reward; L, F, shall quake,   708
and linger sorrowful. All the pain shall I remember,
the wounds of sin, which I, early or late,
wrought in the world; weeping, shall I with tears
bewail it. I was too slow at the proper time,   712
in feeling shame before, for my evil deeds,
while soul and body, safe in their dwelling-place,
journeyed together. Help shall I then need,
that the saint should intercede for me   716
with the Sovran King. My sorry plight presageth this,
my soul's great grief. I pray every man
of human kind, who may recite this song,
that he earnestly and fervently remember me,   720
by my name, and pray the Creator,
that heavens' Chief, the Lord of all might,
the Father, the Spirit of Comfort, the Judge of deeds,
and the dear Son, may grant me help,   724
on that mighty day, at that perilous time,
when the Trinity, sitting in majesty,
in unity, prescribeth for human kind,
throughout the bright creation, each man's reward,   728
according to his works. Grant thou us, God of hosts,
that we, O Joy of men, may find
thy countenance benign at that great hour! Amen.

[VI. THE WANDERER]

OFT him anhaga are gebideð   [* 76 b.]
    metudes miltse þeah þe he mod-cearig
    geond lagu-lade longe sceolde
    hreran mid hondum hrim-cealde sæ   4
wadan wræc-lastas wyrd bið ful aræd·
Swa cwæð eard-stapa earfeþa gemyndig·
wraþra wæl-sleahta wine-mæga hryre·
Oft ic sceolde ana uhtna gehwylce   8
mine ceare cwiþan nis nu cwicra nán
þe ic him mod-sefan minne durre
sweotule asecgan ic to soðe wat
þæt bið in eorle indryhten þeaw   12
þæt he his ferð-locan fæste binde
healdte his hord-cofan hycge swa he wille·
Ne mæg werig-mod wyrde wið-stondan
ne se hreo hyge helpe gefremman·   16
forðon dom-georne dreorigne oft
in hyra breost-cofan bindað fæste·
swa ic mod-sefan minne sceolde.
oft earm-cearig eðle bidæled   20
freo-mægum feor feterum sælan
siþþan geara iu gold-wine min[n]e
hrusan heolster biwrah and ic hean þonan
wod winter-cearig ofer waþema gebind·   24
sohte sele dreorig sinces bryttan
hwær ic feor oþþe neah findan meahte
þone þe in meodu-healle min[n]e wisse
oþþe mec freondleas[n]e frefran wolde   28
wenian mid wynnum wat se þe cunnað·

5. MS. aryd, i.e. aræd.   14. MS. healdne.   22. MS. mine.   23. MS. heolstre.   24. MS. waþena.   27. MS. mine.   28. MS. freondlease.   29. MS. weman.

VI. THE WANDERER.

'Oft a solitary mortal wisheth for grace,
his Maker's mercy, though sick at heart
he must long traverse the watery ways,
with his hands must stir the rime-cold sea,   4
and tread the paths of exile. Fate is full stubborn!'
So spake a wanderer, mindful of miseries,
of hostile slaughters, of dear kinsmen's fall:—
'Oft must I alone each early morn   8
bewail my woes; there is none now living
to whom I dare openly reveal
mine inmost thoughts. Verily know I,
it is a noble virtue in a man   12
to bind fast the mind's enclosure,
to guard his treasure-chamber, whatever he may think.
A weary mind cannot resist fate,
nor can a sad soul afford help: 16
wherefore they who yearn for glory oft bind fast
in their bosoms a troubled heart.
So must I often bind in fetters
my soul's thoughts, miserably wretched,   20
deprived of country, far from my noble kin,
since the day, now long ago, when earth's darkness
covered my bounteous friend, and I went abject thence,
stricken with winters, over the frozen waves;   24
sad sought I the hall of some giver of treasure,
some place, far or near, where one I might find,
who in the mead-hall would show me love,
would comfort me in my friendlessness,   28
and cheer me with delights. He knoweth who trieth,

hu sliþen bið   sorg to geferan
þam þe him lyt hafað   leofra geholena
warað hine wræc-last   nalæs wunden gold   32
ferð-loca freorig   *nalæs foldan blæd .   [* 77 a.]
gemon he sele-secgas   *and* sinc-þege
hu hine on geoguðe   his gold-wine
wenede to wiste   wyn eal gedreas .   36
forþon wat se þe sceal   his wine-dryhtnes
leofes lar-cwidum   longe forþolian .
Donne sorg *and* slæp   somod ætgædre
earmne anhogan   oft gebindað .   40
þinceð him on mode   þæt he his mon-dryhten
clyppe *and* cysse   *and* on cneo lecge
honda *and* heafod   swa he hwilum ær
in gear-dagum   gief-stoles breac .   44
Donne onwæcneð eft   wineleas guma
gesihð him biforan   fealwe wegas
baþian brim-fuglas   brædan feþra
hreosan hrim *and* snaw   hagle gemenged .   48
þonne beoð þy hefigran   heortan benne
sare æfter swæsne   sorg bið geniwad
þonne maga gemynd   mod geond-hweorfeð
greteð gliw-stafum   georne geond-sceawað   52
secga geseldan   swimmað eft on-weg
fleotendra ferð .   no þær fela bringeð
cuðra cwide-giedda   cearo bið geniwad
þam þe sendan sceal   swiþe geneahhe   56
ofer waþema gebind   werigne sefan.
forþon .ic geþencan ne mæg   geond þas woruld
for hwan mod-sefat   min ne gesweorce
þonne ic eorla lif   eal geond-þence   60
hu hi færlice   flet ofgeafon
modge magu-þegnas   swa þes middan-geard
ealra dogra gehwam   dreoseð *and* fealleþ .

44. *MS.* giefstolas.   53. *MS.* oft.   59. *MS.* modsefan minne.

how dire is care as comrade

to him who has few trusty friends.

His portion is the exile's track, not twisted gold;   32

a body chilled with frost, nought of earth's bliss;

he remembers the retainers and the receipt of treasure,

how in his youth his generous lord

regaled him at the feast; but all delight has fallen away!   36

For this knows he who must long forego

the wise counsels of his dear lord and friend,

that often when sorrow and sleep, both together,

bind him, poor solitary wretch,   40

it seems to him in fancy as though he clasps

and kisses his great lord, and on his knee lays

hand and head, e'en as when erewhile,

in former days, he shared the gift-stool's bounty.   44

Then wakes again the friendless wight,

sees before him the fallow ways,

sea-birds bathing and spreading their wings,

falling hoar-frost and snow mingled with hail.   48

Then the wounds of his heart become the heavier,

in grief for the loved one; his sorrow is renewed,

when the memory of kinsmen passes through his mind;

he greets them with snatches of song, he scans them eagerly,   52

comrades of heroes: soon they swim away;

the sailor-souls do not bring thither

many old familiar songs; his grief is renewed,

who must too often send forth   56

his weary spirit o'er the frozen waves.

Verily I cannot imagine, as I survey this world,

why my mind should not be saddened,

when I fully consider the life of earls,   60

how they have suddenly resigned their halls;

brave-hearted fellows! So day by day

this middle-earth declines and falls,

forþon ne mæg weorþan wis   wer ær he age   64
- wintra dæl in woruld-rice   * wita sceal geþyldig ·   [* 77 b.]
Ne sceal no to hat-heort   ne to hræd-wyrde ·
ne to wac wiga   ne to wanhydig ·
ne to forht · ne to fægen ·   ne to feoh-gifre ·   68
ne næfre gielpes to georn   ær he geare cunne ·
beorn sceal gebidan   þonne he beot spriceð
oþþæt collen-ferð   cunne gearwe
hwider hreþra gehygd   hweorfan wille ·   72
Ongietan sceal gleaw hæle   hu gæstlic255 bið
þonne eallt þisse worulde wela   weste stondeð ·
swa nu missenlice   geond þisne middan-geard
winde biwaune   weallas stondaþ   76
hrime bihrorene   hryðge þa ederas
worioð þa win-salo   waldend licgað
dreame bidrorene   duguþ eal gecrong
wlonc bi wealle   sume wig fornom   80
ferede in forð-wege   sumne fugel oþbær
ofer heanne holm   sumne se hara wulf
deaðe gedælde   sumne dreorig-hleor
in eorð-scræfe   eorl gehydde   84
yþde swa þisne eard-geard   ælda scyppend
oþþæt burg-wara   breahtma lease
eald enta geweorc   idlu stodon
Se þonne þisne weal-steal   wise geþohte   88
and þis deortce lif   deope geond-þenceð
frod in ferðe   feor oft gemon
wæl-sleahta worn   and þas word acwið ·
hwær cwom mearg · hwær cwom mago · hwær cwom maþþum-
   gyfa ·   92
hwær cwom symbla gesetu · hwær sindon sele-dreamas ·
Eala beorht bune · Eala byrn-wiga ·
Eala þeodnes þrym   hu seo þrag gewat

64. MS. wearþan.   69. An erasure of two letters in MS. after georn.
74. MS. ealle.   76. MS. biwaune.   78. MS. wonioð ; an erasure after w.
89. MS. deornce.

for mortal cannot grow wise until he gain 64
his years' portion in the world. A wise man must be patient;
he must not be too passionate, not too hasty of speech,
not too timid a warrior, neither too rash,
not too afeared, nor too exultant, nor too greedy of money, 68
never too ready to boast ere he know full well.
A man must pause when he utters a boast,
until, for all his magnanimity, he really know
whither his heart's meditation will tend. 72
A wise man must grasp how ghastly it will be,
when all the wealth of this world stands waste,
even as now throughout this middle-earth
many a wall stands wind-beaten, *the houses are ruinous.* 76
covered with rime, the hedges uprooted.
The guest-halls crumble; the masters lie
bereft of joy; the warrior-band has all fallen,
once so stately at the rampart; war seized some 80
and carried them on their way hence; one a bird bore off
over the deep sea; another the grey wolf
apportioned unto death; a third a sad-faced lord
imprisoned within an earth-cave. 84
Thus did the Creator of men lay waste this abode,
until, deprived of the noise of its inhabitants,
the ancient buildings of the giants stood empty.
Wherefore he who reflects well, with wise contemplation, 88
on this walled place and this dark life,
sagacious of spirit, oft calls back to mind
many a fatal fight, and breaks forth in these words:—
'Where is gone the horse? where is gone the hero? where is
gone the giver of treasure? 92
Where are gone the seats of the feast? Where are the joys of the hall?
Ah, thou bright cup! Ah, thou mailed warrior!
Ah, the prince's pride! how has the time passed away,

genap under niht-helm   swa heo no wære·   96
Stondeð nu on laste   leofre duguþe
weal *wundrum heah   wyrm-licum fah·   [* 78 a.]
Eorlas fornoman   asca þryþe
wæpen wæl-gifru   wyrd seo mære   100
and þas stan-hleoþu stormas cnyssað
hrið hreosende   hrusan bindeð
wintres woma   þonne won cymeð
nipeð niht-scua   norþan onsendeð   104
hreo hægl-fare   hæleþum on andan·
Eall is earfoðlic   eorþan rice
onwendeð wyrda gesceaft   weoruld under heofonum·
her við feoh læne·   her bið freond læne·   108
her bið mon læne·   her bið mæg læne
eal þis eorþan gesteal   idel weorþeð·
Swa cwæð snottor on mode   gesæt him sundor æt rune
til biþ se þe his treowe gehealdeþ   ne sceal næfre his torn·
    to rycene   112
beorn of his breostum acyþan   nemþe he ær þa bote cunne
eorl mid elne gefremman   wel bið þam þe him are seceð
frofre to fæder on heofonum   þær us eal seo fæstnung
    stondeð:—:7

[VII. THE ENDOWMENTS OF MEN.]

FELA BIð ON FOLDAN·   forð-gesynra
        geongra geofona   þa þa gæst-berend
        wegað in gewitte   swa her weoruda god
        meotud meahtum swið   monnum d leð   4
syleð sundor-giefe   sendeð wide
agne spede   þara æghwylc mot
dryht-wuniendra   dæl onfón
ne bið *ænig þæs earfoð-sælig   [*78 b.]   8
mon on moldan   ne þæs med-spedig
lytel-hydig   ne þæs læt-hydig

102. *MS.* hruse.   115. *Two-line space between the sections.*

has darkened 'neath the veil of night, as if it had not been!   96
Where once loved warriors trod, now stands
a wondrous high wall, glistening with worm-shapes;
the might of the spears, slaughter-loving weapons,
has swept off the nobles,—theirs was a glorious fate,—   100
but storms lash the rocky slopes,
and falling snow-drift binds the earth,
all winter's terror, when night's wan shadow
comes darkling, and summons from the north   104
fierce hail-storms, to the grievance of men.
All the realm of earth is full of hardships;
fate's decree changes the world beneath the heavens.
Here wealth passes away, here friend passes away,   108
here man passes away, here woman passes away,
all this earth's structure becomes empty.'

  So spake the wise of heart; he sat apart in thought.
Worthy is he who keeps his faith; a man must never too rashly 112
divulge his bosom's grief, unless he know beforehand
bravely to find its cure. Well is it with him who seeks grace,
solace of the Father in Heaven, with whom resteth
all our security!

VII. THE ENDOWMENTS OF MEN.

MANY are the new gifts ever visible
on earth, which men, soul-endowed,
bear in their minds, e'en as here the God of hosts,
the Lord strong in might, dealeth and distributeth   4
His several gifts to mortals, and sendeth them,
by His own power, far and wide, and every dweller among folk
may receive his share thereof.
There is not any man on earth   8
so unblessed, nor so meanly endowed,
so weak of intellect, nor so sluggish of thought,

þæt hine se ar-gifa   ealles biscyrge·
modes cræfta   oþþe mægen-dæda   12
wis on gewitte   oþþe on word-cwidum
þy læs ormod sy   ealra þinga
þara þe he geworhte   in woruld-life
geofona gehwylcre   næfre god demeð   16
þæt ænig.eft   þæs earm geweorðe·
nænig eft þæs swiþe   þurh snyttru-cræft
in þeode þrym   þisses lifes
forð gestigeð   þæt him folca weard   20
þurh his halige giefe   hider onsende
wise geþohtas   and woruld-cræftas
under anes meaht   ealle forlæte
þy læs he for wlence   wuldor-geofona ful·   24
mon mode swið   of gemete hweorfe
and þonne forhycge   hean-spedigran
ac he gedæleð· se þe ah domes geweald
missenlice   geond þisne middan-geard   28
leoda leoþo-cræftas   lond-buendum
sum[um] her ofer eorþan   æhta onlihð
woruld-gestreona   sum bið won-spedig
heard-sælig hæle   bið hwæþre gleaw   32
modes cræfta   sum mægen-strengo
furþor onfehð· sum freolic bið
wlitig on wæstmum· sum biþ woð-bora
giedda giffæst· sum biþ gearu-wyrdig·   36
sum bið on huntoþe   hreð-eadigra
deora diæfend· sum dyre bið
woruld-ricum men· sum bið wiges heard
beado-cræftig beorn   þær bord ·stunað·   [·79 a.]   40
sum in mæðle mæg   mod-snottera
folc-rædenne   forð gehycgan
þær witena biþ   worn ætsomne
sum mæg wrætlice   weorc ahyggan   44
heah-timbra gehwæs   hond bið gelæred

30. MS. sum.

that the Giver of Grace would cut him wholly off
from crafts of mind or strenuous deeds,   12
though feeble of wit or weak in utterance,
lest he despair of everything
which He hath wrought, of every gift,
during his life on earth; God never decreëth   16
that any man should become so abject.
Nor again shall any man so greatly advance
among folk the fame of his life here,
through power of wisdom, that the Guardian of men,   20
through His holy grace, will send unto him hither,
and leave 'neath his sole dominion,
all wise thoughts and all worldly crafts,
lest he, for pride, full of glorious gifts,   24
arrogantly turn from moderation,
and despise the more humbly endowed;
but He who possesseth the power of doom,
distributeth diversely o'er this mid-earth   28
human faculties unto the world's inhabitants.
To one he granteth possessions here on earth,
worldly treasures. One is hapless,
a luckless wight, yet is he skilled   32
in crafts of the mind. One receiveth in greater measure
bodily strength. One is comely,
beauteous of form. One is a poet,
gifted with song. One is eloquent.   36
One goeth a-hunting, a pursuer
of ferocious beasts. One is dear
to the man of worldly power. One is stout-hearted in battle,
a martial hero, when the shields clash.   40
One in the council of sagacious men
may deliberate on a nation's law,
where many sages meet together.
One cunningly may devise the plan   44
of any lofty structure: his hand is learned,

wis and gewealden　swa bið wyrhtan ryht
- sele asettan　con he sidne ræced
fæste gefegan　wiþ fær-dryrum.　　　　　　　48
sum mid hondum mæg　hearpan gretan
ah he gleo-beames　gearo-brygda list.
sum bið rynig　sum ryht-scytte.
sum leoða gleaw.　sum on lunde suel　　　52
feþe-spedig　sum fealone wæg
stefnan steoreð　stream-rade con
weorudes wisa　ofer widne holm.
þonne sæ-rofe　suelle mægne　　　　　　56
arum bregdað　yð-borde neah.
sum bið syndig　sum searo-cræftig
goldes and gimma　þonne him gumena weard
hateð him to mærþum　maþþum renian.　　60
sum mæg wæpen-þræce　wige to nytte
mod-cræftig smið　monige gefremman
þonne he gewyrceð　to wera hilde
helm oþþe hup-seax　oððe heaþu-byrnan　　64
scirne mece　oððe scyldes rond
fæste gefegan　wið flyge gares.
sum bið arfæst　and ælmes-georn
þeawum geþyde.　sum bið þegn gehweorf　　68
on meodu-healle.　sum bið meares gleaw
wic-cræfta wis.　sum gewealden-mód
þafað in geþylde　þæt he þonne sceal.
sum domas con　þær dryht-guman　　　　72
ræd eahtiað.　sum bið hræd-tæfle.
sum bið gewittig　æt win-þege　　[79 b.]
beor-hyrde god.　sum bið bylda til
ham to hebbanne.　sum bið here-toga　　76
fyrd-wisa from.　sum biþ folc-wita.
sum biþ æt þearf[e]　þrist-hydigra
þegn mid his þeodne.　sum geþyld hafað
fæst-gangel ferð.　sum bið fugel-bona　　80

　　　　76. MS. hebbanne.　　　　78. MS. þearf.

wise and powerful, as befitteth a craftsman,
in the fixing of a hall: he can firmly frame
the spacious dwelling 'gainst sudden fall.   48
One with his hands can greet the harp:
he hath skill in the glee-beam's prompt pulsation.
One is a runner; one a sure archer;
one skilled in songs; one is swift on land,   52
speedy of foot. One o'er the dusky wave
steereth the prow; the stream-road knoweth he,
guider of a host o'er the wide deep,
when bold seamen, quick of strength,   56
tug at their oars near the vessel's side.
One is a great swimmer. One is cunning
in gold and gems, whensoever a prince of men
biddeth him prepare a jewel for his adornment.   60
One, a skilful smith, is able to prepare
many a weapon-terror for use in war,
when he maketh, for men's strife,
helmet, or dagger, or martial burnie,   64
falchion bright, or shield's disk,
joining it firmly 'gainst the javelin's flight.
One is pious, diligent in alms,
virtuously good. One is a well-known thane   68
in the mead-hall. One is skilled in managing the steed,
wise in all horse-craft. One, self-controlled,
suffereth in patience whatsoever he must.
One understandeth the laws, when people   72
seek counsel. One is expert at dice.
One is witty at wine-bibbing,
a good beer-keeper. One is a builder,
good at raising a house. One is a general,   76
a bold leader of the host. One is a senator.
One is at the service of bold-hearted men,
a thane accompanying his lord. One hath patience,
a constant soul. One is a fowler,   80

hafeces cræftig · sum bið to horse hwæt ·
sum bið swið-snel hafað searolic gomen
gleo-dæda gife for gum-þegnum
leoht *and* leoþu-wac sum bið leofwende   84
hafað mód *and* word monnum geþwære ·
sum her geornlice gæstes þearfe
mode bewindeþ *and* him metudes est
ofer eorð-welan ealne geceoseð ·   88
sum bið deor-mod deofles gewinnes
bið a wið firenum in gefeoht gearo ·
sum cræft hafað circ-nytta fela
mæg on lof-songum lifes waldend   92
hlude hergan hafað healice
beorhte stefne · sum bið boca gleaw
larum leoþu-fæst · sum biþ list-hendig
to awritanne word-geryno ·   96
nis nu ofer eorþan ænig monna
mode þæs cræftig ne þæs mægen-eacen
þæt hi[m] æfre anum ealle weorþen
gegearwade þy læs him gilp sceððe   100
oþþe fore þære mærþe mód astige
gif he hafaþ ana ofer ealle men
wlite *and* wisdom *and* weorca blæd
ac he missenlice monna cynne   104
gielpes styreð *and* his giefe bryttað ·
sumtum on cystum · sumum on cræftum ·
sumum on wlite · sumum on wige ·
sumum he syleð monna *milde heortan   [*80 a.]   108
þeaw-fæstne geþoht · sum biþ þeodne hold
swa weorðlice wide to-saweð
dryhten his duguþe a þæs dóm age
leoht-bære lof se us þis lif giefeð   112
and his milde mód monnum cypeð :7

87. *MS.* eft.   95. leoþu, *erasure of one letter between* o *and* þ.
99. *MS.* hi.   106. *MS.* summum on cystum.   111. *MS.* þᵹs, *i.e.* þæs.
113. cypeð, *the only word on the blank line between the sections.*

skilful with the hawk. One is bold on horseback.
One is very agile; he hath cunning tricks,
the gift of merry pranks before the multitude;
he is light, and lithe of limb. One is lovable;   84
he hath mind and words agreeable to men.
One diligently wrappeth here in his heart
his spirit's need, and chooseth his Maker's grace
before all the wealth of the world.   88
One is fond of warfare with the devil;
he is ever ready to fight 'gainst iniquity.
One hath skill in many functions of the church;
he can loudly glorify with songs of praise   92
the Lord of life; he hath in rich degree
a clear-resounding voice. One is skilled in books,
devoted to learning. One is cunning of hand
in writing down the mysteries of words.   96
There is not now on earth any man
so mighty of soul, nor so powerfully endowed,
that to him alone all gifts should be
assigned, lest arrogance should injure him,   100
or, for that greatness, his pride should rise,
if he singularly, beyond all other men,
hath beauty, and wisdom, and the glory of works;
but He variously correcteth the pride   104
of human kind; variously distributeth His gifts;
to one virtues, to another crafts,
to another beauty, to another warfare;
to one man He giveth a tender heart,   108
a well-ordered mind: one is faithful to his lord.
Thus excellently the Lord soweth far and wide
His bounty. Wherefore may He aye have glory,
resplendent praise, who giveth us life,   111
and revealeth unto men His gentle spirit!

[VIII. A FATHER'S INSTRUCTION.]

VS frod fæder   freo-bearn lærde
mod-snottor [mon]   maga-cystum eald
wordum wis-fæstum   þæt he wel þunge ·
Dó a þætte duge   deag þin gewyrhtu   4
god þe biþ symle   goda gehwylces
frea and fultum   feond þam oþrum
wyrsan gewyrhta   wene þec þy betran
efn elne þis   a þenden þu lifge   8
fæder and modor   freo þu mid heortan
maga gehwylcne   gif him sy meotud on lufan ·
wes þu þinum yldrum   arfæst symle
fæger-wyrde   and þe in ferðe læt   12
þine lareowas   leofe in mode
þa þec geornast   to gode trymmen ·
fæder eft his sunu   frod gegrette
oþre siþe   heald elne þis ·   16
ne freme firene   ne næfre freonde þinum
mæge man ne geþafa   þy læs þec meotud oncunne
þæt þu sy wommes gewita   he þe mid wite gieldeð
swylce þam oþrum   mid ead-welan ·   20
Ðriddan syþe   þonc-snottor guma
breost-gehygdum   his bearn lærde
Ne gewuna wyrsa   widan feore
ængum eahta   ac þu þe anne genim   24
to gesprecan symle   spella and lara
ræd-hycgende   sy ymb rice swa hit mæge ·
feorþan siþe   fæder eft lærde
mod-leofne magan   þæt he gemunde *þis ·   [*80 b.]   28
ne aswic sundor-wine   ac a symle geheald
ryhtum gerisnum ·   ræfn elne þis
þæt þu næfre fæcne weorð[e]   freonde þinum ·

2. [Mon] conjectural.   31. MS. weorð.

VIII. A FATHER'S INSTRUCTION.

THUS an experienced father, wise of heart,
old in manly virtues, taught his dear son,
with sagacious words, that he might grow up goodly:—
'Do always what is worthy; if thy works be worthy,   4
God will ever be thy patron and support
in each good thing, but a foe unto any other
worse of works. Accustom thyself to the better!
Practise this zealously as long as ever thou livest!
Father and mother love thou with all thy heart,
and each of thy kindred, if the Lord be held in love by them.
Be thou to thy parents ever dutiful,
fair of speech, and let thy teachers ·   12
be dear to thee in thy heart and soul,
who most diligently confirm thee in goodness.'
   The wise father addressed his son again,
a second time:—'Observe steadfastly this: 16
neither do thou commit evil, nor approve thou ever
wickedness in thy friend or kinsman, lest the Creator accuse
    thee,
that thou art accessory to the crime: He will requite thee with
    punishment,
as He rewardeth the others with joyous bliss.'   20
   A third time the man, so wise of thought,
instructed his child with his bosom's thoughts:—
'Associate not, throughout life, with anyone
of worse counsels, but take to thyself always   24
as thy counsellor one prudent in discourse
and in doctrine; as regards his power, be it as it may.'
   A fourth time the father again instructed
his beloved child, that he should remember this:—   28
'Deceive not thy familiar friend, but always protect him
right fittingly! Strive zealously for this,
that thou be never treacherous to thy friend!'

fiftan siþe fæder eft ongon   32
breost-geþoncum his bearn læran
druncen beorg þe *and* dollic word
mán on mode *and* in muþe lyge
yrre *and* æfeste *and* idese lufan   36
forðon sceal æwisc-mod oft siþian
se þe gewiteð in wifes lufan
fremdre meowlan þær bið a firena wen
laðlicre scome long nið wið god   40
geotende gielp wes þu a giedda wis.
wær wið willan worda hyrde.
siextan siþe swæs eft ongon
þurh bliðne geþoht his bearn læran   44
ongiet georne hwæt sy gód oþþe yfel
and toscead simle scearpe mode
in sefan þinum *and* þe a þæt selle geceos.
a þe bið gedæled gif þe deah hyge   48
wunað wisdom in *and* þus wast geare
*and*git yfles heald þe elne wið
feorma þu symle in þinum ferðe gód.
seofeþan siðe his sunu lærde   52
fæder fród guma sægde fela geo[n]gum.
seldan snottor guma sorg-leas blissað
swylce dol seldon drymeð sorg-ful.
ymb his forð-gesceaft nefne he fæhþe wite.   56
wær-wyrde sceal wisfæst hæle
breostum hycgan nales breahtme hlud.
eahtoþan siþe eald fæder ongon
his mago monian mildum wordum   60
leorna lare lær-gedefe
wene þec in wisdom weoruda scyppend
hafa þe to hyhte haligra gemynd
and a soð to syge þonne *þu secge hwæt.   [* 81 a.] 64
nigeþan siþe nægde se gomola

37. *MS.* forðon, ðon *above the line.*   53. *MS.* geogum.

A fifth time the father then began
with his breast's thoughts to teach his child:—
'Guard thyself from drunkenness and foolish words,
from evil in thy heart, and from lying in thy mouth,
from anger and envy, and from woman's love;   36
for he must often wander forth abased in mind,
who yieldeth to the love of woman,
to a strange damsel's love; thence is always expectation of sin,
and loathly shame, long enmity with God,   40
excessive vaunt. Be thou ever wise of speech,
wary 'gainst lust, a guardian of thy words!'

    A sixth time the dear father again began,
through kind thought, to teach his son:—
'Distinguish carefully what is good or evil,
and separate them ever, with clear discernment,
in thy mind, and aye choose for thyself the better thing:
it shall aye be allotted thee. If thy spirit be good,   48
if wisdom dwell therein, and thus thou knowest well
the sense of evil, withstand it boldly!
Cherish thou constantly goodness in thy soul!'

    A seventh time the father, the wise man,   52
instructed his son; much said he to the youth:—
'Seldom is a wise man's rejoicing free from care;
e'en as seldom is a fool's revelry troubled with care
concerning the future, unless he experience adversity.   56
Cautious of speech, a prudent mortal
must ponder in his breast, not loud with noise.'

    An eighth time the old father began
to admonish thus his son in kindly words:—   60
'Learn thou such lore, as is fitting to be learnt;
accustom thyself to wisdom; the Creator of hosts
have thou as thy hope, and the memory of saints;
and truth ever be thy triumph, when thou aught sayest.'   64

    A ninth time spake the aged man,

eald uð-wita   sægde eaforan worn
nis nu fela folca   þætte fyrn-gewritu
healdan wille   ac him hyge broenað   68
ellen colað   idlað þeod-scype
ne habbað wiht for þæt   þeah hi wom dón
ofer meotudes bibod   monig sceal ongieldan
sawel-susles   ac læt þinne sefan healdan   72
forð fyrn-gewritu and frean domas
þa þe her on mægðe gehwære   men forlætaþ
swiþor asigan   þonne him sy sylfum ryht ·
Teoþan siþe   torn-sorgna ful   76
eald eft ongon   eaforan læran
snyttra bruceþ   þe fore sawle lufan
warnað him wommas   worda and dæda
on sefan symle   and soþ fremeð   80
bið him geofona gehwylc   gode geyced
meahtum spedig ·   þonne he mán flyhð
yrre ne læt þe   æfre gewealdan
heah in hreþre   heoro-worda grund   84
wylme bismitan   ac him warnað þæt
on geheortum hyge   hæle sceal wisfæst
and gemetlice   modes snottor
gleaw in gehygdum   georn wisdomes   88
swa he wið ælda mæg   eades hleotan ·
ne beo þu no to tælende   ne to tweo-spræce
ne þe on mode læt   men to fracoþe
ac beo leofwende   leoht on gehygdum   92
ber breost-cofan   swa þu min bearn gemyne
frode fæder lare   and þec a wið firenum geheald :—:7

73. MS. fyrn forð gewritu.   82. MS. món.

the ancient sage; said he many things unto his offspring:—

'There are not now many folk, who fain observe
the writings of old, but their minds grow corrupt,   68
their ardour cooleth, discipline cometh to nought;
they reck not thereof a whit, though they commit guilt
against the Lord's command; many a one shall pay
with their soul's torment; but do thou let thy heart ever
    observe   72
the writings of old, and the Lord's decrees,
which here, in every tribe, men suffer
to decline, more than is right for them.
A tenth time, full of grievous cares,   76
the old man again began to teach his son:—
'He useth wisdom, who, for his soul's sake,
guardeth himself in his heart ever
from sins of word and deed, and promoteth truth;   80
to him each gift shall be increased by God,
he shall abound in might, when he fleeth from vice.
Let not anger, the abyss of fierce words,
surging within thy breast, ever overpower thee,   84
defile thee with its welling waves; but a man must guard himself
    therefrom
in his courageous soul, if he be wise
and temperate, of mind sagacious,
prudent in thoughts, and desirous of wisdom: 88
so may he gain happiness throughout the ages.
Be not too prone to blame, nor too equivocal,
nor admit unto thy mind men too worthless;
but be thou lovable, and blithe of soul;   92
so bear thou thy heart, that thou, my son, remember
thy father's prudent teaching, and hold thee ever against sin!'

Glossa ntensia
   walafud Strabo
   Rhabanus Maurus

   Niagoue
Harvard Med-Review
      1743 or 9
         on German ref.?
            renewal
         —

neorxna - wange
"no - work (u no . offlection
   field " "

Glossa ordinaria
Walafrid Strabo
Chalonus Maurus

Nisgomer
Hauma Med-Hevaw
17 (8 or 9)
on German rel. q
suvival

neorxna- wange
"no-work (u no. afflicti
fecd"

Glossa ordinaria
walafrid Strabo
Chabanus Maurus

Niasquur
Harvard Med. Review
17⁶ $\frac{48}{16}$ or 9
on German idea of
removal

—

neorxna- wange
"no-work (in no-offliction
field"